천년 만에 밝혀진
안시성과 살수

일/러/두/기

* 본문의 내용을 잘 이해하시려면 우선 공통 참고자료인 〈한서지리지〉와 〈신당서 열전145 – 동이〉를 숙지하시는 것이 좋으며, 제4편 4장 “요동과 요서를 구분하는 기준은 어디인가?“를 먼저 읽어주시기 바랍니다.

* 제 1편이 가장 중요한 주제라 맨 앞에 수록했으며, 나머지는 시대순으로 편집하였습니다.

* 각 편에서 여러 장으로 나눠 표기한 이유는, 각 장별로 별개 주제를 언급했기 때문입니다.

* 언급된 단어의 한문이 필요한 경우 단어 뒤 (　)에 한문을 넣었습니다.

* 사서를 인용했을 경우 어떤 사서인지는 〈　〉로 표시했으며, 번역문의 내용은 “　”로 표시하였습니다.

* 일반 독자와 전문인 모두를 위해 한문 또는 간자체로 된 사서나 자료의 원문은 맨 뒤 (참고자료)에 따로 수록하였습니다.

* 참고자료 1의 〈한서지리지〉와 참고자료 2의 〈신당서 열전 동이〉는 공통 참고자료이며, 개별 참고자료는 본문의 순서대로 번호를 매겼습니다.

* 짧은 문장의 원문은 편의상 번역문 뒤의 (　) 안에 넣었습니다.

* 내용 중 중요하거나 강조하는 문구와 문장은 **굵은 글씨**로 표시하였습니다.

* 본문의 사진 중 중요한 지도는 책 앞머리에 칼라로 따로 모았습니다.

주요 지도와 사진

1. 우리 역사의 주 무대인 산서성은 어디인가? (공통)

▹ 산서성은 북에서 남으로 흐르는 황하의 동쪽에 있으며, 황하가 꺾여 동류하는 흐름의 북쪽에 있다. 즉 황하와 하북성 사이에 있다.

2. **산서성과 하남성의 현 지명 설명 (공통)**

▹ 자주 언급되는 산서성과 하남성의 지명들. 이곳이 우리 고대사의 주 무대이다. 하남성은 황하 북쪽에 약 10% 그리고 남쪽에 약 90%가 있다.

3. **<한서지리지>의 유주 7개군의 위치 (공통)**

▹ 유주는 산서성 남부와 황하북부 하남성을 아우르는 행정구역

4. <신당서 열전 동이>의 기록을 표시한 지도 (공통)

▷ 신당서의 기록을 현 산서성 분하에 대입하면 우리 역사와 관련된 지명들의 조건이 기가 막히게 한 치의 오차도 없이 딱 들어맞는다.

5. 요서에 쌓은 10성의 위치 (공통)

▷ 태조대왕이 쌓은 요서 10성은 산서성 남부에 있다.

6. 수나라 1차 침공도 (제1편 1장)

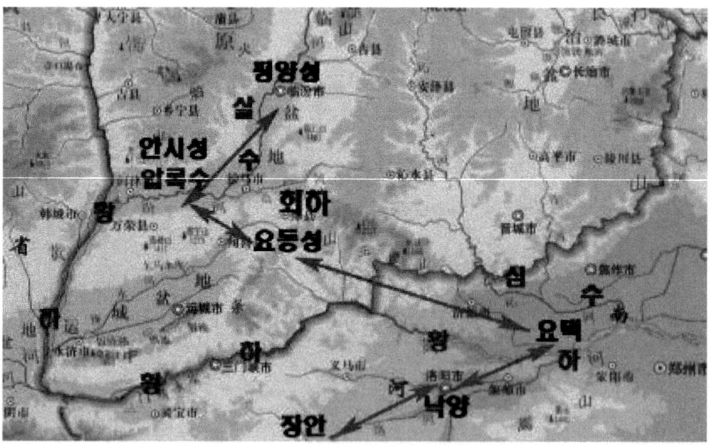

▷ 수나라 1차 침공도: 살수는 남북으로 흐르는 분하를 말한다. 살수가 회하와 합쳐진 다음 서쪽으로 흐르는 강을 압록수라 불렀다.

7. **설인귀가 경관을 허문 자리에 세운 백탑** (제1편 1장)

▹ 오열홀(안시성) 앞에 서있는 백탑은 설인귀가 수나라 병사들의 해골로 만든 경관을 헐고 세운 것이다.

8. 1**차 통제거의 위치** (제1편 2장)

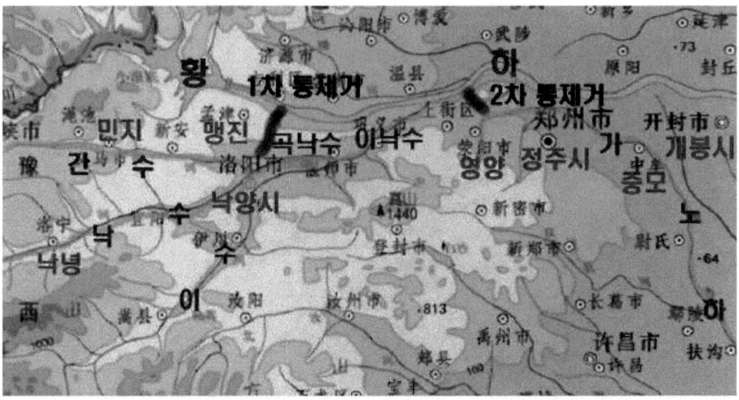

▹ 1차 통제거는 낙수와 황하를 연결하는 운하로 낙양 북쪽 맹진 근처를 관통하는 수로이다.

9. 2차 통제거의 위치 (제1편 2장)

▹ 2차 통제거는 판저와 가노하(변수)를 연결하는 운하. 영양시에서 발원한 가노하는 영하를 거쳐 회하까지 가는 자연하천이다.

10. 심수를 남으로 끌어 황하와 연결시키려면? (제1편 3장)

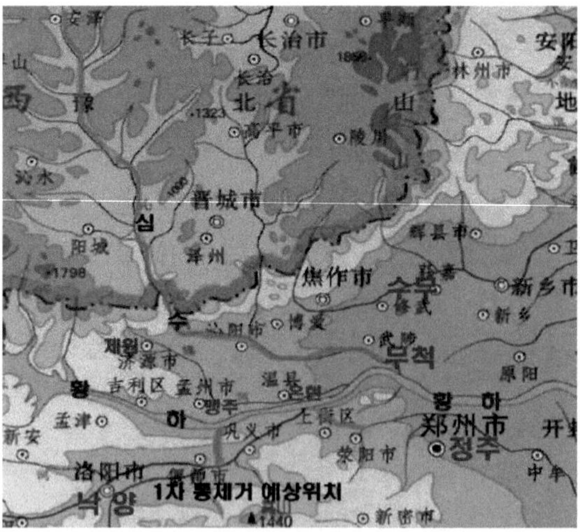

▹ 심수를 끌어 남으로 황하에 닿게 하려면 제원, 맹주, 온현 일대이다.

11. <대청광여도> 심수 서쪽에 있는 무척과 수무 (제1편 3장)

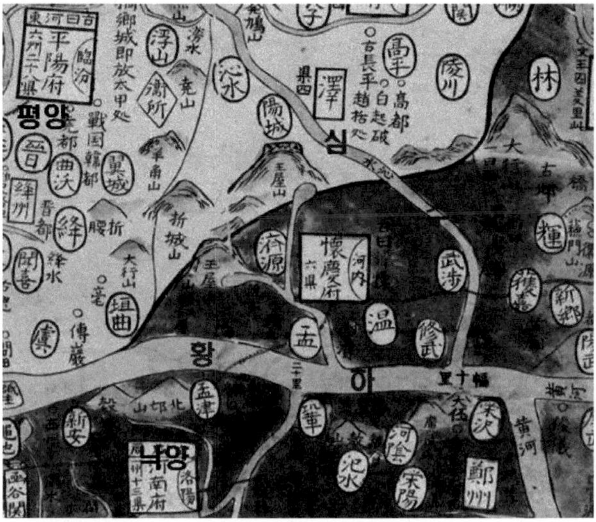

▷ 대청광여도에는 무척현과 수무현이 심수 서쪽에 있다. 심수의 옛날 물줄기는 지금보다 훨씬 더 동쪽으로 심하게 꺾인 것 같다.

12. 설인귀 고향의 안내석과 비석 (제1편 5장)

▷ 산서성 운성시 하진현에 있는 설인귀의 고향인 토굴집 앞에 서있는 안내석과 비석

13. 안시성 앞에 쌓은 토산의 흔적 (제1편 5장)

▷ 마수산 동남쪽에 토산이 무너져 내린 곳이 아직도 그대로 남아 있다.

▷ 황토로 된 좌측 틈 사이로 멀리 보이는 마수산은 100% 돌산이다.

14. **당태종의 진군로와 퇴각로** (제1편 5장)

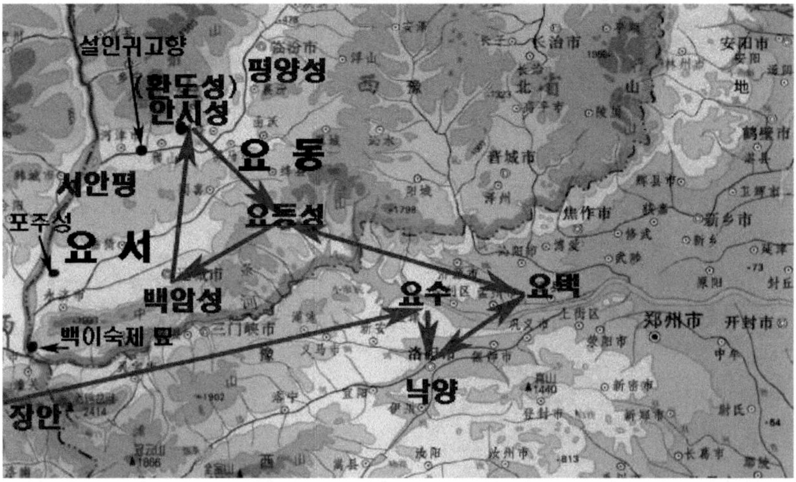

▹ 당태종의 진군로와 퇴각로. 당나라와 고구려는 서로 가깝게 있었다.

15. **<대청광여도> 흑수와 백산 사이에 있는 용산** (제4편 2장)

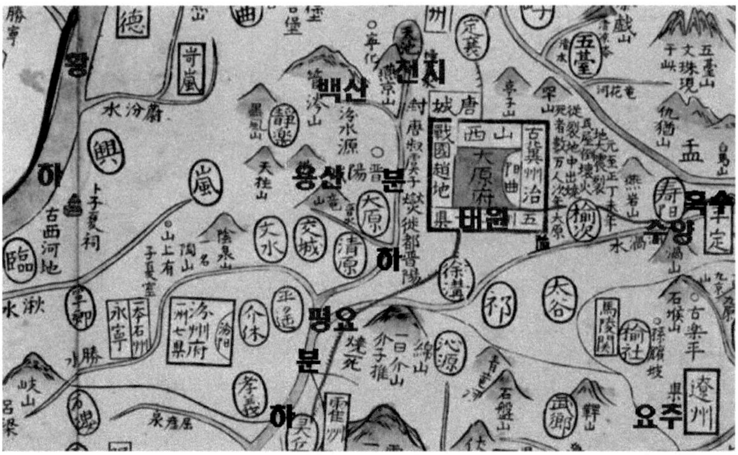

▹ 백산과 흑수 사이는 산서성 태원으로 보이며, 고주몽이 묻힌 용산이 옆에 있어 이곳이 졸본성일 가능성이 높다. 천지가 있어 만주 백두산의 천지와 비슷하다.

16. <대청광여도> 백이 · 숙제의 묘와 명조 (제4편 4장)

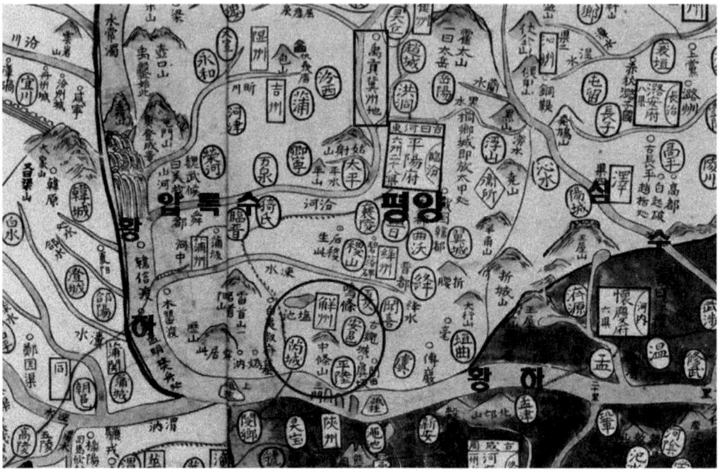

▹ 대청광여도 원 안에 순임금이 죽은 명조라는 지명이 산서성 남부 해주(운성)염지 부근에 그려져 있다. 여기도 단군조선의 땅이었다. 당시 요임금의 도읍인 평양(平陽)은 지금의 임분시이다. 이곳이 우공의 기(冀) 땅이었다고 적혀있다.

17. 단군조선이 점령한 빈· 기 (제2편 13세, 22세 단군)

▹ 고죽국의 위치와 조선의 빈·기 점령. 조선이 산서성에 있었기에 가능한 기록이다.

18. **기자와 관련된 지명들 고죽, 낙랑, 서화, 몽현** (제2편 24세 단군)

▹ 낙랑은 산서성과 하남성이 만나는 일대, 은나라 도읍이 북부 하남성이므로 회·대와 엄·서·회 땅은 중국이 비정한 산동성 동쪽이 아니라 황하남부 하남성으로 보인다. 기자와 관련 있는 서화와 몽현은 원래 낙랑부근에 있어야 옳은데 지명이동(?)되어 남부 하남성에 있다.

19. **황하북부 하남성의 지명들** (제2편 37세 단군)

▹ 기수가 지나가는 임현, 탕음, 기현 등은 황하북부 하남성에 있는 지명이다.

20. 진시황이 쌓은 장성은 어디인가? (제2편 45세 단군)

▹ 진시황이 쌓은 장성은 연장성과 제장성을 보수 연결한 것으로 유주에 있었다. 진개가 쌓은 연장성이 유주의 지명을 지키기 위한 것임을 보아도 알 수 있다.

21. 위만에게 패한 기준의 이동로 (제3편 3장)

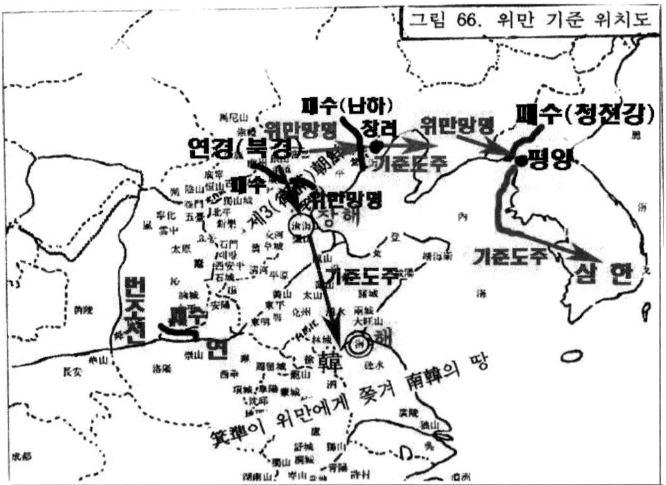

그림 66. 위만 기준 위치도

▹ 오른쪽은 식민사학계의 위만과 기준의 이동도이고, 가운데는 재야사학의 이론으로 모두 연나라를 북경에 놓고 해석했다. 그러나 실제 연나라는 하남성 황하변에 있었기 때문에 두 이론 다 옳지 않은 것이다.

22. **위만의 망명로와 공격로와 기준의 이동로** (제3편 3장)

▹ 위만의 망명도와 공격도 그리고 기준의 행적도를 간단히 표시한 지도

23. **신라의 초도 금성의 모습**(제3편 4장)

▹ 산서성 임분시에서 발견된 신라의 초기 도읍지 금성의 유적. 정문 위에 금성(金城)이라는 글자가 뚜렷하다.

25. **패수의 위치와 한나라 군대의 진격로** (제3편 6장)

▹ 패수는 황하 북부 하남성 심수와 황하 사이에 있는 강이다. 화살표는 한나라 군의 진격로이다. 번조선의 도읍인 왕검성은 창려(현 원곡)로 나중에 고구려가 요동성을 세우는 곳이다.

26. <**수경**>**의 기록과 일치하는 패수** (제3편 8장)

▹ 〈수경〉의 기록과 정확히 일치하는 지도. 낙랑의 치소는 산서성과 하남성의 경계에 위치한 원곡이다.

27. **현대지도에 그려진 백이·숙제의 묘(제4편 4장)**

▹ 현대지도에 그려져 있는 백이·숙제의 묘와 영제시에 있는 포주

28. **요서군임을 밝히는 백이·숙제의 묘 (제4편 4장)**

▹ 여기가 단군조선과 고구려의 강역임을 밝히는 백이·숙제의 묘

29. **안시성과 환도성과 평양성의 위치** (제4편 5장)

▹ 안시성과 환도성과 평양성의 위치도. 안시와 환도는 같은 산 속에 있고, 안시와 평양성은 그리 멀지 않다.

30. **환도산성 정상을 연결하는 도로** (제4편 5장)

▹ 정상에 오르면 산들이 모두 평탄하게 이어져 있다. 그래서 적은 병력으로도 대군을 막을 수 있는 난공불락의 천연요새인 것이다. 멀리 산 밑이 보인다.

목/차

서 언
일제 조선총독부 총독들의 말

제1편 수나라, 당나라와의 전쟁

제1장 수나라 백만 대군을 물리친 고구려 … 11
제2장 수나라 대운하 통제거는 어디인가? … 24
제3장 수나라 대운하 영제거는 어디인가? … 31
제4장 우리 역사상 가장 위대했던 안시성 전투 … 48
제5장 당태종의 눈알을 뺀 안시성은 어디인가? … 61

제2편 인류역사상 가장 위대했던 나라 조선

행촌 이암선생이 쓴 <단군세기>의 새로운 해설 … 81

제3편 기자조선, 위만조선, 한사군의 허구

제1장 동북공정보다 무서운 시조(始祖)공정 … 135
제2장 조선과 연나라의 경계인 패수는 어디인가? …140
제3장 단군조선의 강역도 다시 그려야 한다 … 145
제4장 신라 금성은 대부여(단군조선)의 도읍지 … 154
제5장 김씨 조상들의 피난처 요동은 어디인가? … 162
제6장 한사군전쟁은 한무제가 참패한 전쟁 … 172
제7장 반역자라는 오명과 맞바꾼 부귀영화 … 181
제8장 한사군의 핵심인 낙랑군의 위치는 어디인가? … 191

제4편 천하의 중심 고구려

제1장 고구려의 건국년도는 언제인가? … 199
제2장 고구려의 건국지 졸본성은 어디인가? … 207
제3장 국내성, 평양성의 위치는 어디인가? … 214
제4장 요동과 요서를 구분하는 기준은 어디인가? … 219
제5장 안시성과 환도산성이 있는 요동은 어디인가? … 233

부 록

공통 참고자료(〈한서지리지〉와 〈신당서 열전동이〉) …245
각 장별 참고자료 … 253
참고문헌 … 276

서/언(序 言)

행촌 이암선생이 쓴 〈단군세기〉의 서문은 이렇게 시작된다.

"나라를 바로 세우는 길에 선비의 기세보다 먼저인 것이 없고 역사를 정확히 아는 것보다 급한 것이 없으니 이것이 무슨 까닭일까? 역사가 밝혀지지 않으면 선비의 기세가 펼쳐질 수 없고, 선비의 기세가 펼쳐지지 못하면 나라의 뿌리가 흔들리고 다스림이 법도에 맞지 않는다. 무릇 올바른 역사학이란 나쁜 것은 나쁘다 하고 좋은 것은 좋다고 하며, 사람을 저울질하고 세상을 이야기하니 이 모든 것이 세상에 표준이 되는 것이다."

"나라에는 모습이 있고 역사에는 얼이 깃들어있거늘, 모습이 얼을 잃고도 모습만으로 우쭐댈 수가 있겠는가! 바른 길로 바로 다스리는 것도 내 스스로 할 일이요, 모습과 얼을 갖추는 것도 내 스스로 할 일이다. 그렇기 때문에 이 세상 모든 일은 먼저 나 자신을 아는 데 있음이라. 그런데 스스로를 알려고 하면 어떤 것부터 알아야 할까?"

"오호 슬프도다! 부여는 부여 스스로의 길을 잃었으니 그 뒤에 한족이 쳐들어와 점령해버렸고, 고려는 고려대로의 길을 잃었으니 그 뒤에 몽고가 쳐들어와 차지해버렸다. 만약 그 때에 이보다 먼저 부여에 부여다움이 고스란히 있었다면 한인은 자기 나라로 돌아갔을 것이며, 고려에 고려다움이 있었다면 몽고 사람들은 몽고로 돌아갔을 것이다. 아아! 슬프도다. 얼마 전에는 잠·청과 같은 무리들의 못된 의견이 몰래 수많은 귀신들처럼 어두운 세상을 뒤덮었다. 남생이나 발기 따위들과 같은 반역하는 마음으로 서로 만나 합쳐진 것이다. 바른 길도 사람다운 생각도 다 없어지고, 나라꼴도 나라 정신도 다 사라져버린 후에 나라를 위한다는 이들인들 도대체 어떻게 스스로만 안전하다고 생각할 수 있겠는가?"

"나라를 구함은 어디에 그 중요함이 있을까? 나라에는 역사가 있어야만 되고 그 모습을 가지려면 얼이 있어야만 되는 것이라. 신시에 하늘을 여니 이로부터 나라의 계통이 이어지게 되었고, 나라의 계통이 이어짐에 나라가 바로 서게 되었으며, 백성도 다스리는 계통이 있음으로써 모여들게 되었으니 역사가 어찌 중요하지 않겠는가?" 이와 같은 행촌 이암선생의 심정으로 감히 이 책을 내게 되었다.

현재 대한민국에서는 일제의 식민사학이 모든 주도권을 쥐고 있어 그 폐해가 실로 심각하다고 할 수 있다. 자신의 정체성을 잃고 주인의식 없는 거지 근성으로 남에게 의지나 하려는 우매한 식민지 백성을 만드는 역사교육이 아직도 학교와 기관에서 공공연히 행해지고 있다. 그러다보니 갈수록 민족정기는 쇠퇴해지고 날로 국가관이 흐려지며 오로지 금권만능의 자기중심적인 개인주의만 팽배해져 국가와 민족의 미래가 날이 가면 갈수록 어두워지고 있다.

식민사학이란 일제가 조선을 식민지배하기 위해 조선인의 민족정신을 말살하려고 만든 거짓의 역사이다. 그 주 내용이란 단군신화와 반도사관에다가 예로부터 조선의 역사는 기자와 위만과 한사군, 즉 이민족에 의한 식민지배로부터 시작되는 역사이기 때문에 일제가 우매한 조선민족을 식민지배하는 것은 지극히 당연하다는 논리였다. 왜 일제가 그토록 우리의 고대사를 말살하려 했는지 그 이유는 이

책의 내용을 읽어보면 잘 알 수 있다. 옛 조선의 역사가 너무도 위대했고 찬란했고 장엄했기 때문에 이러한 역사를 후손인 조선인들이 모르도록 내용을 조작하여 민족혼을 말살한 것이다.

필자는 국사교과서의 내용이 대단히 잘못된 이론이라는 것을 알고는 있었지만, 어디서부터 얼마나 어떻게 잘못되었는지는 2년 전까지만 해도 정확히 알지 못했다. 여러 재야사학자들이 쓴 책도 읽어보았고, 여러 역사 싸이트에 실린 많은 글도 접해 보았으나 속 시원한 해답을 찾을 수 없었으며, 오히려 뭔가 앞뒤가 맞지 않는 해설에 실망감을 느끼곤 했다. 그래서 '백문이 불여일견(百聞不如一見)'이란 말이 있듯이 본인이 직접 답사를 해봐야겠다는 생각을 갖게 되었다. 강단사학계와 많은 재야사학자들이 각기 주장했던 이론들이 과연 옳은지 틀린지 직접 눈으로 확인해 보고 싶었기 때문이다.

필자는 중국에서 다년간 산 적이 있어 중국어를 생활에 불편함이 없을 정도로 할 수 있으며, 중국 간자체를 웬만큼은 읽을 수 있는 정도라 중국에서의 혼자 여행이 결코 두려움의 대상이 아니었다. 게다가 중국에 아는 한국인들이 있어 그들의 도움을 받을 수 있다는 것이 큰 용기를 주었다. 그래서 2008년 드디어 답사를 떠나게 된 것이다. 주 목적은 우리 역사의 핵심인 '안시성'을 찾아보려는 의도였다. 그런데 재야사학에서 주장하는 안시성인 하북성 당산시 개평구 동북 70리에 있는 청룡산에 가보고는 실망하고 돌아오고 말았다. 왜냐하면 그곳은 사서의 기록과 전혀 맞지 않는 곳으로 안시성이 아니었기 때문이다.

다시 각종 자료를 인터넷으로 찾던 중 백이·숙제의 묘와 안시성으로 추정되는 곳이 산서성 남부에 있다는 사실을 알게 되었고, 산서성 지도로 도상 지형정찰을 하면서 그곳이 확실하다는 심증을 굳히게 되었다. 그래서 불원천리(不遠千里)하고 산서성 남부로 답사를 가게 되었는데 막상 산서성에 가보니 고구려는 말할 것도 없고 단군조선과 부여와 대진국(발해)의 역사까지 우리 고대사의 모든 것이 그곳에 있었음을 알게 되었다. 결국 산서성에 답사를 가서야 그동안 묻혀 있었던 우리 역사의 실체를 만나게 되었던 것이다.

신라의 금성과 고구려의 평양성, 국내성, 안시성과 환도산성, 광개토태왕의 염수뿐만 아니라, 우리 역사의 지명을 밝힘에 있어 가장 중요한 유적인 요서군(遼西郡)의 백이·숙제의 묘까지 발견한 것이다. 이러한 유적들을 모두 사진에 담고 동영상으로 찍으면서 필자는 너무 기쁘고 감격해서 눈물을 흘리기도 했다. 그러면서 "아! 단군조선과 고구려의 영토가 한반도에서 산서성 황하까지로 이토록 광활했기 때문에 결국 중국과 일제에게 역사말살을 당한 것이구나!"라는 사실을 느끼며, 중국이 찌그러뜨리고 일제가 군화발로 짓밟은 우리 역사를 모두 원상회복시켜야겠다는 다짐을 하게 되었다.

그러면서도 한편으로는 필자가 찾은 역사적 사실이 과연 진실인지 의구심이 들기도 했던 것이 사실이다. 그래서 산서성 답사에서 돌아온 후 일 년 넘게 사서의 기록을 찾아가며 깊은 연구에 연구를 거듭한 끝에 산서성이 우리 역사의 핵심강역이라는 사실을 100% 확신하게 되었다. 그래서 필자는 새로 발굴된 우리 역사의 진실을 온 국민들에게 알리고자 이 책을 쓰게 된 것이다. 나 혼자만이 알고 즐기는 역사가 아니라 전 국민이 공유할 수 있도록 하기 위함이다. 이 책의 내용은 교과서는 물론 지금까지 나온 재야사학자들의 이론과는 그 개념과 차원이 다르다고 할 수 있다. 그 이유는 이 책 속에는 우리 역사의 진실이 고스란히 그대로 담겨 있기 때문이다.

필자가 중국에서 답사할 수 있도록 물심양면으로 도와주신 중국주재 X사의 L사장님께 무한한 감사를 드리며, 오랫동안 역사 연구에 빠져 가정을 돌보지 못했음에도 불평 한마디 없이 묵묵히 내조한 아내에게 뜨거운 고마움을 전하는 바입니다. 그리고 천년 만에 우리 역사의 진실을 밝히는 이 책을 선뜻 출판하겠다하신 〈도서출판 지샘〉의 김종호사장님께도 감사의 인사를 드립니다. 이 책으로 인해 천 년간이나 땅 속에 묻혀있던 위대한 우리 역사의 진실이 기지개를 켜며 화려하게 부활되기를 간절히 기원합니다.

필자는 역사광복군의 일원으로 참다운 역사광복이 하루빨리 이 땅에서 이루어지기를 간절히 바라고 있습니다. 그리고 이 책을 읽고 더 많은 역사광복군이 나와 일제의 식민사학을 하루빨리 척결할 수 있는 토대가 마련되었으면 하는 바램입니다. 많은 분들이 이 책을 읽으셔서 우리의 정신을 황폐하게 만드는 백해무익한 식민사학을 이 땅에서 영원히 추방할 수 있도록 다함께 노력합시다.

필자 나름대로는 최대한 쉽게 쓰려고 했으나 아무래도 사서에서 인용한 부분이 많다보니 내용이 딱딱하고 어려우나 끝까지 읽어주시면 고맙겠습니다. 별첨으로 일제 조선총독으로 있으면서 역사말살을 주도한 자들의 말을 붙입니다. 그들의 말 속에서 우리 역사가 얼마나 위대했었는지를 느낄 수 있습니다. 그 위대함이 무엇인지는 이 책을 보시면 아시게 될 것입니다.

국치 100년(2010년) 8월
역사광복군　성 훈

일제 조선총독부 총독들의 말

<초대 조선총독 테라우찌 마사타케의 말>

조상 단군을 부정하게 하라.

조선인들은 유구한 역사적 자부심과 문화에 대한 긍지가 높아 통치하기가 어려웠다. 그래서 대일본제국의 신민(臣民)을 만드는 방법으로 그들의 가장 큰 자긍심인 역사를 각색하여 피해의식을 심는 것이었다.

조선인을 뿌리가 없는 민족으로 교육하여 그들의 민족을 부끄럽게 하라. 문화 역시 일본의 아류임을 강조하여 교육해야 한다. 그렇게 될 때 그들은 자신들의 정체성을 잃고 스스로 대일본제국의 신민으로 거듭나고 싶어 할 것이다.

창씨개명을 통하여 먼저 조상 단군을 부정하게 하라. 그것이 식민지 국민을 식민지 국민답게 만드는 가장 좋은 방법이다.

<3대 조선총독 사이토 마코토의 말>

조선인들이 자신의 일 역사와 전통을 알지 못하게 하라

그럼으로써 민족혼 민족문화를 상실하게 한 뒤 조상과 선인들의 무능, 무위, 악행을 들추어 내고 또 그것을 과장하여 조선인 후손들에게 가르쳐라.

조선의 청소년들이 그들의 조상들을 부정하고 경시 경멸하는 감정을 일으키게 하여 하나의 기풍으로 만들어라. 그러면 조선 청소년들이 자국의 모든 인물과 사적에 대하여 부정적인 지식을 얻게 될 것이며 반드시 실망과 허무감에 빠지게 될 것이다.

그 때 일본의 사적, 일본의 문화, 일본의 위대한 인물들을 소개하면 동화의 효과가 지대할 것이다. 이것이 제국 일본이 조선인을 반일본인으로 만드는 요결일 것이다.

<마지막 조선총독 아베 노부유키의 말>

우리는 패했지만 조선은 승리한 것이 아니다.

내 장담하건데, 조선 국민이 제 정신을 차려 찬란하고 위대했던 옛 (단군)조선의 영광을 되찾으려면 100년이라는 세월이 더 걸릴 것이다. 우리 일본은 조선 국민들에게 총과 대포보다 더 무서운 식민교육을 심어놓았기 때문이다.

결국 조선 국민은 서로 이간질하며 노예적인 삶을 살 것이다.

보라! 실로 (단군)조선은 위대했고 찬란했지만 현재 조선은 일본 식민교육의 노예로 전락했다. 그리고 나 아베 노부유키는 다시 돌아올 것이다. (이상)

이렇게 만들어진 허구의 식민지 역사가 아직도 교과서에 그대로 실려 자라나는 청소년들에게 교육되고 있는 현실입니다. 마지막 조선총독 아베 노부유키가 다시 돌아오지 못하도록 이제 진정한 역사광복을 맞이해야 되지 않겠습니까!!!

일제의 식민사학을 청산하지 않는 한 우리는 진정한 광복을 맞이한 것이 아닙니다.

제 1 편

수나라, 당나라와의 전쟁

제1장
수나라 백만 대군을 물리친 고구려

한(漢)나라 이후 위·오·촉의 삼국시대를 거친 중국은 서진(西晋)에 의해 통일되었다가 얼마 후 다시 동진과 5호 16국 등으로 사분오열된다. 이어 남북조(南北朝) 시대를 거쳐 수나라에 의해 약 270년 만에 다시 통일을 이룬다. 598년 중국을 통일한 수나라 문제(文帝)와 천하의 패자 고구려가 서로 충돌한다. 고구려 영양태왕이 만여 명의 말갈병을 이끌고 수나라를 공격하자 수문제가 이를 듣고 크게 노해 수군과 육군 30만을 파병한다. 그러나 겨우 정주(定州)를 출발하여 아직 요택(遼澤)에도 이르지 못하였을 때 장마로 인해 수송이 제대로 안 되어 군량이 떨어지고 전염병까지 돌아, 가을에 수나라 군대가 돌아가는데 죽은 자가 10에 8,9였다고 〈삼국사기〉에 기록되어 있다.

⑤ 위, 진, 남북조의 변천

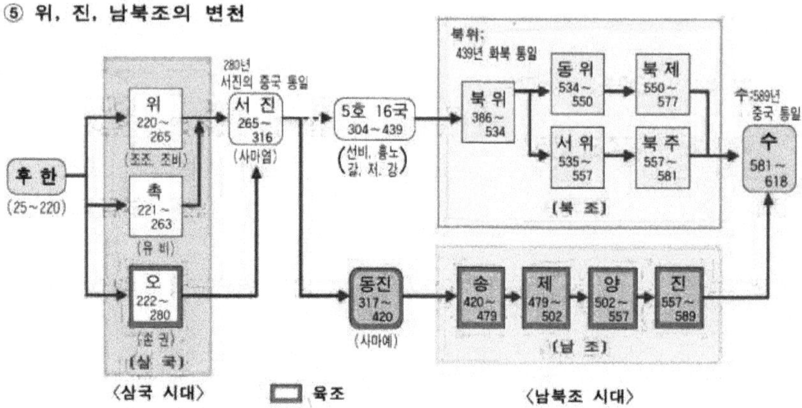

▷ 한나라 이후 중국 왕조의 변천도. 인간의 수명보다 짧은 나라들이 대부분이었다.

1. 수양제의 고구려 침공준비

604년 아버지인 문제를 시해하고 수나라의 2대 황제에 오른 수양제는 고구려를 정벌하기 위한 사전준비 작업으로 전쟁물자 수송용 운하를 건설하는 한편, 607년 고구려 공격 시 배후의 위협이 될 수 있는 돌궐을 설득하기 위해 직접 방문한다. 이 때 수양제는 황제의 위엄을 보이기 위해 허세를 많이 부린다. 수양제가 돌궐의 계민가한(啓民可汗)의 장막에 행차했을 때 마침 고구려의 사자가 계민의 처소에 있었으나 감히 숨기지 못하고 함께 수양제를 만났다고 〈삼국사기〉에 기록되어 있는데, 우리는 '감히 숨기지 못하고'라는 표현에서 고구려와 돌궐의 역학관계를 미루어 짐작할 수 있다.

이 때 황문시랑 배구(裵矩)가 수양제에게 고하기를 "고구려는 본시 고죽국(孤竹國)으로 주(周) 무왕이 여기에 기자(箕子)를 봉하였고 한(漢)나라 때는 3군(三郡)의 땅이었는데, 지금 와서 신하 노릇을 하지 않고 딴 나라로 갈라섰기에 선제(문제)께서 치려했던 것입니다." 즉 배구가 한 말은 고구려 = 고죽국 = 기자의 봉지 = 한사군의 땅이라는 뜻으로 그곳은 산서성 남부와 황하북부 하남성 일대이다. 그러나 망국의 식민사학계는 그러한 곳을 한반도 북부라고 말하고 있다.

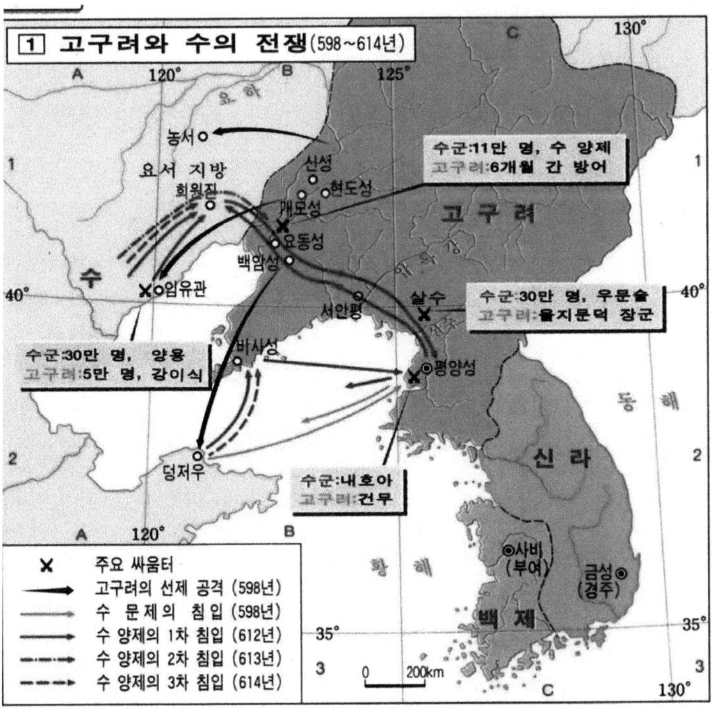

▷ 식민사학계가 작성한 수나라 침공도. 고구려는 이렇게 작지 않았다.

2. 수양제의 1차 고구려 침공

612년 군수물자 수송용 운하인 영제거와 통제거를 개통한 수나라는 드디어 백만 대군으로 고구려를 침공해 온다. 〈삼국사기〉에 병력이 113만 3800명이고 군량을 수송하는 인원이 이것의 곱이 되었다고 기록되어 있다. 그러나 이렇게 병력 수가 많다는 것은 정예병이 아니라 오합지졸이라는 것을 의미하는 것이다. 여하튼 매일 1개 군(軍)씩 출발시키는데 40일 만에 출동이 끝났다 하니 그야말로 일대 장관이 아닐 수 없었다.

수나라는 요수(황하)를 건너기 위한 부교(浮橋)를 설치하면서 측량을 잘못해 한 길이 짧아 언덕에 닿지 못하여 많은 사상자를 낸다. 이틀 만에 서쪽에 다시 부교를 설치하여 요수를 건너니 이번에는 고구려 군사가 크게 무너져 만여 명이 죽었다. 수나라 군대는 요수에서 전진하여 요동성을 포위한 후 전력을 다해 공격했으나 좀처럼 함락시키지 못하였다.

이 때 육군과 협공작전을 하기로 한 내호아의 수군은 패수(浿水)로 들어와 평양성과 60리 지점에서 고구려 군사와 싸워 크게 이긴다. 전공에 눈이 먼 내호아는 고구려의 유인작전인지도 모르고 평양성까지 깊숙이 들어갔다가 고구려 복병의 공격을 받아 크게 패하고 만다. 내호아는 살아남은 수천의 군사를 이끌고 돌아가 해포(海浦)에 주둔했으나 전투를 수행할 정도는 아니었다.

수군이 참패하고 게다가 육군까지 요동성을 함락시키지 못하자 수양제는 각 병사들에게 100일치의 식량과 갑옷, 무기, 천막 등을 지급하고는 평양성으로의 진군을 명하였다. 그러나 1인당 3섬 이상의 무게를 가지고 갈 수가 없어 병사들이 군막 밑에 구덩이를 파고 묻어버리니 행군이 중간쯤 갔을 때 양식이 바닥나고 만다 (참고로 1섬은 통상 쌀 한가마의 무게로 약 80Kg 정도이다).

고구려의 영양태왕은 적정을 살피기 위해 을지문덕(乙支文德)장군에게 거짓항복을 하도록 명한다. 그 전에 수양제는 우문술에게 밀서를 보내 "만일 고구려의 왕이나 을지문덕이 올 기회가 있으면 반드시 사로잡아야 한다."라고 엄명을 내려놓았으나 우문술은 을지문덕을 그냥 살려 보내고 만다. 우문술은 이내 후회하고 사람을 시켜 "하고 싶은 말이 있으니 다시 오라"하였으나 을지문덕은 그대로 압록수를 건너 돌아가 버렸다. 우문술이 군사를 동원해 추격하자 을지문덕은 수나라 군사들이 굶주린 것을 알고 피곤하게 만들 속셈으로 일부러 패하는 척 했다.

수나라가 드디어 동으로 나아가 살수를 건너 평양성과 30리 거리의 산에 진을 치자 을지문덕이 다시 사신을 보내 거짓으로 항복하겠다면서 다음과 같은 시 한수를 적어 보낸다.

神策究天文 (신과 같은 책략은 천문을 궁구하였고)
妙算窮地理 (기묘한 계산은 지리에 궁리하였네)
戰勝功旣高 (싸움을 이기어 공이 이미 높으니)
知足願云止 (만족을 느끼고 그쳐 주기를 바라노라)

우문술은 병사들이 지칠대로 지쳐 싸울 의욕이 없음을 보았고, 또 평양성이 험하고 굳건해 함락시키기 어려울 것으로 판단하여 거짓항복을 구실로 회군하기로 결정한다. 수나라 병사들이 방진(方陣)을 만들며 후퇴하자 을지문덕이 사방에서 들이치니 우문술은 가다가 싸우고 또 가다가 싸웠다. 수나라 군대가 살수에 도착하여 강을 반쯤 건널 무렵에 고구려 군사들이 후군을 공격하니 적장 신세웅이 전사하고 대열이 무너져 걷잡을 수 없게 되었다. 남은 군사가 달아나 압록수에 도착하니 하루 낮 하루 밤에 450 리를 걸었다. 처음 9개 군(軍)이 선봉으로 요(遼)에 왔을 때 무려 30만 5,000명이었는데, 요동성에 되돌아왔을 때는 겨우 2,700명뿐이었다. 수양제는 크게 노하여 우문술 등을 쇠사슬에 묶고는 7월 25일 군사를 이끌고 돌아갔다. 수양제의 제1차 고구려 침공은 이렇게 수나라의 대참패로 끝나게 되는 것이다.

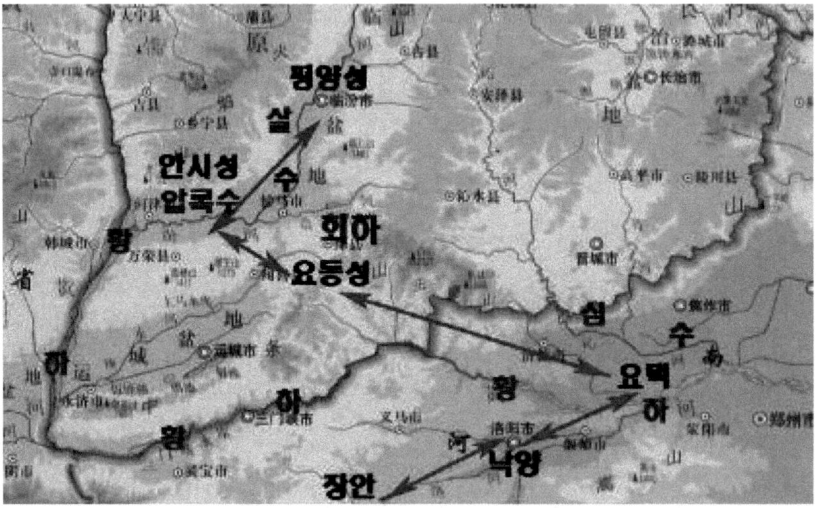

▹ 수나라 1차 침공도: 살수는 남북으로 흐르는 분하를 말한다. 살수가 회하와 합쳐져 서쪽으로 흐르는 강을 압록수라 불렀다.

3. 수나라 30만 대군을 몰살시킨 살수는 어디인가?

을지문덕장군이 수나라 선봉대인 우문술의 30만 대군을 몰살시킨 살수(薩水)가 어디인지 참으로 궁금하지 않을 수 없다. 〈삼국사기〉를 편찬한 김부식은 살수를 지명미상(地名未詳) 목록 중 하나로 올려놓았다. 당대의 최고 석학으로 역사서를 저술한 김부식이 살수가 어디인지 몰랐다는 것은 살수가 한반도가 아닌 중국대륙 깊숙하게 위치하고 있는 강이라는 반증이기도 하다. 그럼에도 불구하고 현재 강단사학계는 식민사학자 이병도의 이론대로 살수를 청천강으로 비정했고, 더 나아가 패수까지 청천강으로 게다가 강감찬장군의 귀주대첩도 청천강에서 일어난 것이라 했다. 청천강은 이병도의 필요에 따라 살수도 되고, 패수도 되고, 귀주도 되나보다! 참으로 편리한 청천강이다. 만일 이병도에게 청천강이 없었으면 어떡할 뻔 했겠는가!

중국 자료로 살수가 어디인지 찾아보려 했으나 자신들의 엄청난 치욕이라 그런지 이미 지워져 있었다. 따라서 객관적 자료보다는 개인적 판단에 의해 살수가 지금의 어디인지 지명비정을 할 수밖에 없다. 고구려의 핵심강역은 산서성 남부였고 당시 도읍인 평양성은 현 임분시가 확실하므로 살수도 임분시 부근에서 찾아야 옳을 것이다. 따라서 고대 살수는 다음과 같이 비정된다.

살수 1: 살수는 현 회하와 합쳐지기 전 북에서 남으로 흐르는 분하일 가능성이 가장 크다. 왜냐하면 〈삼국사기〉의 기록에 "**압록수를 건너 달아나는 을지문덕을 추격해 일곱 번 싸워 모두 이기고, 동으로 나아가 살수를 건너 평양성과 30리 거리에 진을 쳤다.**"는 기록과 정확히 일치하는 살수는 북쪽에서 남쪽으로 흐르는 분하 밖에 없기 때문이다. 따라서 살수와 회수(澮水)가 만나 서쪽으로 흘러 황하로 들어가는 분하를 고구려 때 압록수로 부른 것이 확실하다.

살수 2: 가능성은 〈살수 1〉보다 많이 떨어지지만 분하로 들어가는 현 회하(澮河)일 가능성도 있다. 그 이유는 살수 주변에는 압록수와 평양성이란 지명이 나오는데 고대 압록수가 현 분하이기 때문이며, 또한 회하에는 2개의 큰 수고인 제이수고(第二水庫)와 회하수고(澮河水庫)가 있어 수공(水攻)을 할 수 있기 때문이다. 그러나 지형적으로 압록수를 건너고난 다음에는 회하를 건너지 않고도 평양성에

갈 수 있는 지형이므로 위 사서의 기록과 정확히 일치하지는 않는다. 여하튼 분명한 것은 살수가 식민사학계의 스승인 이병도가 비정한 것처럼 한반도 청천강은 절대로 아니라는 것이다. 청천강은 수공을 감행할 만큼 유속이 빠르지 않고 30만 대군을 한 번에 몰살시킬 만큼 큰 강이 아니다.

〈태백일사 고구려국본기〉에는 〈삼국사기〉에 기록되지 않은 살수대첩 이후의 상황이 다음과 같이 기록되어 있다. "수양제는 사신을 보내 화해를 구걸했으나 을지문덕은 듣지 않고 영양제 또한 엄명을 내려 수나라 군대를 추격하였다. 을지문덕은 제장과 더불어 현토도로부터 태원(太原)까지 추격하고 한쪽은 낙랑도로부터 유주(幽州)에 이르렀다. 그 주군(州郡)에 쳐들어가 이를 다스리고 그 백성들을 불러다가 안무하였고, 모두 예전처럼 관리를 두어 다스리니 이에 이르러 강병 백만으로 강토는 더욱 더 커졌다."

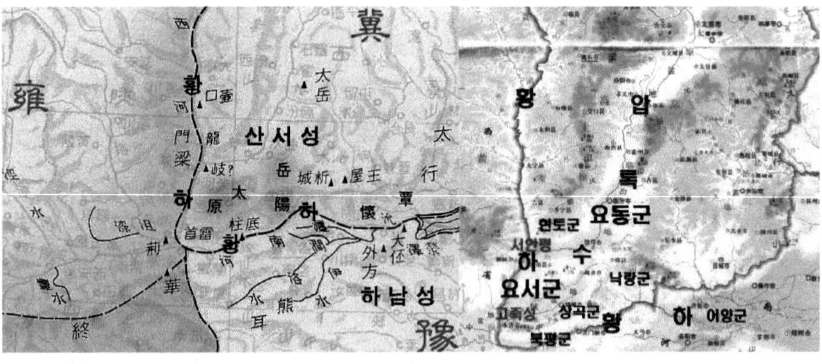

▹ 왼쪽 고지도에서 태원(太原)은 요서군 지역이다. 오른쪽은 유주에 속한 군을 표시한 지도이다,

4. 수양제의 2차, 3차 고구려 침공

이듬해인 613년 수양제는 다시 고구려를 침공해왔다. 그러나 고구려의 관문인 요동성을 여러 차례 공격했으나 여전히 함락시키지 못하자 그대로 두고 진군해 오열홀(안시성) 앞에서 치열한 전투를 벌였다. 그때 수나라 본국에서 양현감(楊玄感)이 반란을 일으켰다는 보고가 전해지자 양현감과 친한 친구였던 병부시랑 곡사정(斛斯政)이 신변의 위협을 느껴 고구려로 망명해버린다. 수양제는 밤에 장수들을 소집하여 군사를 이끌고 철군했는데, 군수품과 병장기와 공성(攻城)도구가 산처럼 쌓이고 영루(營壘)와 장막(帳幕)은 그대로 두고 돌아갔다. 수나라 군대가 갑자기 철군하자 고구려는 속임수로 판단하여 추격하지 않다가 이틀이 지나서야 추격에 나섰다. 요수에 이르러 본진이 건너간 것을 알고 후군을 쳤는데 그 수가 수만 명이고 들이쳐서 수천 명을 죽였다고 기록되어 있다. 이것이 수양제의 2차 고구려 침공이다.

이듬해인 614년 봄 2월 수양제는 또 다시 대군을 일으켜 침공해왔다. 가을 7월 수양제의 수레가 회원진(懷遠鎭)에 머무르고 수군장수 내호아가 비사성에 당도했다. 고구려 군대가 맞아 싸웠으나 패하고 내호아가 평양으로 육박할 태세를 보이자 영양태왕이 항복을 청하고 망명한 곡사정을 보내주니 수양제가 내호아를 소환해 8월에 회원진에서 돌아갔다고 〈삼국사기〉는 기록하고 있다.

그러나 〈태백일사 고구려국본기〉에서는 수양제가 회군한 이유에 대해 〈삼국사기〉와는 다르게 다음과 같이 기록하고 있다. "영양대제는 내호아가 평양을 습격하려 하자 완병술(緩兵術)을 쓰고자 계략으로 곡사정을 보냈다. 때마침 조의(皁衣) 가운데 일인(一仁)이라는 자가 있어 자원하여 따라가기를 청해 함께 수양제에게 갔다. 수양제가 표문(表文)을 절반도 채 읽기도 전에 갑자기 소매 속에서 작은 활을 쏘아 머리를 맞혔다. 수양제가 놀라 자빠져 실신하자 신하들이 업고는 작은 배로 갈아타고 후퇴하여 회원진에서 병력을 철수시켰다. 수양제가 신하들에게 말하길 "내가 천하의 주인이 되어 몸소 작은 나라를 쳐도 승리하지 못하니 이는 만세의 웃음거리가 아니겠는가?"라고 기록되어 있다.

객관적으로 보았을 때 〈태백일사〉의 기록이 옳다고 본다. 〈삼국사기〉의 기록처럼 고구려 영양태왕이 위기에 몰리자 항복하겠다면서 곡사정을 보내주자 고구려에 대한 적개심으로 불타던 수양제가 순순히 철군했다는 것은 그간의 정황으로 보아 설득력이 많이 떨어진다고 하겠다. 〈태백일사〉의 기록처럼 뭔가 철군하지 않으면 안 되는 중요한 상황이 발생한 것으로 보아야 할 것이다.

중국을 통일한 수나라는 고구려에게 이처럼 수차례 무모하게 도전했다가 내란이 일어나 결국 망하게 된다. 당고조가 되는 이연(李淵)이 도성인 장안을 점령해버리자 수양제는 도성으로 돌아가지 못하고 외지에서 머물다 자신의 경호병들에게 죽임을 당한다. 이로써 618년 수나라가 망하고 당나라가 들어서게 된다.

5. 수나라 병사들의 해골로 만든 경관

수나라와의 전쟁에서 수차례 대승을 거둔 고구려는 이를 기념하기 위해 수나라 병사들의 해골을 모아 경관(京觀)을 세운다. 618년 고구려의 영양태왕이 재위 29년 만에 붕어하고 이복동생인 건무(建武)가 즉위하니 바로 그가 영류왕(榮留王)이다. 영류왕은 영양태왕의 모든 정책을 폐기하고 당나라와의 화친을 원했다. 622년 당고조가 수나라 병사들이 고구려 땅에 많이 잡혀 있음을 알고 송환을 요구하자 영류왕은 이들을 남김없이 찾아내 돌려보내니 수만 명에 이르렀다. 그리고 당나라로부터 도교를 받아들이고 노자(老子)를 국민들에게 강의케 하고 왕도 청강했다. 628년 당나라에게 지도까지 그려 바치고, 631년 당태종은 사람을 보내 수나라 병사들의 해골을 묻고 위령제를 지냈으며 전승기념물인 경관(京觀)까지 헐어버린다. 당나라와의 화친으로 평화를 지키는 것은 좋았으나 너무 굴욕적이라 할 것이다. 결국 영류왕은 주전파(主戰派)인 연개소문의 쿠데타에 의해 축출되어 죽임을 당하게 된다.

▷ 안시성 앞에 서있는 백탑(경관)은 고구려의 승리를 기념한 탑이다.

수나라와의 전쟁에서 대승을 거둔 것을 기념하기 위해 세운 경관은 과연 어디에 있었을까? 단재 신채호선생의 〈조선상고사〉에 경관에 대한 설명이 다음과 같이 기술되어 있다. "요동성도 함락시키지 못한 채 고구려로 들어온 수나라는 각지의 성들을 공격했으나 하나도 함락시키지 못했을 뿐만 아니라, 4~5개월간 고구려 병사들의 화살에 맞아 죽은 수나라 병사들의 시체가 산을 이루었다. 양식을 얻지 못했을 뿐만 아니라 우문술 등이 패하여 돌아오자 더욱 전의를 상실하게 된다. 이에 수양제는 최후의 요행을 바라며 모든 병사들을 오열홀(烏列忽) 아래 집합시켰으나 을지문덕이 이를 깨뜨려 사람과 말을 수없이 죽이고 노획한 물건이 산처럼 쌓였다. 고구려는 이러한 승전을 기념하기 위해 경관을 세웠다. 뒤에 고구려가 망하매 당나라 장수 설인귀(薛仁貴)가 경관을 헐고 백탑(白塔)을 세웠는데, 사람들은 이를 당태종이 안시성을 침공할 때 당나라 장수 울지경덕이 세운 것이라 하나 이는 잘못 전해진 말이다. 수서(隋書)에서 우문술의 살수에서의 대패는 기록하면서도 수양제의 오열홀에서의 참패를 기록하지 않은 것은 높은 이의 수치를 숨기기 위한 춘추필법(春秋筆法)이다."

단재 신채호선생이 말한 오열홀(烏列忽)은 바로 안시성을 말하는 것으로 안시성에서의 대승을 기념하기 위해 고구려가 경관을 세웠다고 하며, 나중에 허물어진 경관 자리에 설인귀가 백탑을 세웠다고 하는데 그 백탑이 아직도 안시성 앞에 그대로 남아 있는 것이 발견되었다. 따라서 오열홀에서의 수양제의 참패는 역사적 사실임이 입증되었다 할 것이다. 오열홀에서의 승리는 30만 명을 몰살시킨 살수대첩보다 더 큰 승리였기에 고구려가 오열홀 앞에 전승기념물인 경관을 세우지 않았겠는가! 오열홀에서 얼마나 많은 수나라 병사들이 죽었는지 미루어 짐작할 수 있을 것이다.

다음은 중국 자료인 〈당태종 요동정벌의 자초지종과 실패원인〉에 나오는 경관에 대한 기록이다. "수나라는 세 번이나 고구려와의 전쟁에서 실패했다. 고구려는 전쟁에서 죽은 수나라 병사들의 뼈로 경관을 만들었다. 고대 전쟁에서 승자는 자신들의 무공을 자랑하기 위하여 적의 머리를 모아 봉토로 만든 무덤을 경관이라 부른다. 찬바람이 불어오면 위의 얇은 흙이 날리면서 해골이 드러나게 된다. 몇십만 병사들의 영혼의 고함소리가 이 땅에서 끊이지 않는다(참고자료 3)."

역사적 진실이 이러함에도 일본제국주의의 분신인 대한민국 식민사학계는 을지문덕장군의 살수가 한반도 북부에 있는 청천강이라는 망언을 함부로 하고 있다. 역사왜곡도 유분수라 하겠다. 우리의 고대사는 식민사학자들이 말하는 것처럼 초라하고 왜소한 역사가 아니라, 대륙을 지배했던 자랑스럽고 위대했던 역사였던 것이다.

제2장
수나라 대운하 통제거는 어디인가?

이명박 대통령이 대선에서 '한반도 대운하'라는 공약으로 당선되어서 그런지 '대운하'라는 단어는 우리에게 전혀 생소하지가 않다. 그 어원이라 할 수 있는 '수나라 대운하'가 우리에게는 실로 엄청난 규모의 역사적 사실로 알려져 있다. 2006년 7월 22일 모 일간지에 소개된 '수나라 대운하'에 관한 기사를 보면, 중국 정부는 이 대운하를 수나라가 6년간에 걸쳐 건설한 것으로 북경에서 시작하여 천진, 하북성, 산동성, 강소성과 절강성을 거쳐 항주에 이르는 1,764km에 달한다고 발표했다. 가히 역사조작의 대가인 중국다운 엄청난 과장이 아닐 수 없다.

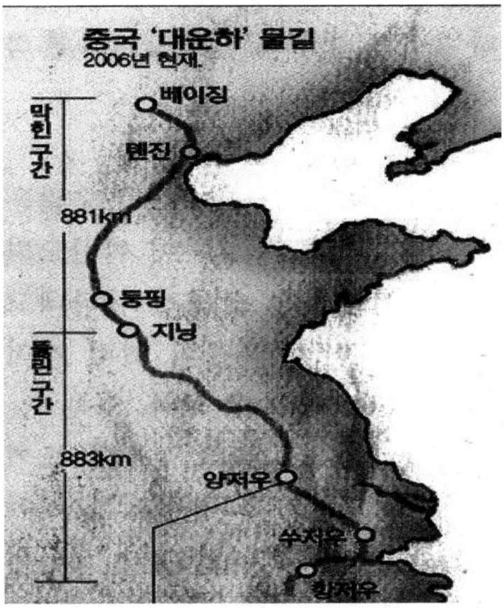

▷ 최근 중국정부에서 발표한 수나라 대운하

그런데 이 지역은 역사적으로 당시 고구려, 백제, 신라의 영토였기 때문에 수나라가 대운하를 건설할 수 없는 지역이었다. 게다가 581년부터 618년까지 겨우 38년간 존재했던 짧은 역사의 수나라가 이런 엄청난 운하를 건설했다는 것은 현실적으로 불가능한 일이었다. 왜냐하면 수나라는 612년 이후 계속되는 고구려와의 전쟁으로 이러한 대운하를 건설할 여력이 전혀 없었기 때문이다. 그리고 막힌 구간인 881km(북부)를 현대 장비로 수리한다고 하여도 4년이나 소요된다는 보도로 미루어 볼 때 1,400년 전 수나라가 6년 만에 이러한 대운하를 건설했다는 것은 전혀 실현 불가능한 일이라 하겠다.

수나라는 고구려와의 전쟁용 군수물자 수송을 위해 2개의 운하를 건설한 것으로 사서에 기록되어 있다. 그중 하나인 통제거(通濟渠)는 대업(수양제) 원년인 606년에 황하 남쪽에 건설되었고, 다른 하나인 영제거(永濟渠)는 610년에 건설되었다고 한다. 그런데 이 시기는 612년에 수나라가 113만 대군으로 고구려를 침공하기 직전으로, "당시 전쟁준비에 여념이 없던 수나라가 과연 국력을 기울여 이러한 대운하를 건설할 여력이 있었을까?"하는 의문이 든다. 그리고 통제거가 1년 만에 건설되었다는 것은 대운하가 아니라 소운하라는 것을 의미하는 것이다. 그러한 수나라 운하가 실제로 어디에 위치했는지, 그리고 그 실제 길이는 얼마나 되는지 참으로 궁금하지 않을 수 없다.

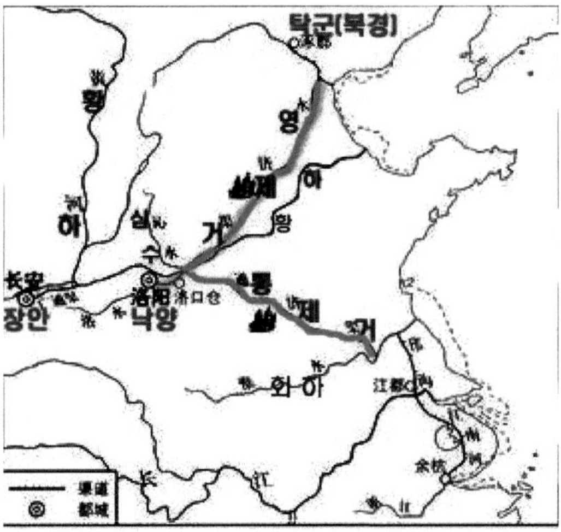

隋朝的大运河

▷ 중국에서 주장하는 수나라 대운하(영제거와 통제거)의 위치

1. 1단계 통제거의 위치는 어디인가?

먼저 황하 남쪽에 건설했다는 통제거에 대해 상세히 알아보기로 하겠다. <수서 양제기>의 기록에 의하면, "수양제 원년에 황하 남쪽

회수 북쪽의 여러 군민 백여만을 동원해 통제거를 개통했다. 서원에서부터 곡수와 낙수의 물을 끌어 황하에 다다르게 하고, 판저에서 황하의 물을 끌어 회수에 이르게 했다(大业元年开通济渠, 发河南淮北诸郡民前后百余万开通济渠. 自西苑引谷洛水达于河, 自板渚引河达于淮).” 즉 통제거가 2단계로 나뉘어 건설되었던 것을 알 수 있다. 1단계 통제거는 서원에서 황하까지이고, 2단계 통제거는 판저에서 회수까지이다.

1단계 통제거의 시작점인 서원(西苑)은 낙양 서쪽의 수황제궁이 있는 곳이고, 낙수(洛水)는 서쪽 섬서성에서 나와 낙양을 거쳐 이하(伊河)와 합쳐져 황하로 들어가는 강이다. 그리고 〈중국고대지명대사전〉에서 곡수에 대한 설명은 다음과 같다. “곡수는 하남성 협현 동쪽 경계에서 나와, 민지(澠池)를 거쳐 민수와 합쳐지고, 간수와 합쳐져 간하(澗河)가 되어, 낙양 서남에서 낙수로 들어가는 강이다. 옛날에 간하 하류를 역시 곡수라 했다 (참고자료 4).”

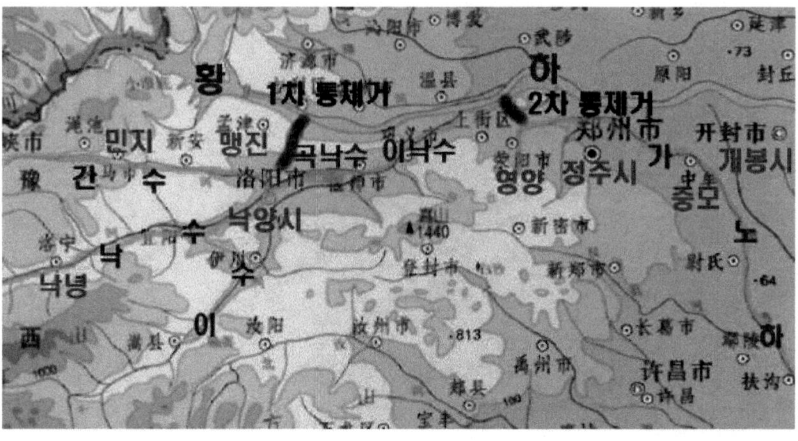

▹ 1차 통제거는 낙하와 황하를 연결하는 운하로 낙양 북쪽 맹진 근처를 관통한다.

협현은 지금의 낙녕(洛寧)현으로 낙양시의 서쪽에 있는 현이고 곡수는 낙수의 서쪽 지류로 볼 수 있다. 그런데 낙수는 동쪽으로 흘러 어차피 황하로 들어가는 강인데 왜 굳이 통제거라는 운하를 만들어 황하와 연결하려 했을까? 곡수와 낙수의 물을 끌어 황하와 연결하려면 지정학적으로 통제거는 낙양 북쪽에 있는 맹진시 근처를 관통하기 위한 인공하천인 것이다.

2. 2단계 통제거의 위치는 어디인가?

2단계 통제거의 시작점인 판저(板渚)에 대한 〈중국고대지명대사전〉의 설명은 다음과 같다. “판저는 하남 사수현 동북 20리에 있다. 〈수경주〉 황하의 동쪽이 판성의 북쪽을 지나고 나루터가 있다. 수양제가 통제거를 개통했는데, 판저에서 황하를 끌어 변수로 들어간다(참고자료 5).” 사수현은 현 사수진(汜水鎮)으로 하남성 정주시 서쪽 황하 변에 있는 지명이다. 즉 사수진 동북쪽의 황하와 변수(汴水)를 연결하는 물길이 2단계 통제거인 것이다.

변수는 “영양시 대주산에서 발원하여 중모현 북쪽을 지나 밖으로 나가서는 진유, 기현, 사수를 거쳐 회하로 들어간다(참고자료 6).” 즉 변수는 영양시에서 발원하여 정주시 북쪽을 지나 중모현과 진유(陳留)와 기현(杞縣)을 지나 하남성을 가로질러 가다 주구(周口)시에서 영하와 합쳐져 회하 상류로 들어가는 자연하천인 현 가노하(賈魯河)인 것이다. 중국에서는 황하와 회하를 연결하는 자연하천인 가노하와 영하(潁河) 전체를 수나라 운하인 통제거로 보고 있으나 이는 어불성설이라 하겠다. 분명한 것은 가노하와 영하는 자연 하천이므로 인공적으로 만든 운하인 통제거가 될 수 없다는 것이다. 즉 2단계 통제거는 황하변 사수현과 영양시를 흐르는 가노하를 연결하는 짧은 물길로 보아야 하는 것이다.

▹ 2차 통제거는 판저와 가노하(변수)를 연결하는 운하. 영양시에서 발원한 가노하는 영하를 거쳐 회하까지 가는 자연하천이다.

▹ 영양시에서 발원한 가노하는 정주와 중모현을 거쳐 하남성 주구시에서 영하와 합쳐져 회수로 들어가는 자연하천이다.

〈중국고대지명대사전〉의 설명과는 달리 중국은 역사왜곡을 위해 교과서에 있는 지도 및 군사지도까지 왜곡하여 마치 통제거가 하남에서 시작하여 회수까지 연결되는 대운하라 하면서 자연하천인 가노하까지 포함시켜 엄청나게 부풀리기를 하고 있다. 수나라가 운하를 만들었던 것은 역사적 사실이기는 하나 지금까지 중국이 과장한 것과 같이 800Km나 되는 엄청난 규모의 대운하가 아니라, 불과 몇 십 km에 불과한 짧은 물길이었던 것이다. 즉 **통제거는 황하 중류와 회수 하류를 통하게 하는 대운하가 아니라, 맹진을 관통하여 황하에 이르고, 사수현에서 가노하로 들어가는 자그마한 인공 하천으로 보아야 할 것이다.**

그리고 수나라가 운하를 만든 목적은 고구려와의 전쟁용 군수물자를 수송하기 위함이었다. 1차 통제거는 낙양 북쪽에 있는 맹진(孟津)을 관통하여 황하에 도달하기 위한 최단코스의 운하로 보아야 한다. 배가 통제거를 통하지 않고 낙수를 통해 황하로 들어가면 역류해서 먼 거리를 돌아야 하고, 또 황하 북쪽과 심수 서쪽에 있는 습지대인 요택을 최대한 피해야 하는 작전상의 어려움 때문이었으리라 짐작된다. 그리고 고구려와의 전쟁과 직접 상관없는 2차 통제거는 나중에 백제나 신라로 가기 위한 운하가 아닌가 생각된다.

역사적 사실이 이러함에도 식민사학계는 중국의 터무니없는 역사왜곡에 대해 아무런 비판을 가하지 못하고 있다. 그 이유는 이 나라의 역사이론이 근본적으로 잘못되어 있기 때문으로 중국의 역사왜곡인 동북공정을 그대로 인정할 수밖에 없는 실정이다. 우리 역사의 진실이 제대로 밝혀지는 날이 와야 진정한 역사 광복이 되어 민족정기가 되살아나게 될 것이다.

제3장
수나라 대운하 영제거는 어디인가?

영제거(永濟渠)는 통제거보다 2년 늦게 황하 북쪽에 건설되었다. 〈수서 양제기〉에 따르면 "하북 여러 군의 남녀 백여만을 동원해 영제거를 개통하였다. 심수를 끌어 남으로 황하에 다다르게 했다. 북쪽이 탁군과 통했다(隋书·炀帝纪 诏发河北诸郡男女百余万开永济渠, 引沁水南达于河, 北通涿郡)."라는 기록이 있다. 여기서의 하북(河北)은 지금의 하북성이 아니라 말 그대로 황하 북쪽으로 보아야 한다. 그리고 "심수를 끌어 남으로 황하에 다다르게 했다(引沁水南达于河)"의 심수(沁水)는 산서성에서는 남쪽으로 흐르다 하남성으로 나와서는 방향을 급격히 동쪽으로 틀어 평야지대를 흐르다 황하로 들어가는 강으로 예나 지금이나 같은 이름으로 지명변경이 되지 않았음을 확인할 수 있었다. 이 심수를 남쪽으로 끌어 황하와 연결한 것이 사서 기록의 영제거인 것이다.

图 5-2 永济渠行经示意图

▷ 영제거는 심수에서 북경까지 흐르는 위하라는 중국의 설명

그런데 이러한 영제거에 대한 중국의 설명은 "영제거는 하남성 심수에서 나와 하북 평원을 지나 북경까지 이르는 2,000리의 긴 물줄기인 지금의 위하(衛河)이고, 북통탁군(北通涿郡)이란 뜻은 영제거가 북경 남쪽에 있는 탁주(涿州)까지 도달한다."고 한다. 즉 지금의 하북성 탁주(涿州)가 고대 탁군이라는 것이다. 그러나 영제거가 위하(衛河)라는 중국의 설명에는 이상한 점이 있다. 위하는 사서의 기록대로 심수를 남쪽으로 끌어 황하와 연결하는 인공운하가 아니라, 심수 동쪽에서 발원해 동북쪽으로 하북성을 가로지르며 천진까지 흐르는 자연하천이다. 즉 위하는 사서의 기록과 방향이 맞지 않기 때문에 위 중국의 설명은 역사왜곡된 것임을 쉽게 알 수 있다. 심수의 물을 끌어 남으로 황하에 이르게 하려면 아래 지도로 보아도

지금의 하남성 제원시, 맹주시, 온현 일대일 수밖에 없는 것이다. 과연 그런지 하나하나 추적해 보기로 하겠다.

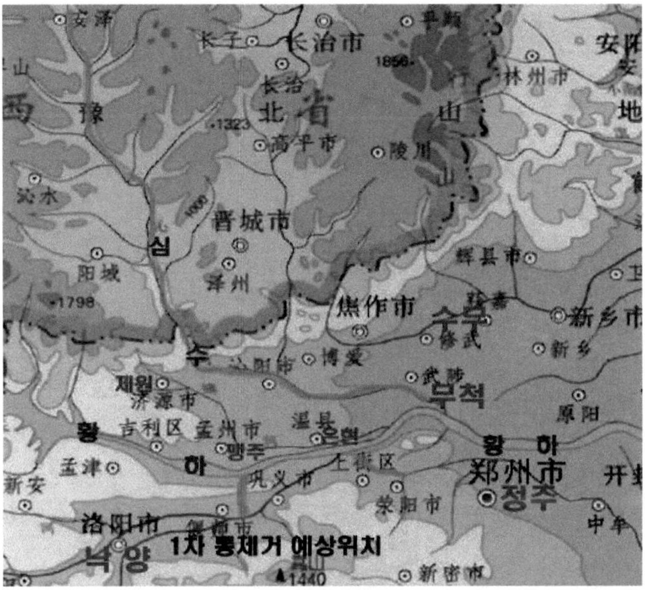

▹ 심수를 끌어 남으로 황하에 닿게 하려면 제원, 맹주, 온현 일대이다.

1. 여러 사서기록에 나오는 탁군

(1) **북통탁군(北通涿郡)의 탁군은 어디인가?**

〈수서 양제기〉에 나오는 북통탁군(北通涿郡)이란 말은 두 가지로 번역할 수 있다. 첫째가 '북으로 탁군과 통했다'이고, 둘째가 '북쪽이 탁군과 통했다'이다. 여기서 北의 방향 기준은 황하이며, 탁군이 황하 북쪽에 있는 지명인지 남쪽에 있는 지명인지는 번역에 따라 달라지는데 필자는 후자로 본다. 그 이유는 탁군에 모인 군사들이 나중에 요수를 건넜다는 다음 〈삼국사기〉의 기록이 있기 때문이다.

"22년 여름 4월 수양제가 탁군(涿郡)의 임삭궁에 도착하니 사방의 군사들이 모두 탁군(涿郡)으로 모였다. (중략) 23년 2월 수양제가 군사들을 이끌고 요수(遼水)에 도착하였다. 모든 군졸이 모여 강 앞에 큰 진을 쳤다. 고구려 군사들이 물을 사이에 두고 방어하였기 때문에 수나라 병사가 건너오지 못하였다."

그리고 탁군(涿郡)은 우리 귀에 많이 익은 지명으로 <삼국연의>의 주인공인 유비와 장비의 고향으로 잘 알려져 있다. 관우의 고향은 하동 해현(河東解縣)으로 기록되어 있는데, 하동은 산서성 남부이고 해현은 지금의 운성시 염지(鹽池: 일명 解池)가 있는 곳이다. 현재의 지명대로라면 산서성 남부 운성시 출신의 관우가 북경 근처의 탁군까지 가서 유비와 장비를 만났다는 이야기인데, 이는 교통수단이 마땅치 않던 당시의 시대적 상황으로 미루어 볼 때 상식적으로 이해되기 어려운 점이 있다. 즉 탁군은 지금의 운성시에서 멀지 않은 곳에 있어야 타당할 것이다.

▷ 유주는 산서성 남부와 황하북부 하남성을 아우르는 행정구역

(2) 덕흥리 고분으로 밝혀진 탁군은 유주의 일부

〈중국고대지명대사전〉에 의하면 "탁군은 한나라 때 세워졌고 삼국 위나라 때 범양군(范陽郡)으로 바뀌었다(涿郡: 汉置, 三国魏改为范阳郡, 即今北京周涿县治)." 즉 범양군 = 탁군임을 알 수 있다. 범양군에 대한 역사연혁에 따르면 탁군은 유주에 속한 일개 군이며, 명나라 영락제와 민국 때 하북성 북경 부근으로 이동되었다는 것을 알 수 있다(참고자료 7).

그리고 범양군은 1976년 평남 덕흥리에서 발견된 유주자사 진의 무덤에 언급된 지명에서도 찾을 수 있다. 무덤 안의 벽화에 13명의 태수가 무덤의 주인공인 진에게 하례를 올리는 모습이 그려져 있는데, 그 12태수의 지명을 살펴보면 다음과 같으며 1명은 판독 불능인 상태이다.

① 연군(燕郡) 태수
② 범양(范陽) 내사
③ 어양(漁陽) 태수
④ 상곡(上谷) 태수
⑤ 광령(廣寧) 태수
⑥ 대군(代郡) 내사
⑦ 북평(北平) 태수
⑧ 요서(遼西) 태수
⑨ 창려(昌黎) 태수
⑩ 요동(遼東) 태수
⑪ 현토(玄兎) 태수
⑫ 낙랑(樂浪) 태수

②의 범양(范陽)내사는 무덤의 주인공인 유주자사 진에게 하례를 드리고 있는 13명의 태수 중 한 명이었다. 따라서 범양은 유주에 속

한 군임을 알 수 있으며, 〈한서지리지〉와 〈신당서 열전 동이〉로 추적한 유주는 산서성 남부와 하남성 북부 일대에 걸쳐있는 고구려의 행정구역이었다. 따라서 탁군 즉 범양군도 산서성 남부 또는 황하주변 하남성에서 찾아야 옳을 것이다.

(3) 안록산의 난으로 본 탁군의 위치는?

범양 즉 탁군은 안록산의 난이 일어났던 곳이기도 하다. 〈신당서〉의 기록에 따르면, "755年 11월 9일 범양, 평로, 하동의 삼군절도사를 겸하던 안록산이 범양(탁군)에서 라, 해, 거란, 실위, 돌궐 등 민족을 모아 15~20만 군사를 일으키자, 11월 15일 당 현종이 이 소식을 듣고 진노했다. 안록산은 동년 12월 12일 낙양으로 공격해 들어갔고, 756년 정월 초 낙양에서 대연황제라 칭하며 즉위한다. 당 현종은 6월 13일 장안에서 도망간다(참고자료 8)." 안록산은 범양(탁군)에서 군사를 일으켰다. 만일 탁군이 지금의 북경 남쪽이라면 거기서 일어난 안록산의 군대가 약 한달 만에 낙양까지 쳐들어 갈 수 있었을까? 이 기록만으로도 범양(탁군)은 낙양에서 그다지 멀지 않은 곳에 있었다는 것을 알 수 있다.

그리고 안록산은 하동절도사(河東節度使)를 겸했는데, 〈중국고대지명대사전〉의 설명에 의하면 하동도는 당태종이 처음으로 세웠으며 황하 동쪽의 오래된 지명으로 산서성 서남부 35개현으로 구성되었고 치소가 영제현(현 운성시 서부)에 있었음을 알 수 있다(참고자료 9). 또한 〈신당서〉에 "안록산은 영주 유성 지방의 오랑캐(安祿山是营州柳城地方的胡人)"라는 기록이 있어, 안록산은 동이족이라는 것을 알 수 있으며 영주와 유성은 산서성 남부로 과거 고구려의 영토였다. 참고로 영주는 유주에서 떨어져나간 행정구역이다.

게다가 안록산이 동원한 여러 민족 중 하나인 거란족이 낙양에서 멀지 않은 곳에 살고 있었다. 다음은 <요사지리지>에서의 거란 즉 요나라에 대한 설명이다. "요나라는 전에 거란으로 불렸다. 원래 선비족의 땅인 **요택에 살았다.** 유관까지 1,130리이며 유주까지 714리다. 남으로 황룡이 있고 북으로 황수와 접하고, 냉형이 오른쪽에 있고 요하가 왼쪽에 있다(辽国其先曰契丹, **本鲜卑之地, 居辽泽中** ; 去榆关一千一百三十里, 去幽州又七百一十四里. 南控黄龙, 北带潢水, 冷陉屏右, 辽河堑左)".

거란족이 살던 요택은 황하북부 하남성에 있는 심수와 황하 사이의 200리 습지대로 지금의 맹주, 온현, 수무현, 무척현 일대로 영제거가 만들어졌던 곳이다. 따라서 유주에 속해있던 탁군은 요택 즉 영제거의 남쪽에 있었던 것으로 보인다.

범양(탁군)이 속한 유주가 어디인지를 기록한 고대사서로는 <한서지리지>가 있는데, 유주에 속한 요서군(郡)을 설명하는 내용에 "영지에 고죽성이 있다(令支有孤竹城)"는 문구가 기록되어 있다. 영지는 지금의 산서성 남부 영제(永濟)시의 옛 지명이며, 이를 뒷받침하는 결정적인 유물로는 산서성 황하 굴곡지점에서 발견된 백이·숙제의 무덤과 포주고성(고죽성)이 있다. 따라서 유주는 산서성 남부와 황하북부 하남성 일대임이 확실하다 하겠다.

여하튼 탁군(범양)은 분명 낙양에서 멀지 않은 유주(幽州)에 있던 지명임이 분명하나 정확한 위치는 명확치 않다. 그러나 고대 탁군(범양)은 북경 근처가 아니라 낙양 근처 황하변 특히 황하 남쪽에서 찾아야 한다는 것만은 분명하다. 중국은 북경시 서남쪽 방산구와 접해있는 하북성 탁주(涿州)시에 유비와 관우와 장비가 도원결의(桃園結義)를 했다는 유적지를 만들어 놓았는데 이는 명백한 역사왜곡이다. 참고로 도원결의는 정사서인 진수의 <삼국지>에는 없는 기록이며, 나관중의 과대망상 역사소설인 <삼국연의>에 묘사된 장면이다.

▷ 북경시 서남쪽에 있는 탁주시를 탁군으로 역사왜곡한 중국. 여기서 유비와 관우와 장비가 도원결의를 했다는 것은 소설 속의 이야기로 허구이다

▷ 하남성 황하 부근의 고대 탁군이 역사왜곡을 위해 북경 서남으로 이동되었다.

2. 영제거는 심수 남쪽에 있어야 한다.

〈수서 양제기〉에는 "심수를 끌어 남으로 황하에 다다르게 했다(引沁水南达于河)"라는 기록이 있다. 심수는 어차피 황하로 흘러 들어가는 강이다. 그런데 왜 굳이 영제거라는 운하를 만들어 심수의 물을 끌어 남으로 황하에 이르도록 했는지 참으로 의문이 아닐 수 없다. 영제거(永濟渠)에 대한 〈중국고대지명대사전〉의 다음과 같은 설명에서 그 해답의 단서를 찾을 수 있다. "영제거는 황하 북쪽지역에 군수물자를 운송하기 위한 길이 2,000여리의 운하이며, 〈수서 양제기〉의 기록인 인심수남달우하(引沁水南達于河)는 '심수의 깊은 곳을 소통해 황하에 도달하게 하기 위한 것'이고, 북통탁군(北通涿郡)의 옛 길은 하남성 무척현의 심수 동안에서 하남성 급현까지로 지금의 맹강녀하(孟姜女河)이다. 맹강녀하의 물길이 들어간 급현에서 위하가 천진까지 흘러 북경 근처의 탁군까지 연결된다(참고자료 10)." 무척현은 하남성 초작(焦作)시에 속한 현이고, 급현(위휘현)은 하남성 신향(新鄕)시에 속한 현으로 모두 황하 북쪽 하남성에 있는 지명이다. 영제거는 심수와 위하를 연결시키는 운하로서 비가 올 때만 물길이 생기는 지금의 맹강녀하란 설명이며, 자연하천인 위하가 천진까지 흘러 천진과 북경의 탁군을 연결하는 상건수로 연결된다는 설명이다.

맹강녀는 중국 4대 민간전설에 나오는 인물이다. 진시황의 만리장성 축성에 끌려간 남편을 만나기 위해 축성 현장으로 찾아갔다가 장성 속에서 남편의 시신을 발견하고는 슬프게 대성통곡을 한다. 그 때 장성을 방문한 진시황의 눈에 띄어 남편의 장례를 성대히 치른다. 이후 진시황의 청혼을 거절하고 바위에서 떨어져 죽음으로써 정절을 지킨 열녀로 알려져 사당을 세워 그 뜻을 기리고 있다. 그런 맹강녀와 관련 있는 곳이 바로 하남성 급현(위휘현)임에도 불구하고, 중국은 하북성 진황도(秦皇島)시에다 맹강녀의 사당(孟姜女廟)을 만들어 놓고 진황도에서 시작하는 장성이 진시황이 쌓은 만리장성이라는 역사왜곡을 하고 있는 중이다. 즉 원래 진시황 때 쌓은 만리장성은 황하북부 하남성에 있었는데, 그걸 하북성 진황도시 산해관으로 위장하기 위해 역사왜곡을 한 것이다. 영제거도 이와 마찬가지이다.

▷ 황하북부 하남성 위휘현이 주 무대인 맹강녀의 사당이 역사왜곡을 위해 하북성 진황도시로 옮겨져 있다.

수양제는 고구려 정벌용 군수물자를 수송하기 위해 영제거를 건설한 것으로 알려져 있다. 그런 영제거를 건설했다는 무척(武陟)현과 위휘(衛輝)현의 위치는 현재 심수 동쪽에 있다. 그런데 산서성 남부에 있는 고구려로 가는 길목도 아닌 심수 동쪽에 군수물자 수송용 운하를 만들 이유가 없지 않은가? 게다가 수양제의 대군이 심수를 건넜다는 역사 기록도 없다. 그 의문점에 대한 해답은 바로 청나라 때 만든 지도인 대청광여도(大淸廣輿圖)에 있었다. 대청광여도에는 영제거가 시작되는 하남성 무척현이 심수 서쪽에 그려져 있다. 즉 고대의 심수는 하남성 평야지대로 나오면서 지금보다 더 급하게 동쪽으로 흐름이 바뀌어, 현재는 심수 동쪽에 있는 무척현이 과거에는 심수 서쪽에 위치했다는 것을 보여주고 있다. 현재 무척현 동북쪽에 있는 수무(修武)현도 과거에는 심수 서쪽에 위치하고 있었던 것으로 그려져 있다. 물론 손으로 그린 지도라 정교하진 않지만 어떤 지명이 강의 동쪽인지 서쪽인지는 구별할 수 있게 그리는 법이다. 즉 현재 심수 하류의 흐름이 고대보다는 훨씬 서쪽으로 많이 바뀌었다는 것을 나타내고 있다.

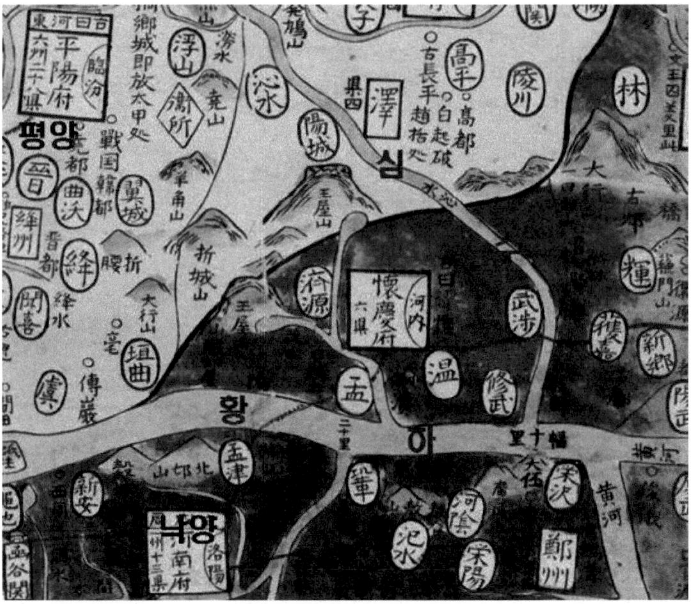

▹ 대청광여도에는 무척현과 수무현이 심수 서쪽에 있다. 심수의 옛날 물줄기는 지금보다 훨씬 더 동쪽으로 심하게 꺾인 것 같다.

따라서 영제거는 심수 서쪽에 만들어졌던 운하로 황하의 습지대인 요택이 있던 곳이었다. 황하와 심수 사이의 습지대인 요택 즉 무척현과 수무현 일대를 무사히 지나기 위해, 수양제는 영제거라는 운하를 건설했으며 당태종은 고구려 정벌 때 흙으로 다리를 만들었던 것이다. 당태종이 연개소문에게 쫓겨 죽을 고생을 한 요택(遼澤)과 수양제가 고구려 정벌용 군수물자를 수송하기 위해 만들었다는 운하인 영제거(永濟渠)는 같은 지역이다. 그곳은 바로 황하 북쪽과 심수 서쪽에 있는 하남성 무척현과 수무현 일대이다.

3. 수양제와 당태종이 건넜던 요택

수나라가 만든 영제거는 군수물자 수송용 보급로로 심수와 황하 사이의 하남성에 있는 습지대인 요택을 지나기 위한 운하였다. 수양제처럼 무모하게 고구려 정벌을 시도한 당태종은 흙다리를 만들어 요택을 통과한 후 보급로가 필요 없다는 이유로 흙다리를 없애는 객기를 부렸다가 연개소문에게 쫓기면서 퇴각할 때 도주로가 없어 요택에 갇혀 죽을 고생을 하게 된다. 그런 요택이 어디에 있었는지 자세히 알아보기로 하겠다.

(1) 고대 요수는 지금의 요하가 아니다.

대부분 사람들은 고대의 요수를 지금의 요녕성 요하로 알고 있다. 그러나 〈자치통감〉과 〈당서(唐書)〉의 기록을 자세히 살펴보면 고대 요수는 현 요하가 아니라는 것을 알 수 있다. 수나라와 당나라의 고구려 침공 때의 진군로를 보면 낙양 북(北)에서 요수와 요택을 지나 요동성에 도착하는 것으로 나와 있기 때문에 여기서의 요수는 바로 황하를 의미하는 것으로 해석될 수밖에 없다.

다음은 중국에서 당태종의 요동정벌에 대해 가장 유명한 논문인 〈당태종의 요동정벌의 자초지종과 실패원인〉에서 요수에 대해 언급한 대목이다. 이 논문은 전문가가 아닌 일반인을 위해 사서에 기록되어 있는 당태종의 요동정벌을 상세하면서도 쉽게 설명한 글이다. "정관 18년 10월 14일 당태종은 장안에서 낙양으로 향하였다. 11월 초 영주도독 장건 등은 당군(唐軍)을 거느리고 요수 서안에 이르렀고, 당시 하천이 범람하는 시기여서 오랫동안 강을 건너지 못하였다. 당태종은 실망하고 낙양으로 돌아왔다. 11월 14일 조서를 내려 형부상서 장량을 평양도부군의 총관으로 하고 노주도독 좌난당을 부관으로 하여, 강회와 령남과 결중의 여러 주에서 인솔한 병사와 장안과 낙양 등에서 3,000의 병사를 모집하여 군선 500척으로 래주에서 바다(황하)를 건너 평양으로 향하였다(참고자료 11)."

장안에서 요수까지 약 20여일이 걸린 것으로 보아 요수는 분명 현 요녕성 요하가 아님을 알 수 있다. 〈자치통감〉의 기록에 장안에서 출발한 수나라의 선두부대가 20여일 후 낙양에 도착했다는 기록이 있어 수나라나 당나라나 거의 같은 시간이 걸렸다. 장안에서 10월 14일 출발한 이세민(당태종)이 11월 초에 요수까지 갔다가 하천이 범람하여 낙양으로 되돌아 온 것이 한 달이 채 걸리지 않았다는 것은 낙양과 요수가 가깝다는 것이며, 요택은 요수의 북쪽에 있다는 것을 의미한다. 게다가 낙양 근처에서 11월 초에 범람하는 큰 강은 황하밖에 없다. 따라서 당시 당나라에서는 현 황하를 요수로 불렀다는 것을 알 수 있으며, 또한 래주는 산동성에 있는 항구가 아니라 하남성 낙양 부근 황하변에 있었다는 것도 알 수 있다.

▷ 당태종의 진군로는 수양제와 같다. 고대 요수가 현 요하라면 장안에서 20여 일 만에 요수까지 갔다가 낙양으로 올 수 없으므로 고대 요수는 낙양부근에 있는 황하이다.

(2) 200**리 요택은 어디인가**?

그리고 당시 요택에서 일어난 상황이 상세히 기술되어 있다.

"5월 10일 당태종은 친히 6군을 거느리고 요수를 건너고 북평과 요택을 지났다. 당시 당태종이 만난 어려움은 수양제와 같았다. 요택에는 진흙탕이 200여리나 되어 사람과 말이 지날 수 없었기에 장수 염립덕이 흙다리를 만들어 그나마 건널 수 있었다. 요택 위 수면에 떠다니는 수나라 병사들의 유골을 본 당태종은 그들을 매장하라 했으며, 요택을 지난 후 태종은 흙다리를 없애라고 명했다(참고자료 12)."

당태종이 보급로인 동시에 퇴로이기도 한 흙다리까지 없앤 이유는 병사들에게 배수의 진을 친 마음자세로 전쟁에 임하라는 취지였다. 그러나 이 작전은 병사들의 결전의지를 높이긴 했으나 스스로 퇴로를 없앤 격이어서 나중에 자승자박의 결과를 낳는다.

이어 "요수와 요택을 지나면 맨 처음 당도하는 곳인 요동성은 고구려로 들어가는 길목을 지키는 성이다. 게다가 평지에 구축된 요동성은 당나라 군대에게 특별한 의의가 있었다. 3차례에 걸친 수양제의 요동정벌 모두 요동성을 함락시키지 못했기 때문에 요동성이야말로 당나라 군대가 기필코 넘어야 할 고비였다."는 문구가 있다. 식민사학계는 이러한 요동성이 현 요녕성 요하 근처에 있었다고 말하고 있으나 이는 일제의 식민사학을 그대로 계승한 일고의 가치도 없는 엉터리 이론으로, 사서의 기록은 물론 중국 지도조차 참조하지 않고 임의로 지명을 비정한 것이라 할 수 있다.

요수를 건너면 바로 요택이고 요택을 지나면 고구려로 들어가는 길목인 요동성과 만나므로 요택의 위치를 알면 요동성이 어디에 있었는지를 쉽게 알 수 있다. 그러한 요택에 대해 〈중국고대지명대사전〉은 다음과 같이 설명하고 있다. "소택배수 : 광령 이동에서 요하까지 있는 큰 웅덩이 소택지로 옛날에 요택이라 불렀다. 수와 당의 고구려 정벌 때 임시로 교량도로를 수축했다. 동쪽은 해성현에서 시작하여 서쪽은 광령까지로 200여리이다(참고자료 13)."

여기서 요택의 정확한 위치를 밝히는 중요한 지명인 광령(廣寧)에 대한 〈중국고대지명대사전〉의 설명에는 여러 군데가 있는데 그 중에 황하와 인접하고 있는 곳은 4)의 하남성 수무현 서남뿐이다(참고자료 14). 수무현은 황하북부 하남성 초작(焦作)시에 속한 현으로, 〈한단고기〉에서 언급된 요서 10성 중 "요택은 황하 북류의 좌측에 있다(遼澤在黃河北流左岸)"는 기록도 그곳을 말하는 것이다.

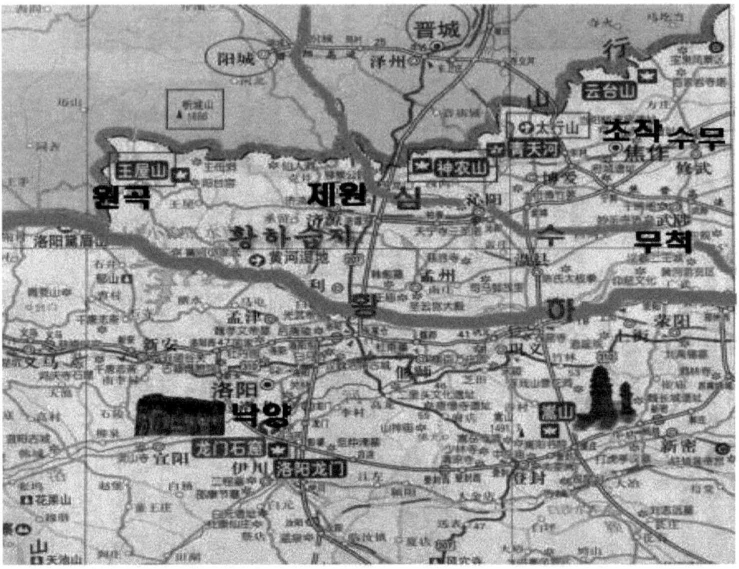

▹ 큰 강인 황하와 심수 사이에는 지형상 습지가 형성될 수 밖에 없다. 현대 지도에도 황하습지가 제원시 아래 명기되어 있다.

특히 지형적으로 볼 때 산서성에서 흘러나온 큰 강인 심수(沁水)와 황하가 만나는 하남성 무척현(武陟縣) 일대는 늪지대가 형성될 수밖에 없다. 그리고 수양제와 당태종이 건넌 요택은 심수 서쪽에 있었던 것으로 보인다. 그 이유는 만일 수양제와 당태종이 심수의 동쪽 습지대를 이용했더라면 심수를 건너야 산서성 남부에 있는 고구려로 들어갈 수 있는데, 사서의 기록에 당태종과 수양제가 요수를 건넌 다음 심수를 건넜다는 기록이 없기 때문이다. 여하튼 그러한 습지대는 아직도 제원시 남부에 황하습지(黃河濕地)란 이름으로 지도에 표시되어 있는데, 수나라와 당나라 때에는 제원시 남부부터 황하와 심수 사이에 길이가 200리나 되는 엄청난 규모의 습지대가 형성되었던 것으로 보인다.

그리고 낙양에서 황하를 건너 산서성 남부로 들어가는 길은 왕옥산(王屋山) 앞을 지나 원곡(垣曲)으로 들어가는 길 뿐이고, 나머지 길은 모두 높은 산으로 가로막혀 있다. 사서에 따르면 당나라는 고구려 산성의 견고함이 두려워 평지를 이용했다고 기록되어 있어 원곡에 요동성이 있었던 것으로 보이며, 지리적으로도 원곡(요동성)을 통과하면 산서성 남부(고구려)로 바로 들어설 수 있다. 따라서 사서에 기록된 당나라의 진격로를 보더라도 당태종은 심수 동쪽이 아닌 심수 서쪽의 요택으로 지나간 것이 확실하다. 이러한 사실은 하남성과 산서성의 지세(地勢)가 표시된 지도를 보면 쉽게 이해할 수 있을 것이다.

그리고 요수와 요택은 낙양에서 먼 거리에 있으면 수양제와 당태종의 전쟁 기록이 성립되지 않는다. 〈당서〉나 〈자치통감〉에서 낙양과 요동성 사이에 언급된 지명은 요수와 요택 그리고 정주(定州)가 유일하다. 그것은 낙양과 요동성이 상당히 가깝다는 것을 의미하는 것이다. 따라서 요택은 식민사학계의 이론인 요녕성 요하나 일부 재야사학에서 주장하는 하북성 황하구 근처로 갈 수 없는 것이다. 왜냐하면 낙양과 그곳 사이에는 수많은 지명이 있기 때문이다.

〈중국고대지명대사전〉은 중국 사학계에서도 권위를 인정하는 지명사전으로, 이를 잘 이용하면 역사의 고대지명을 많이 밝혀낼 수 있다. 그러나 대부분의 한국 학자들이 중국어를 잘 몰라 그 사전을 이용할 수 없다보니 중국에서 이미 지명을 조작한 지도만 보고 우리 역사를 해설하는 우를 범하고 있다. 이는 중국의 역사왜곡인 동북공정을 그대로 인정하는 위험한 행위임을 알아야 할 것이다.

제4장
우리 역사상 가장 위대했던 안시성 전투

당나라와 고구려가 천하의 패권을 놓고 한판 승부를 겨룬 안시성은 우리 역사에서 가장 위대했던 전쟁이 일어났던 곳이다. 중국 역사상 가장 위대한 황제로 손꼽히는 당태종이 안시성 앞에 토산을 쌓아 고구려를 공격하다 양만춘장군이 쏜 화살에 왼쪽 눈알이 빠지고 무참히 패해 도망간 곳이기 때문이다. 조선시대 연암 박지원의 〈열하일기〉와 여러 책에서 안시성에 대해 기술한 대목이 있는 것으로 보아 당시 사대부들 사이에도 안시성의 위치가 초미의 관심사였던 것으로 보인다.

수양제가 친위대에게 죽임을 당하자 수나라는 종말을 고하게 되고, 618년 이연(李淵)이 새로운 나라인 당(唐)을 열고 초기에는 고구려와의 화친정책으로 서로 큰 충돌이 없었다. 그러다가 626년

6월 고조(高祖 : 이연)의 셋째 아들인 이세민(李世民)이 현무문에서 두 형을 참살하고 조카들까지 무참히 살해하자 고조는 2개월 후 퇴위하고 당태종(이세민)이 등극함으로서 당나라와 고구려 사이에 다시금 긴장이 고조되기 시작했다. 당태종은 고구려 정벌의 사전작업으로 628년 고구려로부터 지리도(地理圖)를 넘겨받고, 631년 사람을 보내 수나라 병사들의 해골을 묻고 수나라와의 전승기념물인 경관(京觀)까지 헐어버린다. 그리고는 641년 사신을 보내 고구려의 산천을 구경한다는 구실로 고구려의 지형을 세밀하게 조사하게 한다.

▷ 식민사학계가 비정한 고·당 전쟁도. 고구려는 이렇게 작은 나라가 아니었다.

642년 고구려에서는 연개소문이 쿠데타를 일으켜 영류왕을 시해하고 조카인 보장왕을 세운다. 정권을 잡은 연개소문이 당나라와 신라에 대해 강경자세로 전환하자 드디어 당태종이 고구려 정벌을 위한 칼을 뽑아든다. 명분은 본시 고구려 땅은 과거 한사군(漢四郡)의 땅이기에 다시 찾아와야 한다는 것이었다. 그러나 고구려 정벌의 실제 목적은 고구려가 있는 한 자신이 천하의 진정한 주인이 될 수 없다는 이유 때문이었다. 즉 하늘에 두 태양이 있을 수 없으니 고구려라는 태양 하나를 떨어뜨려 자신만이 천하에 유일한 태양임을 만천하에 알리겠다는 것이 진짜 속셈이었다.

고구려를 공격하는 당태종

〈당태종 요동정벌의 자초지종과 실패원인(唐太宗东征高丽始末及其失败原因)〉에는 당나라가 고구려를 정벌하려는 목적이 다음과 같이 기술되어 있다. "당나라 사람들은 고토를 되찾는 것을 잊지 않았다. 요동은 영원히 중국인의 요동이며, 요동 땅에는 중국인의 선혈이 배여 있다(可见唐朝自上而下都没有忘记收复故土报仇雪恨辽东永远只能是中国人的辽东, 这土地上的每一寸上都浸满了中国人的鲜血!)." 이 대목에서 당태종과 당나라 병사들의 결전의지가 섬뜩하게 느껴진다.

당태종은 수양제의 3차례 고구려 정벌이 실패한 가장 큰 이유로 군수물자의 보급선이 끊긴 것으로 보고 후방으로부터의 보급을 없애는 대신 소나 양떼 등 가축을 같이 데리고 다니기로 하였다. 가축은 식량일 뿐만 아니라 병사들의 짐을 대신 지고 나를 수 있어 일석이조였기 때문이다. 또한 강제 징병제가 아닌 지원제를 실시하여 산업에 큰 지장을 주지 않는 범위 내에서 군대를 조직했다. 따라서 수나라 때보다 비록 군사의 숫자는 훨씬 적었지만 그 자질이 우수하여 그야말로 정예병들이었다.

당태종의 행적 중 중요한 것을 날짜별로 정리하면 다음과 같다.

"10월 14일 : 장안을 떠난 당태종은 11월초 요수 서안에 이르렀으나 마침 하천이 범람하는 시기여서 강을 건너지 못해 실망하고 낙양으로 돌아왔다(참고자료 11).

11월 14일 : 조서를 내려 여러 주에서 선발한 병사와 장안과 낙양 등에서 3천의 병사를 모집하고, 군선 500척으로 래주(萊州)에서 바다(황하)를 건너 평양으로 향하게 하였다. 이적을 요동도행군총감으로, 이도종을 부총감으로 하여 보병과 기병 6만과 란과 하 2개 주에서 호병(胡兵)을 이끌고 요동을 향하게 했다.

11월 30일 : 여러 길에서 육군이 모였다. 공성(攻城)기구를 만들게 하였다.

12월 02일 : 조서를 내려 수군과 육군은 여러 갈래로 나누어 고구려로 진군케 했다.

02월 12일 : 당태종은 6개 군을 친히 거느리고 낙양에서 북행하여

03월 19일: 정주(定州)에 도착하였고 태자를 남겨두고 나라를 지키게 하였다(참고자료 15)."

위에서의 호병은 거란병으로 추정되며, 래주는 산동성과 하남성의 경계인 발해(대야택) 부근에 있는 지명이다. 정주(定州)는 낙양 북쪽에서 요수와 요택을 지나기 전이므로 황하남쪽 하남성에 있는 지금의 맹진(孟津) 또는 정주(鄭州)로 추정된다. 고구려가 국경지대에 산성을 쌓아 수비했기 때문에 당나라가 진군하려면 유일하게 지날 수 있는 곳이 요택(遼澤)이고 고구려 또한 이곳에 방어진을 치고 있었다. 당나라 이세적의 선두부대는 병력이 많지 않아 강하게 힘으로 밀어붙일 수 없기 때문에 길을 우회해서 움직였다. 고구려는 당

나라 군대가 요수를 지났다는 소식을 들었음에도 성문을 닫고 출격하지 않았다.

(1) **요택 통과**

5월 10일 드디어 당태종은 친히 6군을 거느리고 북평을 지나 요택을 지났다. 당시 당나라가 만난 어려움은 수나라 군대가 만났던 것과 같았다. 요택은 사람이 지날 수 없는 진흙탕이 200여 리나 되었다. 염립덕이 흙으로 다리를 만들어 요택을 무사히 건넜으며, 요택의 수면 위로 수나라 병사들의 시체가 떠다니는 것을 본 당태종은 그들을 매장하라고 명하였다. 요택을 지난 후 당태종은 흙다리를 없애 병사들에게 배수의 진을 친 것과 같은 결사항전의 결심을 하게 한다. 그러나 이 작전은 스스로 보급선을 끊고 퇴로를 없애버린 것이라 나중에 안시성에서 패해 도망갈 때 당나라로 돌아갈 길이 없어 곤욕을 치르게 된다. 아주 무모한 작전이었다.

(2) **요동성 공격**

요택을 지나고 나면 고구려로 들어가는 관문인 요동성이 있는데, 다른 산성들과는 달리 평지에 구축된 견고한 성이다. 이 요동성은 당군(唐軍)에게 있어 특별한 의의가 있었다. 왜냐하면 수나라가 세 번이나 고구려를 쳤을 때 모두 요동성에서 발목이 잡혀 앞으로 마음대로 행군하지 못 했기 때문에 요동성이야말로 기필코 넘어야 할 고비였던 것이다. 당나라 군대는 20일 동안 끊임없이 요동성을 공격했으나 고구려 군사들의 수비가 워낙 굳건해 성이 쉽게 함락되지 않았다.

드디어 5월 17일 남풍이 불자 당나라 군대는 불화살을 쏘아 요동성의 서남쪽에 불을 붙였으며 병사들을 성으로 기어오르게 했다. 고구려 수비군이 반격했으나 끝내 막지 못하여 만여 명이 죽고 만여 명이 포로가 되었다. 또한 성안에 있던 민간인 4만여 명도 포로가 되었으며 당나라는 50만석의 양식을 노획하였다. 당태종은 봉화를 올려 태자에게 승전보를 알렸다(참고자료 16). **이 기록에 따르면 5월 10일 요택을 지난 당태종이 5월 17일 요동성을 함락시킨 것으로 보아 요택과 요동성은 그다지 멀지 않았다는 것을 알 수 있다.** 이후 당나라가 파죽지세로 고구려의 여러 성들을 공격하니 백암성주 손대음이 항복하게 된다.

(3) **주필산 전투**

당태종이 안시성 앞에 있는 주필산에 다다르니 고연수와 고혜진이 고구려와 말갈 병사 15만을 거느리고 안시성을 구하러 왔다. 최초 당나라의 총 병력은 육군 6만과 수군 4만으로 도합 10만이었으나, 당시 육군과 수군이 따로 작전을 수행하느라 수군은 건안성으로 진군하는 중이었다. 당시 당태종에게는 5만의 육군 병력만이 있었는데, 일부는 후방의 수송을 담당해야 했고 일부는 안시성을 포위하며 내외협공에 대비하느라 고연수의 15만 대군과 전투를 할 수 있는 병력은 3만뿐이었다. 당시 고구려군의 병력이 당나라군의 5배로 절대 우세였으나 고구려군은 자만하여 당나라 군대를 무시하였다. 이때 강화왕 이도종이 "고구려가 국력을 다해 안시를 막으니 평양의 수비가 반드시 약할 것입니다. 원컨대 신에게 병력 5천을 주시면 그 근본을 뒤엎어 수십만의 무리를 싸우지 않고 항복시킬 수 있습니다"라고 건의하나 당태종이 허락하지 않았다. 그러나 후에 당나라로 돌아가서는 이 결정을 크게 후회했다고 한다. 즉 이 말은 안시성과 평양성이 그다지 멀지 않다는 말과 같은 것이다.

▷ KBS 드라마 〈대조영〉에서의 설인귀. 고구려가 망한 후 안동도호부의 수장이었던 설인귀가 처음 역사에 등장하는 것이 바로 안시성전투이다.

고구려 군대와 당나라 군대가 서로 어울려 싸우고 있을 때 용문(龍門) 사람 설인귀가 이상한 옷을 걸치고 크게 소리치면서 고구려 진영으로 깊이 들어오니 고구려 군사들이 크게 흔들렸다. 이 때 당나라 군대가 공격하니 고구려군 3만이 죽었다. 산에서 이 싸움을 지켜보던 당태종의 눈에 띄어 그때부터 설인귀(薛仁贵)란 이름이 세상에 알려지게 되었다. 이에 고연수와 고혜진이 고구려 병사들을 거느리고 산을 의지해 지켰으나 이를 당나라 군대가 포위해 교량을 끊고 퇴로를 차단하자 3만 6,800명을 거느리고 항복을 청했다. 당태종은 이를 받아들이고는 고연수와 고혜진에게 각각 홍려경과 사농경이라는 벼슬을 내렸고, 이때 노획한 말이 5만 필, 소가 5만 마리, 명광개(明光鎧:특수 갑옷)가 만 벌 등이었고, 당태종이 머물던 산을 주필산(駐蹕山)이라 부른다고 〈삼국사기〉에 기록되어 있다.

반면에 〈태백일사 고구려국본기〉에는 〈삼국사기〉와는 다르게 다음과 같이 기록되어 있다. "남부와 북부의 욕살인 고연수와 고혜진은 15만 병력을 적절히 활용하여 당나라의 군마를 빼앗았다. 지구전을 펼치다가 갑자기 습격하니 당태종이 거의 포위될 뻔하게 되자 두려운 빛이 역력했다. 이에 당태종이 사신을 통해 재물과 보화를 보내면서 협상하려 했으나 고구려가 듣지 않으니 요동 출병의 불리를 통탄했을 뿐 후회해도 어쩔 수 없었다." 그리고 고연수는 안시성 전투에서 말갈 군사를 이끌고 당태종을 협공했으며, 당태종이 도망가자 연개소문이 고연수에게 명하여 용도성(槦道城)을 개축하게 하였다고 기록되어 있다.

위와 같은 〈삼국사기〉와 〈태백일사〉의 상반되는 두 기록 중 〈태백일사〉의 기록이 더 신빙성이 있는 것으로 보인다. 왜냐하면 설인귀의 가세로 15만 중 3만의 병사를 잃은 고연수와 고혜진이 3만의 당나라군에게 포위당하자 약 4만의 병사와 함께 항복했고, 그러자 당태종이 인정을 베풀어 고구려 병사 3만을 모두 평양으로 돌아가게 했다는 것은 전쟁터에서 상식적으로 일어나기 어려운 기록이기 때문이다. 또한 요동성 전투에서 50만석의 양식을 노획하였고 게다가 주필산 전투에서 가축을 10만 마리나 노획한 당나라가 불과 2개월 후 양식이 바닥나 안시성에서 철군했다는 것도 상식적으로 잘 이해가 되지 않는 대목이다.

(4) 안시성 전투

드디어 안시성에 도착한 당태종은 수차례 성을 공격했으나 함락시키지 못하였다. 그러자 부하 장수들이 안시성을 함락시키기보다는 오골성을 먼저 치고 압록수를 넘어 평양성을 공격하자고 건의하나 장손무기가 "천자(天子)의 친정은 요행을 바랄 수 없으니 먼저 안시를 깨뜨리고 안전하게 진군하자."고 하며 이를 받아들이지 않는다.

▹ 드라마에서의 안시성과 토산 공방전 장면. 이 유적이 아직 남아있을까?

이도종이 안시성 동남쪽에 토산(土山)을 쌓았는데 년 인원 50만의 인력으로 60일 만에 완공되었다. 토산의 아래는 안시성에 닿았고, 산마루에서 안시성 안을 내려다 볼 수 있을 정도로 가까웠다. 그러던 중 토산이 너무 높고 기초가 튼튼하지 못한데다가 병사가 너무 많은 탓에 토산의 한쪽이 무너지면서 안시성을 덮쳐 성이 무너지자 고구려 병사들이 밧줄을 타고 내려가 순식간에 토산을 점령해버렸다. 마침 토산을 지키는 당나라 장수 부복애가 자리를 비웠다가 당태종에게 처형을 당한다. 당나라는 토산을 탈환하려고 3일 동안이나 계속 공격했으나 이기지 못하였고 이후 갑자기 철수하게 된다. 철군의 이유로는 요동 지방이 일찍 추워져 풀이 마르고 물이 얼어 병마가 오래 머물기 어렵고 양식이 바닥나려하므로 당태종이 군사를 거두었다고 〈삼국사기〉에 기록되어 있다.

안시성에서의 회군 장면을 〈당태종의 요동정벌의 자초지종과 실패원인〉에서는 "9월 19일 회군하기 전 당태종은 비단을 100필 하사하며 안시성주의 완강한 방어에 대해 격려했다. 성주 양만춘은 성에 올라 감사를 드리고 당나라 군대가 귀국하는 것을 배웅하였다. 안시성에서 쌍방은 모두 아주 높은 수준의 전투를 보여 주었으며, 전쟁의 끝은 아시아 방식의 기사정신을 보여주었고 역사에서 아름다운 글로 남겨졌다."라고 기술하고 있는데 참으로 웃음이 나오는 기록이라 아니할 수 없다(참고자료 17).

음력 9월 19일이면 양력으로 10월말이나 11월초여서 아직 본격적인 추위가 찾아오기 전이라 "요동 지방이 일찍 추워져 풀이 마르고 물이 얼어 병마가 오래 머물기 어렵다"는 기록은 이해가 되지 않으며, 갑자기 추워져 철군할 당태종이 얼마 전까지 안시성을 함락시킨 후 평양성까지 진군하겠다는 작전계획을 수립한 것은 무엇이란 말인가? 게다가 철군의 이유로 양식이 바닥나려 했다는 것도 도무지 이해가 되지 않는 기록이다. 왜냐하면 당태종은 이미 출발할 때 많은 양식과 가축을 가지고 왔으며, 요동성을 함락시키면서 50만석의 양식을 탈취했고, 주필산 전투에서도 10만 마리의 가축들을 노획했다고 기록되어 있기 때문이다(50만석은 약 100만 가마니 분량).

당나라가 갑자기 퇴각한 진짜 이유는 양만춘장군이 쏜 화살이 당태종의 눈에 적중하여 큰 부상을 입었기 때문이다. 중국 정사(正史)에는 당태종의 눈 부상이 기록되어 있지 않지만, 야사에 기록이 남아있으며 우리나라에서는 전설로 이어져 내려오고 있다. 그런데 이상한 점은 〈구당서〉, 〈신당서〉, 〈자치통감〉의 기록들이 당태종의 사인에 대해 각각 다르게 기록하고 있다는 것이다. 하나는 내종(內腫), 하나는 한질(寒疾), 하나는 이질(痢疾)로 기록하고 있는데, 모두 요동정벌에서 얻은 병이라는 것은 일치하고 있다. 즉 당태종이 고구려의 독화살을 눈에 맞은 치욕을 감추기 위해 이같이 모순된 기록을 남긴 것이라고 단재 신채호선생은 〈조선상고사〉에서 지적했다.

당태종은 중국 역사상 가장 위대했던 황제로 칭송되는 인물이다. 일세를 풍미한 중국 최고 황제의 사인을 이렇듯 사서마다 각각 다르게 적었다는 것은 역설적으로 그 질환으로 죽은 것이 아니라는 것을 반증하는 것으로 치욕을 감추기 위한 춘추필법의 결과인 것이다. 분명 당태종은 안시성을 함락시킨 후 오골성을 치고 평양성까지 진군하려는 작전계획을 수립했는데, 토산을 빼앗기자 갑자기 퇴각한 것을 보면 그 전투 과정에서 당태종 신변에 뭔가 큰 변화가 생긴 것으로 보인다. 당시의 상황을 〈태백일사 고구려국본기〉는 다음과 같이 기록하고 있다. "대막리지(연개소문)는 상세하게 정세를 듣더니 총공격을 명하였다. 고연수 등도 말갈병과 합쳐 협공하고 양만춘은 성위에 올라가 싸움을 격려하니 사기는 더욱 더 떨쳐져서 일당백의 용맹이 없는 자가 없었다. 당태종은 이기지 못함을 분하게 여겨 나가 싸우려 했다. 양만춘은 이에 한마디 소리를 지르며 화살을 날렸다. 당태종은 진에서 나섰다가 왼쪽 눈에 화살을 맞고 떨어져버렸다. 당태종은 어쩔 줄 모르고 군사들 틈에 끼어서 도망쳤다."

▷ 안시성에서 입은 당태종의 눈 부상은 역사적 사실이다.

(5) **당태종의 퇴각장면**

안시성에서 눈에 화살을 맞은 당태종은 전군에 총 퇴각명령을 내린다. 이세적과 이도종에게 보.기병 4만을 주어 후군으로 삼아 고구려군의 추격을 막게 하고 당태종은 요동성을 지나 요택에 이르렀다. 요택에는 진흙과 물이 깊어 말과 수레가 건너지 못할 정도였다. 병사들 모두 풀을 베어다가 길을 메우고 물이 깊은 곳은 수레로 다리를 삼도록 하였다. 당태종도 몸소 장작을 말고삐에 매고 일을 도왔다. 겨울 10월 포오거(蒲吾渠)에 이르러 말을 쉬게 하고 길이 메워지기를 기다렸다가 모든 군사들이 발착수를 건너는데 눈보라가 몰아치자 물에 젖어 죽는 병사가 많았다. 이에 길가에 불을 피워 추위를 견디었다고 〈삼국사기〉와 〈태백일사〉 공히 여기까지는 같은 내용을 기록하고 있다.

이후 〈삼국사기〉의 기록에는 고연수가 항복한 이후로 늘 탄식하더니 근심으로 죽고 고혜진은 끝내 장안에 이르렀다고 한다. 그리고 당태종은 요동정벌이 성공하지 못했음을 깊이 뉘우치고 탄식하기를 "위징이 만일 있었다면 나로 하여금 이 원정을 하지 못하게 했을 것이다."라고 후회했다고 기록되어 있다. 그런데 〈태백일사〉에는 발착수 이후 당태종의 퇴각 장면이 다음과 같이 〈삼국사기〉와는 전혀 다르게 기록되어 있다. "추정국이 적봉(赤峰)에서부터 하간(河間)현에 이르고 양만춘은 곧바로 신성(新城)으로 나아가니 당나라 군사는 갑옷과 병기를 마구 버리면서 도망가 드디어 역수(易水)를 건넜다. 뒤를 바짝 쫓으니 당태종은 궁지에 몰려 어찌할 바를 모르다가 마침내 사람을 보내 **항복을 구걸했다.** 이에 연개소문은 수만의 군사를 이끌고 성대하게 의용을 갖추어 진열한 뒤 **선도하게 하여 장안성에 입성**하여 약속하니 산서성, 하북성, 산동성, 강좌(양자강 이북)가 모두 고구려에 속하게 되었다"고 기록되어 있다.

많은 사람들이 이러한 〈태백일사〉의 기록을 무척 통쾌하게 생각하면서도 "정말로 연개소문이 당태종을 장안까지 선도하게 하여 항복까지 받았을까?"하는 의구심을 가지고 있는 것이 사실이다. 필자의 견해로는 당태종의 항복은 충분히 가능한 일로 본다. 왜냐하면 당태종이 고구려로 들어올 때 병사들의 전투의욕을 고취시키기 위해 요택을 지나와서는 흙다리를 모두 없애버렸기 때문에, 퇴각할 때는 돌아갈 길이 없어 막다른 골목에 몰린 물에 빠진 생쥐의 모습과 같았던 당태종이 요택에서 그렇게 쉽게 탈출했다는 것은 얼른 이해하기 어렵기 때문이다.

〈당태종 요동정벌의 자초지종과 실패원인〉에서는 마지막을 이렇게 쓰고 있다. **"전쟁에서 죽은 자가 십에 칠·팔이다(战马死者十之七八).**" 중국의 최고 황제인 당태종과 고구려가 벌인 안시성 전투는 이렇게 당태종이 항복하는 고구려의 위대한 승리로 끝이 났던 것이다.

제5장

당태종의 눈알을 뺀 안시성은 어디인가?

중국 역사상 가장 위대했던 황제인 당태종의 왼쪽 눈알이 빠지고, 수양제가 참패했던 오열홀(안시성)이 어디인지 참으로 궁금하지 않을 수 없다. 일제의 '조선사편수회'를 그대로 계승한 식민사학계는 이러한 안시성을 요녕성에 있는 요하 강변으로 비정하고 있는데, 이는 우리의 역사를 엄청나게 축소 왜곡시킨 반도사관의 이론이다.

그리고 많은 재야사학자들이 이러한 식민사학계의 지리비정이 대단히 잘못되었다고 주장하면서, 〈한단고기〉의 기록을 인용하여 안시성을 지금의 하북성 난하 근처에 있는 당산시 개평 동북 70리로 비정하고 있다. 이는 사서 기록에 자주 언급되는 고대 요수를 현 난하로 보고 중국지도의 지명대로 역사를 해석한 결과로 이것 역시 잘못된 이론인 것이다. 대부분의 학자들이 현 중국지도에 있는 고대지명들이 역사왜곡을 위해 변경되었다는 사실을 모르고 비정한 결과로 중국의 역사왜곡인 동북공정을 그대로 인정하는 위험한 행위라 하지 않을 수 없다.

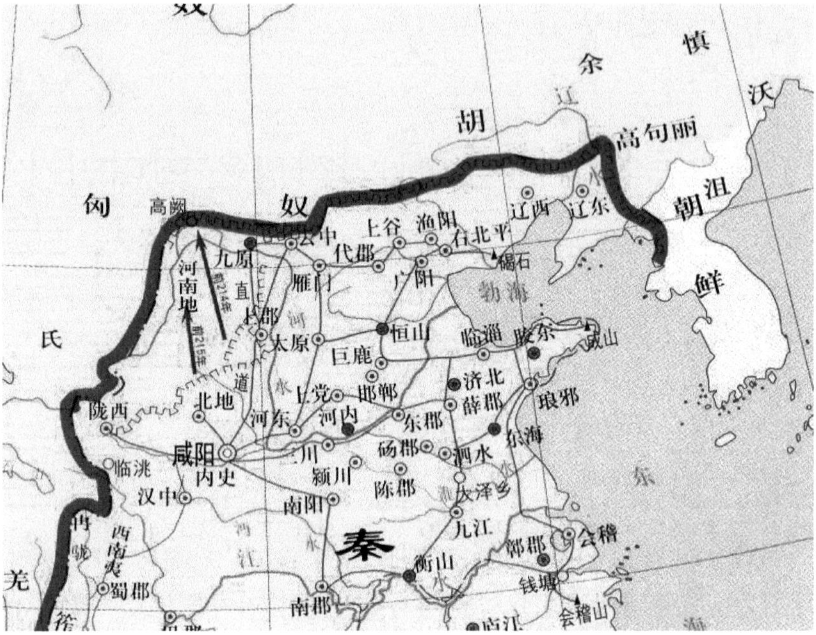

▷ 중국이 주장하는 진시황의 만리장성의 끝이 청천강까지 뻗어있다. 원래 진시황의 장성은 산서성 최남부 황하 주변에 있었다.

지명조작의 대표적인 유적으로는 하북성 진황도시 창려(昌黎)에 있는 갈석산과 산해관에서 시작하는 진시황의 만리장성이 있는데, 최근 중국의 역사지도책에는 진시황의 만리장성이 한반도 청천강까지 들어와 있다. 중국의 지명변경을 통한 역사왜곡은 명나라 영락제의 명에 의해 산서성 최남부에 있어야 할 갈석산과 요서군에 속한 노룡현을 지금의 하북성 진황도시 노룡현으로 옮기면서부터 시작되었던 것이다. 당시 조선왕조는 명나라의 속국인지라 이러한 왜곡을 그대로 수용할 수밖에 없었다. 그리고 일제가 '조선사편수회'를 조직해 우리의 역사를 말살할 때, 중국은 일제에 협력하며 많은 고대지명을 이동시켜 만리장성의 안쪽은 고대로부터 중국 땅이라는 역사왜곡을 굳히게 된다. 이러한 역사왜곡이 지금까지 그대로 이어져 내려오고 있는 것이다. 그러한 사실을 〈열하일기〉에서도 확인할 수 있다.

1. 이미 지명이 조작된 〈열하일기〉의 안시성

〈열하일기〉의 저자 연암 박지원은 북경으로 청나라 황제를 알현하러 가는 길에 당시 안시성으로 알려져 있던 단동 근처의 봉황산성을 찾아간다. 그러나 막상 그곳에 가보고는 안시성이 아니라는 결론을 내린다.

열하일기 1권 도강록 46페이지

> 점심을 들고 내원과 정진사와 함께 구경을 나섰다. 봉황산은 여기서 약 6~7리밖에 되지 않는다. 그 전면을 보니 더욱 기이하고 뾰족해 보인다. **산 속에는 안시성(安市城)의 옛 터가 있어서 성첩(城堞)이 지금껏 남아 있다 하나 그건 그릇된 말이다.** 삼면이 모두 깎아지른듯하여 나는 새도 오를 수 없을 것 같고 오직 정남쪽의 한 면만이 좀 편평하나 주위가 수백 보에 지나지 않음을 보건데, 이런 탄알만한 작은 성에 그 때 대규모의 군대가 오랫동안 주둔한 곳이 아닐 것이니 이는 아마 고구려 때에 조그마한 보루(堡壘)가 있었던 것 같다.

▹ 근세조선왕조 때 안시성으로 알려진 봉황산성. 서안평으로 지명조작된 단동 주변이다.

열하일기 1권 도강록 56~57페이지

봉황성을 보고: "당태종이 천하의 군사를 징발하여 이 하찮은 탄알만한 작은 성을 함락시키지 못하고 회군(回軍)했다는 것은 그 사실이 의심되는 바 없지 않다. 김부식은 다만 옛 글에 그의 성명이 전하지 않았음을 애석히 여겼을 뿐으로 그가 〈삼국사기〉를 지을 때에 중국의 사서에서 골라 베껴내어 모든 사실을 그대로 인정하였고, 또 유공권(당나라 학자)의 소설을 인용하여 당태종이 부상당한 사실을 입증까지 했으나 〈당서〉와 〈자치통감〉에 기록되지 않았던 이유는 아마 그들이 중국의 수치를 피하기 위하여 꺼린 것이 아닌가 한다. 그러나 우리나라에서 옛날부터 전해 내려오는 사실을 단 한마디도 감히 쓰지 못했으니 그러한 사실을 믿든 안 믿든 간에 다 생략하고 말았던 것이다. **나는 당태종이 안시성에서 눈을 잃었는지 아닌지는 상고할 길이 없으나 대체로 이 성을 안시라 함은 잘못이라고 본다.**

당서에 보면 안시성은 평양에서 5백리 거리요 봉황성 또한 왕검성(王儉城)이라 했으므로, 지지(地志)에는 봉황성을 평양이라고 한다 했으니 이는 무엇으로 그리 명명했는지 모르겠다. 또 지지(地志)에 옛날 안시성은 개평현(蓋平縣) 동북 70리에 있다 하였으니, 대체 개평현에서 동으로 수암하(秀巖河)까지가 3백리이고 수암하에서 다시 동으로 2백리를 가야 봉황성이다. 만일 이 성을 옛 평양이라 한다면 당서에 이른바 5백리란 말과 서로 부합되는 것이다. 그런데 우리나라 선비들은 단지 지금 평양만 알기에 기자가 평양에 도읍했다하면 이를 믿고, 평양에 정전(井田)이 있다하면 이를 믿으며, 평양에 기자묘가 있다 해도 이를 믿어서 만일 봉황성이 곧 평양이라 하면 크게 놀랄 것이다. 더구나 요동에도 또 하나의 평양이 있었다 하면 이는 해괴한 말이라 하며 나무랄 것이다.

그들은 요동이 본시 조선의 땅이며 숙신, 예(穢), 맥(貊)등 동이(東彝)의 여러 나라가 모두 위만조선에 예속되었던 것을 알지 못하고, 또 오라, 영고탑, 후춘 등지가 본시 고구려의 옛 땅임을 알지 못하는 것이다. 아아! 후세 선비들이 이러한 경계를 밝히지 않고 함부로 한사군을 죄다 압록강 안쪽으로 몰아넣어 억지로 역사적 사실로 만들다보니, 패수(浿水)를 그 속에서 찾되 혹은 압록강을 패수라 하고 혹은 청천강을 패수라 하며 혹은 대동강을 패수라 한다. **이리하여 조선의 강토는 싸우지도 않고 저절로 줄어들었다.** 이는 무슨 까닭일까. 평양을 한곳에 정해 놓고 패수의 위치를 앞으로 나감과 뒤로 물리는 것은 그때그때 사정에 따르는 까닭이다." (이상)

연암 박지원은 명나라 영락제가 이동시켜 놓은 지명에 따라 비정된 가짜 안시성에 가보고는 그 자리에서 아니라고 단정한다. 이는 이미 조선왕조 때부터 명나라 영락제의 지명이동을 통한 역사왜곡을 받아들여 고구려의 강역을 한반도로 몰아넣은 반도사관이 시작되었다는 것을 의미하는 것이다. 그렇다면 중국의 지명변경이 이루어지기 전 원래 안시성은 어디에 있었을까? 그 해답의 열쇠는 바로 설인귀가 쥐고 있었다.

2. 고구려를 멸망시킨 설인귀의 고향은?

설인귀(薛仁貴, 613~683년)는 강주(絳州) 용문(龍門) 출생으로 당나라 초기에 가장 유명한 장군 중의 하나였다. **645년 당태종이 고구려를 공격할 때 안시성 전투에서 공을 세워 유격장군(遊擊將軍)으로 발탁되었다.** 당 고종 때인 659년에 고구려에 침입했다가 고구려 장군 온사문(溫沙門)에게 패했다. 666년 고구려 대막리지 연개소문이 죽고 장남 연남생(淵男生)이 아우 남건에게 쫓겨 당나라에 와서 원병을 청하자 좌무위장군(左武衛將軍)으로 다시 고구려를 침략했다. 668년에 나·당 연합군에게 고구려가 패망하자 당나라는 평양에 안동도호부(安東都護府)를 설치하고 그 수장으로 설인귀를 임명한다.

설인귀에 대한 전설이 우리나라에도 있다. 서울 근교 5악(嶽)의 하나로 불리는 파주 감악산(紺岳山) 정상에 가면 설인귀 비석이 있다. 〈조선왕조실록〉의 기록에 따르면 고구려를 멸망시킨 설인귀가 파주 감악산의 산신령이 되어 조선의 실권자에게 접대를 받는 장면이 있는데, 이는 명나라에 대한 사대(事大)로 시작된 조선왕조에 의한 역사왜곡의 한 단면을 볼 수 있는 것이다.

▷ 경기도 파주시 감악산 정상에 있는 설인귀 비석과 굴은 일제와 조선왕조가 조작한 역사왜곡이다.

고구려를 멸망시킨 설인귀는 중국 사서에 이민족으로 기록되어 있어 우리에게는 거란족 출신으로 알려져 있다. 그 설인귀의 고향은 강주(絳州) 용문(龍門) 즉 지금의 산서성 남부 하진시 직산현이다. 그곳은 안시성에서 멀지 않은 곳으로 대대로 고구려 땅이었으므로 그는 원래 고구려인이었다. 그렇기 때문에 그가 안시성 전투에서 흰 옷을 입고 갑자기 나타나 큰 공을 세울 수 있었던 것이다. 그는 출세를 위해 자신의 나라인 고구려 대신 당태종을 택했던 것이다. 또한 설인귀는 중국 경극(京劇)의 여러 작품에서 당태종이 연개소문에게 쫓기다 항복하기 직전 그를 구해주는 인물로 묘사되고 있다. 그는 당태종을 구한 공으로 당나라에서 장군이 되어 나중에 조국 고구려를 멸망시킨 후 안동도호부의 수장이 되어 고구려 유민들을 지배한다. 그가 안동도호부의 수장이 된 이유는 그가 고구려에 대해 잘 아는 고구려 출신이었기 때문이지 다른 이유가 있을 수 없다.

설인귀의 고향인 하진시 직산현에는 그가 당태종과 함께 당나라로 들어가기 전 18년 동안 살던 집(토굴)이 아직도 그대로 남아 있다. 설인귀가 당나라로 들어간 후 설인귀의 부인은 아들을 출산했으며 그 아들이 장성하여 아버지를 찾아 당나라로 들어가고 설인귀의 부인은 혼자 토굴에서 살았다고 한다. 당나라로 들어간 설인귀의 아들은 자기 아버지에게 죽임을 당하는 일화가 야사(野史)에 전한다. 당나라에서 활을 가장 잘 쏘는 설인귀는 한 젊은 청년을 보았는데 활 솜씨가 워낙 출중하여 자기보다 나으면 나았지 못하지 않았다 한다. 설인귀는 그 청년 때문에 자신의 지위가 흔들릴지도 모른다는 불안감을 느낀 나머지 그 청년을 죽이게 되는데 당시에는 자기 아들이었다는 것을 몰랐고 나중에 알았다고 전한다.

▹ 산서성 운성시 하진현에는 아직도 설인귀의 토굴집이 남아 있다.

▹ 설인귀의 고향인 토굴집 앞에 서 있는 안내석과 비석

그의 고향 근처에 있는 안시성이 위치한 산서성 남부 운성시 신강현에는 설인귀의 유적이 여럿 남아 있다. 신강중학교 안에 설인귀가 군대를 움직인 것을 기념해 지었다는 강주대당(降州大堂)이 있는데, 근사한 건물로 지어놓은 것으로 보아 이곳이 단재 신채호선생이 <조선상고사>에서 언급한 <성경통지 해성고적고(盛京通志 海城古蹟考)>에 기록되어 있는 '唐太宗陷馬處(당태종의 말이 빠진 곳)'으로 보인다. 연개소문의 총공격 명령이 떨어지자 당나라 군대는 크게 어지러워져 사람과 말이 서로 짓밟으며 안시성에서 도망쳤다. 당태종은 헌우란에 이르러 말이 수령에 빠져 꼼짝을 못하고 양만춘장군의 화살에 왼쪽 눈을 맞아 거의 사로잡히게 되었는데, 설인귀가 나타나 당태종을 말에 태우고 선봉장 유홍기가 뒤를 끊고 혈전을 벌여 당태종이 가까스로 달아났다고 한다. 그 때 당태종의 말이 수령에 빠진 곳을 당태종함마처(唐太宗陷馬處)라 한다.

▹ 설인귀가 군대를 움직인 것을 기념하기 위해 세웠다는 강주대당. 바로 옆으로 분하가 흘러 여기가 당태종의 말이 빠진 곳으로 보인다.

▹ 설인귀가 군대를 움직였다는 또 다른 기념물이 신강현 내에 있다.

이러한 내용은 중국 정사의 기록에는 보이지 않지만 경극에서 볼 수 있다. 연개소문과 설인귀와 당태종이 등장하는 경극에는 몇 종류가 있는데, 〈독목관(獨木關)〉, 〈분하만(汾河灣)〉, 〈살사문(殺四門)〉, 〈어니하(淤泥河)〉 등이다. 특히 〈분하만〉과 〈어니하〉라는 경극 제목에서 보듯이 당태종이 빠진 늪인 어니하가 안시성 앞을 흐르는 현 분하라는 것을 강하게 암시하고 있다. 이러한 경극들에는 당태종이 연개소문에게 쫓기다가 진흙수렁에 빠져 곤경에 처하는 장면이 나오는데 얼마나 절박했는지는 다음과 같은 대사를 보면 알 수 있다. 분명한 것은 이 대사는 중국인이 쓴 대사이지 한국인이 쓴 대사가 아니라는 것이다. 즉 상황이 축소되었으면 되었지 확대과장된 것은 아니라는 말이다. 당태종이 울부짖는 장면이 눈에 선하다. "조상님이시여! 나 이세민을 가엾게 여기시옵소서. 말을 아무리 때려도 진흙구덩이에서 빠져나갈 수가 없으니 내가 황제인 것도 아무 소용이 없구나. 너무나 상심하여 두 눈에 눈물이 흐르니 누가 나를 구해준다면 당나라 땅의 절반을 주겠노라. 만약 나를 믿지 못한다면 내가 너의 신하가 되겠노라."

▷ 연개소문에게 항복하는 당태종을 설인귀가 구하는 내용의 경극 '살사문'

▷ 〈막리지 비도대전〉의 그림. 연개소문이 당태종에게 칼을 던지자 설인귀가 활로 쏘아 맞히는 장면이다.

그리고 산서성 신강현에는 설인귀가 군대를 움직였다는 기념탑도 있고, 전승기념물인 경관을 허물고 설인귀가 세웠다는 백탑도 있고, 당태종을 기리는 사당인 진왕묘(秦王廟)라는 지명까지 있다. 이렇듯 설인귀에 대한 유적이 많고 또 가까운 곳에 설인귀의 고향까지 있으니 산서성 운성시 신강현에 안시성이 있는 것이 확실하다 하겠다. 이렇듯 고향 근처인 산서성 남부에서 활동하던 설인귀가 한반도 파주 감악산까지 와서 진을 치고 전쟁을 했고 산신령까지 되었다는 것은 그야말로 어불성설이 아닐 수 없다. 가만히 앉아 우리의 광활한 역사 강역을 모조리 중국에게 그대로 내어주는 한심한 작태라 아니할 수 없다.

▷ 〈신당서 열전 동이〉에 언급된 내용을 지도에 표시하면 위와 같다.

3. 사서의 기록으로 본 안시성은 어디인가?

이번에는 사서의 기록으로 안시성의 위치를 추적해보기로 하겠다. 〈한서지리지〉에 안시는 유주의 요동군에 속한 현이라는 기록이 있고, 〈신당서 열전 동이〉에도 안시성에 대한 위치가 언급되어 있는데 이 두 기록만으로 정확한 안시성의 위치를 찾기는 어려우나 대략적인 위치는 산서성 남부의 동쪽이라는 것을 알 수 있다(참고자료 1, 2). 그 이론적 근거로는 〈한서지리지〉에서 유주의 요서군에 속한 현을 설명하면서 "영지현에 고죽성이 있다(令支有孤竹城)."라는 기록이 있는데, 고죽국의 왕자였던 백이·숙제의 묘가 황하 굴곡지점에서 발견됨으로써 유주는 산서성 남부와 황하북부 하남성 일대라는 것이 명확해졌기 때문이다.

〈한서지리지〉의 요동군과 〈신당서 열전 동이〉에 언급되어 있는 안시는 같은 지명이므로 산서성 남부에 〈신당서 열전 동이〉의 기록을 대입하면, 마자수인 압록수는 현 산서성 분하임이 확실해지며 거기에 언급된 지명들이 지형적으로 한 치의 오차도 없이 정확하게 들어맞는다. 따라서 이 두 기록에서 안시성의 위치를 유추해낼 수 있는 것이다. 〈신당서〉에서는 압록수(분하)가 서남쪽으로 안시에 이르러 바다(황하)로 들어간다 했고, 〈한서지리지〉에서는 마자수(압록수)가 서안평에서 바다로 들어간다 했으므로 서안평과 안시는 같은 곳이거나 서로 아주 가깝다는 것을 의미하는 것이다. 따라서 안시는 요동군인 산서성 남부의 동쪽과 황하와의 중간에 위치하고 있는 것으로 보인다.

그리고 안시성의 정확한 위치를 찾는 결정적인 사서의 기록은 〈태백일사 고구려국 본기〉에서 〈자치통감〉을 인용한 부분이 있다. **"〈자치통감〉에서 말하기를 현토군은 유성과 노룡 사이에 있다. 〈한서〉의 마수산은 유성의 서남쪽에 있다. 당나라 때 토성을 쌓다** (資治

通鑑曰 玄免郡在柳城盧龍之間 漢書馬首山在柳城西南 唐時築土城)."라는 기록의 토성(土城)이 당태종이 안시성 앞에 쌓은 토산(土山)으로 보인다. 왜냐하면 위 기록에서의 토성의 위치가 <신당서>와 <한서지리지>에서 말한 안시의 위치와 거의 일치하고 있기 때문이다. 여기서의 노룡은 백이·숙제의 묘가 있는 곳으로 요서군의 비여(肥如)이고 유성은 요서군에 속한 현이므로 위 기록은 요서 지역을 말하는 것이다. 따라서 안시는 요동군이면서도 요서군일 수도 있어 요동과 요서의 중간에 있는 것으로 보아야 할 것이다.

▹ 산서성 남부 운성시 신강현 서북 40리에 있는 마수산에 있는 안시성

위 <한서>와 당태종의 전쟁 기록에 언급된 마수산의 위치에 대해 <중국고대지명대사전>의 설명은 훨씬 정확하게 되어 있는데, <신당서>와 <한서지리지>에서 언급한 안시성의 위치와도 일치하고 있다. **"마수산: 산서성 신강현 서북 사십리. 속명 말머리 산으로 지금의 화염산이다(**马首山: **在山西新绛县西北四十里, 俗名马头山,** ≪张州志≫ 左传赵盾田于首山. 即此. 一名火炎山. (1) 在贵州邛水县南, 其山东昂西伏, 状如马首, 昔长官邓章尝保聚于此." 산서성 신강현 서

북 사십리는 화염산(火炎山)의 남단으로, 이곳 남쪽에는 분하(압록수)가 흘러가며 요서군과 요동군의 중간에 위치하고 있는 곳이다. 그래서 사서의 기록에 안시가 요동군에도 속하고 요서군에도 속하는 것으로 기록된 것이다.

▷ 마수산 동남쪽에 토산이 무너져 내린 곳이 그대로 남아 있다. 토산 아래쪽에 돌산의 하단이 보인다. 안시성은 100% 돌산이다.

▷ 황토로 된 좌측 틈 사이로 멀리 보이는 마수산은 100% 돌산이다. 바로 앞에 100% 황토질의 언덕이 있음은 이곳이 인공으로 쌓은 토산이란 증거이다.

안시성의 위치가 정확하게 밝혀지자 필자는 즉각 답사를 가보기로 결정했다. "년 인원 50만 명의 당나라 병사들이 2개월간 쌓을 정도의 토산이면 쉽게 없애지는 못했을 것이므로 아직도 작은 흔적이라도 남아있겠지"라는 막연한 생각에서였다. 그런데 직접 가서 보니 작은 흔적이 아니라 역사의 현장이 아직도 그대로 생생하게 남아 있었던 것이다.

유주의 요서군을 밝히는 백이·숙제의 묘와 고죽성(포주고성)이 발견되고, 요동군에 속한 안시성의 위치가 정확하게 들어남으로써 우리 고대사의 주 무대는 산서성 남부라는 것이 100% 증명되었다 할 것이다. 고구려는 물론 단군조선의 핵심강역도 산서성이었던 것이다. 이렇듯 고대 중국은 우리의 위대했던 단군조선과 웅대했던 고구려에 밀려 섬서성과 황하 주변의 하남성 일대에서 조그맣게 웅크리고 살았던 것이다. 중국은 산서성이 오천년 중국 역사의 고향이라고 말하고 있으나 이는 잘못된 것으로 위대한 단군조선과 고구려의 역사 강역을 자기네 것으로 둔갑시켰기 때문이다.

이렇듯 중국은 역사왜곡을 위한 지명조작을 통하여 고대 중국의 땅은 대대로 지금의 만리장성 안쪽이라는 역사왜곡을 했다. 그러나 진시황이 쌓은 만리장성도 산서성 최남부 황하변 중조산에 있었다는 것이 최근 밝혀졌다. 중국이 저지른 지명조작의 실체가 낱낱이 파헤쳐짐으로써 중국의 동북공정이 얼마나 허황된 이론인지 이미 밝혀졌고 앞으로도 계속 밝혀질 것이다.

지금까지 일제가 만들어 놓은 〈조선사편수회〉의 식민사학 이론으로 자라나는 학생들에게 거짓말을 밥 먹듯이 해온 강단사학계는 대오각성 해야 할 것이다. 일제의 만행 중 가장 흉악한 짓이 우리의 민족혼을 말살하기 위한 역사왜곡으로, 단군을 신화로 만들어 칠천년의

우리 역사를 잘라내 버리고 대륙을 지배했던 웅장한 역사를 한반도의 가두리 양식장으로 몰아넣은 반도사관이었다. 이러한 일제의 잔재를 청산 못하는 한 대한민국의 희망찬 미래는 기대할 수 없다고 할 것이다.

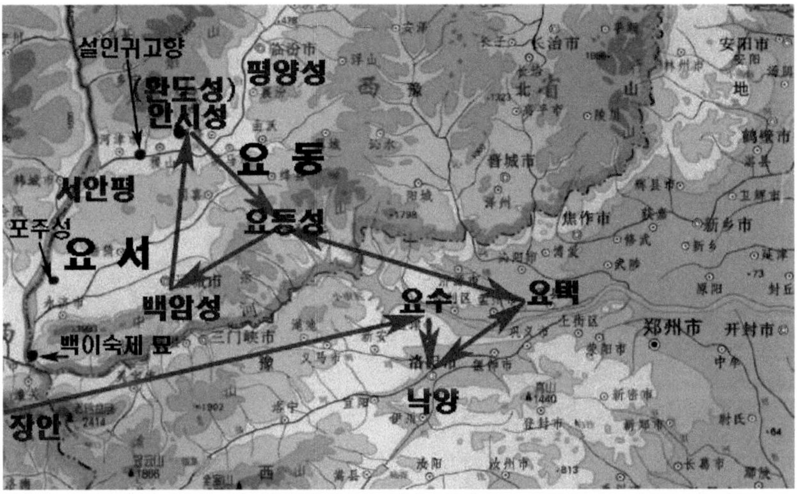

▹ 당태종의 진군로와 퇴각로. 당나라와 고구려는 서로 가깝게 있었다.

제2편

인류역사상 가장 위대했던 나라 조선

-<단군세기>의 새로운 해설-

행촌 이암선생이 쓴 〈단군세기〉의 새로운 해설

조선(朝鮮)은 B.C 2333년 단군왕검에 의해 세워져 2,096년간 47분의 단제(檀帝)에 의해 다스려졌던 나라이다. 지금부터 〈단군세기〉와 〈태백일사〉에 기록되어있는 조선의 영토를 살펴봄으로써 단군조선이 얼마나 장엄하고 위대한 나라였는지를 알아보도록 하겠다. 참고로 번역문은 임승국교수의 〈한단고기〉 주해서를 인용했으며, 주를 단 단어는 원문에 굵은 글씨로 표시했으며 각 단군별로 원문 뒤에 (해설)을 붙였다.

1세 단군왕검 재위 93년

아버지는 단웅(檀雄: 배달국 18대 거불단한웅)이고 어머니는 웅씨(熊氏)의 왕녀로 B.C 2370년 5월 2일 박달나무 아래에서 태어났다. 14세에 웅씨의 왕은 그를 비왕(裨王)으로 삼아 나라의 다스림을 대행하도록 하였다. 웅씨의 왕이 전쟁 중에 붕어하니 왕검은 마침내 자리를 이어받아 구한(九桓)을 통일하고 단군왕검이라 하였다.
B.C 2333년(개천 1565년) 상월 3일에 나라 사람들이 받들어 천제의 아들로 모시니 도읍을 **아사달**(阿斯達)에 정하고 나라를 세워 조선(朝鮮)이라 하였다. 비왕에 24년 제위에 93년 계시고 130세까지 사셨다.

또한 조선을 삼한(三韓)이라 하니 고리, 시라, 고례, 남북의 옥저, 동북의 부여, 예, 맥 등이 모두 삼한의 관경이었다. 이에 천하의 땅을 새로 갈라서 삼한으로 나누어 다스렸으니 삼한은 모두 5가 64족을 포함하였다. 진한은 천왕(天王: 단군)이 직접 통치하고, 마한(달지국)에 웅백다를 봉하고, 번한에 치두남을 봉해 우(순임금)의 정치를 감독케 하였다. 또한 팽우(彭虞)에게 명하여 땅을 개척하도록 하였고, 성조(成造)에게는 궁실을 짓게 했으며, 고시(高矢)에게는 농사를 장려하도록 맡겼고, 신지(臣智)에게 글자를 만들게 하였고, 기성(奇省)에게는 의약을 베풀게 하고, 나을(那乙)에게는 호적을 관리하도록 하였으며, 희(羲)에게는 점치는 일을 맡겼으며, 우(尤)에게 군대를 관장하게 하였다.

B.C 2284년 큰 홍수가 나 백성들이 편히 살 수 없자 풍백인 팽우에게 명하여 물을 다스리게 하고 높은 산과 큰 강을 평정하여 백성들을 편안하게 하였다.

B.C 2283년 임금께서 운사인 배달신(倍達臣)에게 명하여 혈구(穴口)에 삼랑성을 짓고 제천의 단을 **마니산**(摩璃山)에 쌓게 하였으니 참성단이다.

B.C 2267년 태자 부루를 파견하여 도산(塗山)에서 우사공(虞司空)과 만나게 하였다. 오행치수(五行治水)의 방법을 전하고 나라의 경계를 정하니 **유주**(幽州)**와 영주**(營州)가 속했으며, **회대**(淮岱)**지방**의 제후를 평정하여 분조(分朝)를 두고 다스렸는데 우순(虞舜: 순임금)에게 그 일을 감독케 하였다. 요임금의 덕이 날로 쇠퇴하자 천왕(단군)은 **우순(순임금)에게 명하여** 요임금의 나라를 치게 하니 요임금이 마침내 힘이 딸려 순임금에게 의지해 생명을 보전하고 **나라를 양보하였다.** 단군왕검 때 큰 홍수가 나서 그 피해가 만백성에게 이르자 순임금이 사공인 우(禹)를 파견하여 오행치수의 법을 배우게 하여 홍수를 다스렸다. 〈서경〉에서 말하는 "동순하여 제사를 지내고 마침내 동후를 찾아뵙다"라는 기록이 이를 말함이다.

B.C 2241년 나라 안에 큰 모임이 있었으니 시월 상달이면 하늘에 제사지내고 백성들 모두 기쁨에 넘쳐 환호하며 스스로 즐겼다. 이로부터 단군님의 교화는 온 누리를 가득 덮어서(太平盛世) 멀리 탐랑

(耽浪)까지 미쳤으며 가르침은 점차로 널리 펴져갔다.

해설 〈태백일사〉를 쓴 이맥선생은 "단군왕검의 도읍인 아사달이 지금의 송화강이다."라고 기록해 대부분의 사람들이 만주 하얼빈 일대를 아사달로 보고 있으나 이는 대단히 잘못된 것이다. 이맥선생이 잘못 본 것이 아니라 아사달에 있던 고대 송화강이 중국의 지명조작에 의해 만주로 옮겨간 것으로 보아야 할 것이다.

또한 참성단을 쌓은 고대 마니산(摩璃山)은 현재 강화도에 있는 마니산이 아니다. 강화도의 마니산은 우리 민족이 대륙에서 한반도로 쫓겨 들어오면서부터 제천을 하던 곳으로 조선왕조와 일제에 의해 만들어진 것으로 보아야 한다. 우리 민족의 고대 마니산은 산서성 태원 북쪽에 있는 백산(白山) 즉 산서천지 근방일 것이다.

▷ 강화도 마니산에 있는 참성단은 단군조선 때의 참성단이 아니라 우리 민족이 대륙에서 쫓겨 들어오면서부터 하늘에 제사를 올리던 곳이다.

당시 단군조선뿐만 아니라 요임금의 나라에서도 큰 홍수가 났는데, 조선은 치수에 성공했으나 요임금은 실패한다. 두 나라가 동시에 큰 홍수가 났다는 말은 서로 지역적으로 가깝다는 것을 의미하는 것이다. 치수에 실패한 요임금의 양위로 보위에 오른 순임금은 우사공(禹司空)을 조선에 보내 오행치수의 법을 배워 홍수를 극복한다. 단군이 우사공에게 신서(神書)를 전해 치수에 성공한다 했는데, 그 신서에 씌어있는 문자는 아마 뜻글자인 진서(眞書: 한자)이거나 또는 가림토 문자가 나오기 전이므로 배달국 때 신지현덕이 만든 녹도문자일 것이다. 참고로 우사공은 치수에 성공한 공으로 순임금에게 보위를 물려받아 하나라를 세우기에 하우(夏禹)라고도 불린다.

유주(幽州)란 산서성 남부와 황하북부 하남성 일대를 말하는 것이다. 〈한서지리지〉에 기록된 유주는 요동군, 요서군, 상곡군, 북평군, 어양군과 낙랑군, 현토군이 포함되어 있는 고대 행정구역이다(참고자료 1). 또한 〈대명일통지〉의 설명에 의하면, "순임금이 기주의 동북을 나누어 유주와 금주로 했다. 〈상나라〉의 고죽국이며 주나라의 유주 땅이다. 진나라 때는 요동군의 땅이었으며 또 이 유주는 요서군이 되었다. 한나라 때는 무려와 망평현의 땅이었으며 요동군에 속했다. 당나라에서는 유성현을 설치했으며 영주에 속했다. (〈大明一統志〉 舜分冀東北爲幽州錦州. 其所統也. 商爲孤竹國. 周幽州地. 屬燕. 秦爲遼東郡地. 又以幽州爲遼西郡. 漢爲無慮, 望平縣地. 屬遼東郡. 唐置柳城縣. 屬營州.)"는 기록으로 보아 영주는 유주와 거의 같은 지역을 말하는 것이다. 회대는 말 그대로 회수(淮水)와 대산(岱山)이 있는 곳으로 황하남부 하남성 일대를 말하는 것으로 보인다.

▷ 유주는 산서성 남부와 황하북부 하남성 일대로 우리 고대사의 주 무대이다.

순임금이 요임금의 뒤를 이어 보위에 오른 것에 대해 중국 사서에는 요임금이 순임금의 인간됨을 보고 사위로 삼아 양위했다고 기록되어 있다. 그래서 중국인들은 요임금을 성인이라 하며 태평성세의 본보기로 여기고 있다. 그러나 실상은 요임금이 단군왕검에게 왕위를 빼앗긴 것으로 보아야 할 것이다. 당시 요임금에게는 열 명의 아들이 있었음에도 불구하고 보위가 단군왕검의 신하인 순임금에게 넘어가게 되자 맏아들이 이에 불만을 품고 남쪽에서 반란을 일으켰으나 요임금에 의해 진압된다. 그 외에도 보위를 넘겨받을 아들이 많았음에도 동이족인 순임금에게 제위가 넘어갔다는 것은 요임금의 자의(自意)가 아니라 외부의 힘에 굴복했다는 것을 의미하는 것이다. 박제상의 〈부도지〉에는 요임금이 순임금을 사위로 삼은 것이 아니라 두 딸로 미인계를 써서 순임금이 유혹당한 것으로 기록되어 있다. 여하튼 〈단군세기〉의 이 기록은 하화(夏華)족의 왕통이 헌원의 혈통

(요임금)에서 동이족(순임금)으로 넘어간 이유를 아주 잘 설명해주고 있다.

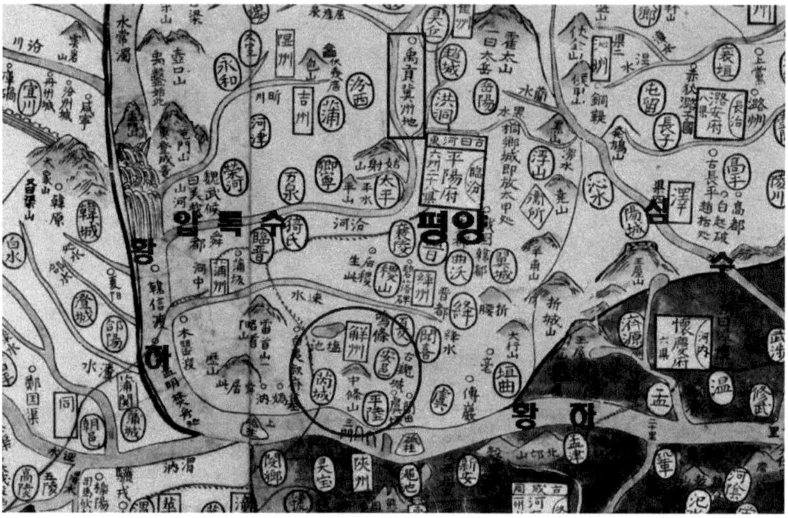

▷ 대청광여도 원 안에 순임금이 죽은 명조라는 지명이 산서성 남부 해주(운성)염지 부근에 그려져 있다. 여기도 단군조선의 땅이었다. 당시 요임금의 도읍인 평양(平陽)은 지금의 임분시이다. 이곳이 우공의 기(冀) 땅이었다고 적혀 있다.

맹자는 〈이루장구 하(離婁章句 下)〉에서 "순임금은 제풍에서 태어나고 부하로 이사하시고 명조에서 죽으셨는데, 제풍과 부하와 명조가 동이족의 땅이니 그는 동이사람이다. (舜生於諸風 移於負荷 卒於鳴條 諸風負荷鳴條 東夷之地 舜東夷之人也)"라고 하였다. 순임금이 죽은 명조(鳴條)에 대한 〈중국고대지명대사전〉의 설명은 다음과 같다. "명조는 고대 지명으로 지금의 산서성 운성시 안읍진 북에 있다. 은나라 탕왕이 하나라 걸왕을 정벌한 전투지로 고후원이라고도 한다. 일설에는 산서성 운성시 하현의 서쪽, 일설에는 하남성 낙양부근, 또 일설에는 하남성 신향시 봉구 동쪽에 있다고 한다(참고자료 18)." **홍수 후 새로 나라의 경계를 정해 속해진 유주와 영주의 땅에 있는 명조는 현재 순임금의 능이 있는 산서성 남부 운성시 염지 부근을 말함이다. 맹자는 이곳이 동이족의 땅 즉 단군조선의 영토였다고 말했던 것이다.**

2세 단군 부루 재위 58년

백성들과 더불어 산업을 다스리니 한 사람도 배고픔과 추위에 떠는 자가 없었다. 봄·가을로 나라 안을 두루 살피시고는 하늘에 제를 올려 예를 다하였다. **여러 왕들**의 잘잘못을 살펴 상벌을 신중히 하였으며 도랑을 파기도 하고 고치기도 하며 농사짓고 뽕나무 심을 것을 권장하였다. 또 기숙사를 설치하여 학문을 일으키니 문화가 크게 진보하여 그 명성이 날로 떨쳐졌다.

제순유우(순임금)가 유주와 영주의 두 주를 **람국**(藍國)의 이웃에 두었기 때문에 단제께서 병사를 보내어 이를 정벌하여 그 왕들을 쫓아내고 동무와 도라 등을 제후로 봉했다.

B.C 2238년 조서를 내려 백성들로 하여금 머리카락을 땋아 목을 덮도록 하고 푸른 옷을 입게 하였다. 쌀되와 저울을 모두 통일하도록 하였고, 베와 모시의 **시장가격**이 서로 다른 곳이 없었다.

B.C 2231년 밭을 나누어 **밭문서**를 만들어 백성들로 하여금 사사로운 이익을 구하지 않게 하였다.

B.C 2183년 일식이 있었다.

해설 조선은 여러 왕들 즉 제후들로 이루어진 연방제국이었고 그야말로 태평성세였다는 것을 알 수 있다. 〈상서 순전(尙書舜典)〉에 "동후를 알현하고, 계절과 달을 맞추고 날짜를 바로 잡기를 협력했으며, 법률과 도량형을 같게 했다(肆覲東后 協時月正日 同律度量衡)."라는 기록이 있어, 순임금이 단군을 알현한 후 도량형을 포함한 모든 것을 조선과 통일하였다는 것을 알 수 있다. 중국에서는 진시황 때나 이루어졌던 도량형과 가격 통일이 이미 이 때 실시되었고, 밭문서까지 만들었다는 것으로 보아 문자(한자 또는 녹도문자)가 있었다는 것을 의미한다. 이 때 이미 천문현상까지 관측했다고 하니 놀라지 않을 수 없다.

람국은 유주와 영주의 이웃이므로 단군조선의 산서성 남부에 있던 제후국이 확실하며, 〈중국통사 참고자료 고대부분(4)〉에 따르면, "람수는 산서성 둔류현 서남에서 나와 동류하여 장으로 들어간다(中国通史参考资料古代部分(4) 蓝水, 源出於山西屯留县西南, 东流入漳.)."는 기록도 있어 람국은 산서성 남부에 있던 나라임에 틀림없다고 하겠다.

3대 단군 가륵 재위 45년

B.C 2181년 지방마다 말이 서로 틀리고 **형상으로 뜻을 나타내는 참글**(眞書 : 한자)이 있다 해도 열 집 사는 마을에도 말이 통하지 않는 경우가 많고 백리 되는 땅의 나라에서도 글을 서로 이해하기 어려웠다. 이에 정음(正音) 38자를 만들어 이를 가림토(加臨土)라 하였다.

B.C 2180년 **배달유기**(倍達留記)를 편수케 했다.

B.C 2177년 열양(列陽)의 욕살 색정에게 명하여 약수(弱水－감숙성에 있는 강)로 옮기게 하고 종신토록 갇혀 있도록 했다. 뒤에 이를 용서하시고 그 땅에 봉하니 그가 **흉노의 조상**이 되었다.

B.C 2175년 강거가 반란을 일으켰다. 이를 **지백특**(支伯特 : 티베트)에서 정벌하였다.

B.C 2173년 추장 소시머리(牛首國)의 반란을 정벌. 그 후손 협야노(陜野奴)라는 자가 바다로 도망쳐 **삼도에 웅거하며 스스로 천왕**이라 칭했다.

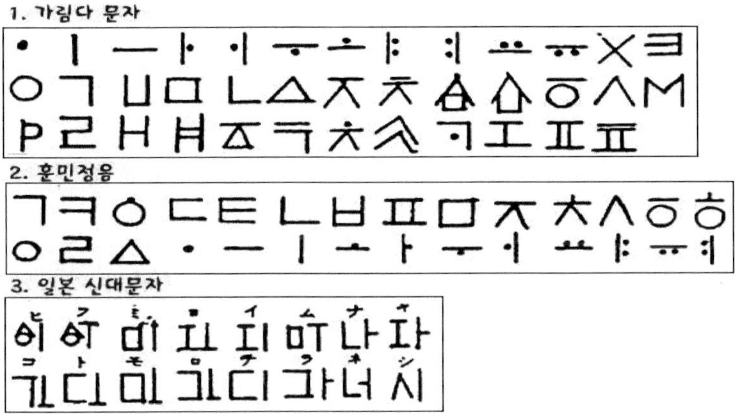

▷ 가림토문자는 훈민정음과 비슷해 훈민정음의 원형으로 보인다

해설 지금까지 우리는 형상으로 뜻을 나타내는 글자인 한자를 중국의 문자로 알고 있었으나 실상은 단군조선에서 사용했던 문자라는 사실을 알 수 있는 기록이다. 가림토 문자는 훈민정음의 모체이다. 〈세종실록〉에 "10월 초에 임금께서 친히 언문 28자를 만드셨으니 그 글자는 옛 전자를 모방한 것이다(十月上親製諺文二十八字 其字倣古篆)"라고 기록되어 있어 한글이 옛 전자(篆字) 즉 가림토 문자를 모방했음을 알 수 있다. 당시 배달국의 역사를 기록한 〈배달유기〉까지 저술되었다는 것은 문자가 없었다면 불가능한 일이다. 가림토문자가 나온 지 얼마 안 되었기 때문에 아마 진서(한자)로 씌어진 것으로 보인다.

감숙성에 있던 흉노의 기원에 대해 설명하였고, 티베트까지 단군조선의 강역이었음을 알 수 있는 대목이다. 그리고 〈한단고기〉를 처음으로 일본에서 출판한 가지마노보루(鹿島昇)는 B.C 2173년의 기록으로 인해 일본의 기원을 약 1,500년가량 앞당길 수 있다고 했다.

4세 단군 오사구 재위 38년

B.C 2137년 황제의 동생 오사달을 몽고리한(蒙古里汗)으로 봉했다. 지금의 **몽고족이** 바로 그의 후손이다.

B.C 2133년 둥근 구멍이 뚫린 **조개 모양의 화폐**를 만들었다. 가을 8월 하나라 사람이 찾아와 특산물을 바치고 신서(神書)를 구해갔다.

B.C 2119년 하나라 왕 상(相)이 백성들에게 덕을 잃어버리니 식달에게 명해 람(藍), 진(眞), 변(弁)의 3부의 병력을 이끌고 가서 이를 정벌토록 했다. 천하가 이를 듣고는 모두 복종하게 되었다.

해설 같은 민족인 몽고족의 기원에 대해 설명했으며, 당시 화폐를 만들었다는 것은 물물교환의 상태를 넘어 시장경제였다는 의미인 것이다. 칼 모양으로 된 명도전(明刀錢)은 고대 중국 연나라의 화폐가 아니라 단군조선에서 사용하던 화폐였다.

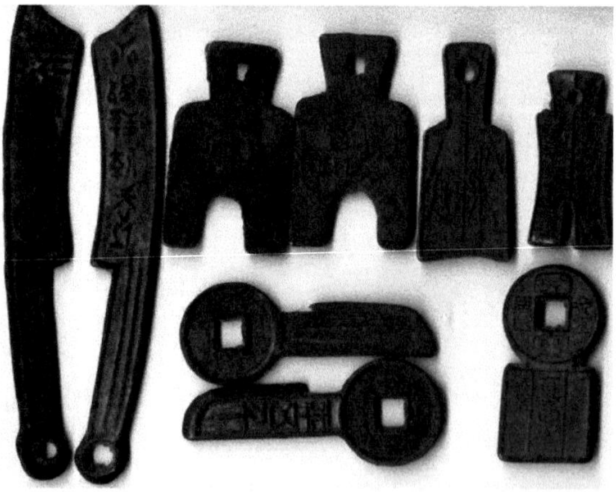

▷ 여러 화폐모양들. 왼쪽 명도전 이외의 다른 화폐들도 조선의 화폐일 가능성이 크므로 더 많은 연구가 필요하다.

상(相)은 하나라의 5대 왕이다. 백부(伯父)인 3대 왕 태강이 정사를 돌보지 않고 유희와 사냥으로 세월을 보내자, 동이족의 다른 제후에게 피살되고 아버지 중강이 왕위에 오른다. 이를 〈후한서〉의 〈동이전〉과 〈서강전〉에서 다음과 같이 기록하고 있다. 〈동이전〉: "하후 태강이 덕을 잃자 동이들이 반란하기 시작했다(夏后氏太康失德 夷人始畔)." 〈서강전〉: "왕의 정치가 올바르면 손님들이 따르지만 덕의 가르침을 잃으면 난을 일으킨다. 옛날에 하후 태강이 나라를 잃었는데 이는 사이(四夷)들이 배반했기 때문이다(王政脩則賓服 德敎失則寇亂 昔夏后氏太康失國 四夷背叛)." 즉 하나라 제후가 정치를 제대로 하지 않으면 상국(上國)인 조선이 응징했다는 것을 알 수 있다. 5대 왕 상의 경우도 마찬가지라 할 것이다.

5세 단군 구을 재위 16년

B.C 2098년 **황충(蝗蟲: 메뚜기)**의 떼가 크게 일어 온통 밭과 들에 가득 찼다.

B.C 2096년 **육십갑자**를 사용하여 책력을 만들었다.

B.C 2084년 친히 **장당경**(藏唐京)으로 행차하여 삼신의 단을 **봉축**(封築)하고 한화(桓花 — 진달래)를 많이 심었다.

> **해설** 펄벅의 소설 '대지'에 나오는 하늘을 덮는 메뚜기떼를 황충이라 하는데 대륙에만 존재하는 것으로 한반도에서는 볼 수 없다. 〈삼국사기〉의 고구려, 백제, 신라의 기록에서도 황충이 많이 언급되어 있어 삼국이 대륙에 있었음을 입증하고 있다.

갑·을·병·정(甲·乙·丙·丁) … 자·축·인·묘(子·丑·寅·卯) … 등의 육십갑자는 중국이 아닌 조선에서 만든 문화라는 것을 알 수 있는 기록이다. 좌(동)청룡, 우(서)백호, 남주작, 북현무의 사신도도 중국의 문화가 아닌 우리 민족이 만든 것으로, 좌청룡이 동쪽이 되려면 북방(조선)에서 보아야 하므로 북방민족의 문화임을 알 수 있다.

봉축은 하늘의 아들만이 할 수 있다. 채옹은 〈독단(獨斷)〉이란 책에서 "천자의 호칭은 동이에서 시작되었다. 아버지가 하늘이고 어머니가 땅이라 천자라 했다(天子之號稱於東夷 父天母地故曰天子)." 라고 기록한 것으로 보아 단군이 천자였음을 알 수 있다.

▷ 동쪽이 좌청룡이 되려면 북방(조선)에서 남쪽을 보아야 한다.

서경보스님은 "장당경은 티베트에 있고 치우천왕 이후 800년간 왕국을 유지했다"고 했으나 그렇게까지 멀리 간 것 같지는 않고, 장당경은 글자 그대로 제요도당(帝堯陶唐)인 요임금의 당나라 도읍인 평양(平陽)으로 지금의 산서성 남부에 있는 임분시로 보인다. 그 근거로는 대청광여도에도 평양이 임분시에 표시되어 있고, 임분시 동쪽에 요임금의 무덤이 있으며 현재 임분시 남쪽에 요도구(堯都區)라는 지명이 있기 때문이다.

▹ 단군조선의 도읍인 아사달은 현 태원이고, 장당경은 요임금의 도읍으로 임분(평양)이다.

6세 단군 달문 재위 36년

B.C 2049년 서효사(誓效詞)를 짓게 하였다. 그 사에서 말하길, "진한(眞韓)은 나라 안을 진압하고 길을 다스리니 모든 것이 유신되리라. **모한**(慕韓 = 마한)은 왼쪽을 보필하고, **번한**(番韓)은 그 남쪽에 대비하여 험준한 바윗돌이 사방의 벽을 에워쌈과 같으리라… 먼저 겨례가 소중함을 가르치시고는 다음으로 죄인들을 용서하시고, 아울러 **사형(死刑)과 남을 대신하여 책임지고 화를 입는 일을 없앴다.** 국경을 지키고 **화백(和白)회의**의 결과를 공개했다… 때에 동맹을 맺어 공물을 바쳤던 곳은 대국이 둘이요 소국이 스물이요 부락이 3,624 곳이었다."

해설 당시 진한의 도읍은 현 산서성의 성도인 태원, 모한 즉 마한의 도읍은 탕지보로 안시, 번한의 도읍은 창려로 산서성의 최남단인 현 원곡 일대로 추정된다. 나중에 진한의 도읍은 장당경(임분)으로 옮겨진다. 이렇듯 원래 산서성 남부에 있던 삼한(三韓)이 일제 식민사학에 의해 한반도로 옮겨지게 되는 것이다.

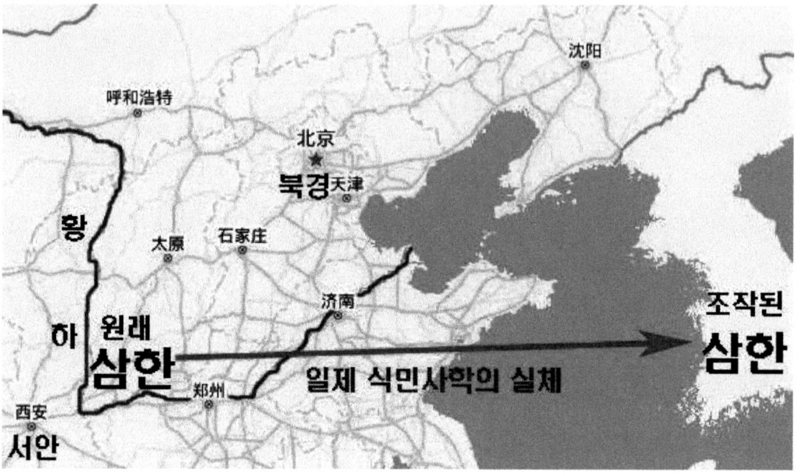

▷ 원래 삼한은 산서성 남부였는데, 일제에 의해 한반도로 옮겨진다.

여러 나라가 공물을 바친 것으로 보아 역시 단군조선은 연방제국임을 알 수 있으며, 사형제를 폐지하고 보증제도와 연좌제를 없애 그야말로 태평성세를 이루었으니 현대인들이 본받아야 할 제도이다. 그리고 화백회의는 신라에서 처음 시행한 제도가 아니라 단군조선에서 먼저 사용한 제도로, 화백(和白)의 뜻은 '다른 무리들과 더불어 서로 의논하여 하나로 뭉치는 것'이다.

8세 단군 우서한 재위 8년

B.C 1993년 이십분의 일을 세금으로 내는 법을 정했고, 있는 곳과 없는 곳이 서로 부족한 것을 보충하도록 하였다.

B.C 1990년 단제께서 옷을 바꿔 입으시고 몰래 **국경을 나서서 하(夏)나라의 정세를 살피고 돌아와** 크게 관제를 고쳤다.

B.C 1987년 **삼족오(三足烏)**가 날아들었는데 날개 넓이가 석자가 되었다.

해설 빈익빈부인부(貧益貧富益富)를 없애 만백성이 다 잘 사는 세상을 만들었다.

단제께서 하나라로 암행(暗行)을 했다는 것은 단군조선과 하나라가 국경을 맞대지 않았으면 불가능한 일이다. 하나라는 황하 부근 하남성에 있던 나라였다.

삼족오는 단군조선과 고구려 즉 우리 민족의 상징이다. 삼이란 삼한(진한, 마한, 변한)을 말함이다. '집일함삼회삼귀일(執一含三會三歸一)'란 말이 있는데 그 뜻은 우주 삼라만상의 이치가 하나(無)에서 시작되어 모든 현상(三)을 이루었지만 다시 근본인 하나(無)로 돌아간다는 뜻이다.

▹ 하남성 일대를 제외한 전 중국대륙은 단군조선의 강역이었다.

9세 단군 아술 재위 35년

B.C 1984년 **청해**(靑海)의 욕살이 군대를 일으켜 궁성을 침범하니 상춘(常春)으로 몸을 피하신 후 새 궁궐을 구월산의 남쪽 기슭에 창건했다. 이들을 토벌하도록 명령하고 삼년 뒤에야 돌아오셨다.

해설 청해의 욕살이 쿠데타를 일으켰으니 청해는 단군조선의 제후였다는 것을 알 수 있다. 청해는 지금의 청해성으로 티베트의 동북쪽에 있으며 사천성과 감숙성의 서쪽에 있는 지역이다.

10세 단군 노을 재위 59년

B.C 1946년 궁문 밖에 **신원목**(伸寃木 : 신문고)을 설치하고 백성들의 억울한 사연을 들으시니 멀리 사는 이들까지 크게 기뻐했다.
B.C 1935년 천하(天河)에서 신령한 거북이가 그림을 지고 나타났는데 바로 윷판과 같은 것이었다. **발해**(渤海)의 연안에서 금덩이가 나왔는데 수량이 13섬이었다.

B.C 1916년 처음으로 감성(監聖: 천문대)를 두었다.

해설 단군조선 때 이미 신문고를 설치하여 백성들의 억울함을 들었다. 근세조선 태종 때 설치한 신문고는 이를 모방한 것에 불과하다. 그리고 이때 이미 천문대까지 두어 천체를 체계적으로 관찰하였다.

발해는 산동성 서쪽에 있던 큰 내륙호수인 대야택(大野澤)으로 크기가 가로 100km × 세로 300km 되며 고대 중국에서는 동해로 불렀다. 중국의 내해가 발해로 불리기 시작한 때는 민국이 지명조작으로 역사왜곡을 진행하던 1926년경이다.

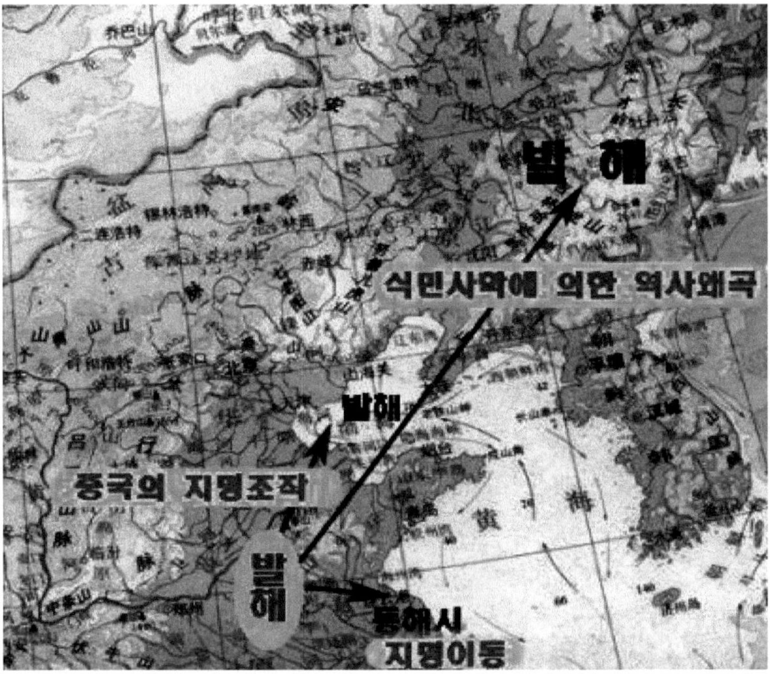

▷ 1926년 이전 발해는 하남성과 산동성의 경계에 있는 큰 호수이다. 발해는 창해 또는 동해라고도 불렸다.

11세 단군 도해 재위 57년

B.C 1854년 선사(選士) 20명을 하나라 서울로 보내 처음으로 나라의 가르침을 전함으로서 위세를 보였다.

B.C 1846년 **송화강** 기슭에 관청을 세우니 배와 그와 관련되는 여러 가지 물건이 크게 세상에 퍼졌다. 3월에 삼신께 제사를 지내고 단제께서 **경을 논하시고 고를 강의**하셨다. "이제부터는 살생을 금하고 방생하며 옥문을 열고 떠도는 사람에게 밥을 주어 살 수 있도록 하며 사형제도를 없애노라"하시니 모든 사람들이 기뻐했다.

해설 송화강은 만주에 있는 강이 아니라 단군왕검의 도읍인 아사달이 있던 산서성 태원 근처에 있는 강일 것이다. 만주의 송화강은 후대에 지명이동된 것으로 보아야 한다. 원문에 논경연고(論經演誥)로 되어 있는데, 경은 천부경(天符經) 고는 삼일신고(三一神誥)로 보인다. 그야말로 단군의 치세는 태평성세 그 자체이다.

12세 **단군 아한 재위** 52년

B.C 1833년 가을 8월 단제께서 나라 안을 두루 순시하셨는데 **요하**(遼河)의 남쪽에 이르러 순수관경(巡狩管境)의 비를 세워 역대 제왕의 이름을 새겨 이를 전하게 하였다. 이것이야말로 금석문의 가장 오래된 것이라, 뒤에 **창해역사** 여홍성(蒼海力士 黎洪星)이 이 비석을 지나면서 시 한 수를 읊었다.

B.C 1806년 청아(菁莪), 서옥저(西沃沮), 맥성(貊城)의 **욕살들을 봉하여 왕으로 삼았다.**

해설 창해(蒼海)라는 지명은 〈후한서 동이전〉에 나온다. "원삭 원년 예군 남여 등이 우거를 배반하고 28만 명을 이끌고 요동을 찾아가 항복하니 무제는 그 땅을 창해군으로 삼았다 (原朔元年 濊君南閭等 畔右渠 率二十八萬口詣遼東內屬 武帝以其地爲蒼海郡)"라는 기록이 있는데, 당시 우거의 영토는 산서성 남부와 황하북부 하남성 일대인 유주(幽州)였다. 따라서 창해는 산동성과 하남성과의 경계에 있는 발해이다. 식민사학계는 강원도 강릉을 창해라는 어처구니없는 지명비정을 하고 있는데, 이는 일제 식민사학이라는 마약에 중독되어 정신이 아주 혼미한 상태라 할 것이다.

창해역사 여홍성은 한나라 사람 장량(張良)과 함께 진시황을 저격한 인물이며, 그 저격 장소인 박랑사(博浪沙)는 황하북부 하남성 신향시 원양(原陽=陽武)현 동남쪽에 있다. 따라서 여기서의 요하는 요녕성에 있는 현 요하가 아니라 하남성을 흐르는 황하이거나 그 지류로 추정된다. 식민사학의 이론대로라면 강원도 강릉 출신 여홍성이 요녕성 요하에서 시를 읊고 하남성에서 진시황을 저격했다는 말인데 이는 교통수단이 불편했던 당시로서는 도저히 있을 수 없는 일이다. 여홍성이 진시황을 하남성 박랑사에서 저격했다는 말은 여홍성이 그쪽 지리에 대해 아주 잘 알고 있다는 의미로 해석해야 한다. 즉 여홍성의 고향인 창해군이 황하북부 하남성 동쪽에 있는 내륙호수인 대야택(발해) 일대이기 때문에 가능한 것이었다.

또한 여러 욕살들을 왕으로 봉한 것으로 보아 조선은 연방대제국으로 여러 제후국을 거느린 황제국임에 틀림없다고 하겠다.

13세 단군 흘달 재위 61년

B.C 1767년 주와 현을 나누어 정하고 직책의 한계를 정하였다. 관리는 권력을 겸하는 일이 없고 정치는 법칙을 넘는 일이 없도록 하였으니 백성은 고향을 떠나는 일 없이 스스로 일하는 곳에서 편안하여 거문고 노랫소리가 온 누리에 넘쳤다.

동년 겨울 은나라 사람이 하나라를 정벌하니 걸왕이 구원을 청하였다. 이에 단제께서 명하여 구한(九桓)의 병사를 이끌고 가서 싸움을 돕게 하니 은나라 탕왕이 사신을 보내 사죄하였다. 이에 군사를 되돌리게 하였는데 걸왕이 조약을 위배하고 길을 막자 은나라와 함께 하나라 걸왕을 정벌하기로 하여 견(畎)의 군대를 이끌고 가서 **낙랑**과 합쳐 진격하여 관중(關中 : 섬서성)의 **빈·기(邠·岐)의 땅**에 웅거하며 관청을 설치하였다.

B.C 1763년 미혼의 자제로 하여금 글 읽고 활쏘기를 익히게 하며 이를 국자랑(國子郎)으로 불렀다. 국자랑은 머리에 천지화(天指花)

를 꽂았으므로 이를 **천지화랑**(花郞)이라고도 불렀다.
B.C 1733년 **오성취루**(五星翠樓)가 있었다.

해설 중국 사학자들의 공동 저서인 <고사변>에 따르면 "현조(玄鳥)는 은나라 사람과 동이족의 조상신이다. 동이와 은나라 사람은 같은 종족이며 그 신화 역시 근원이 같다. 태호, 제준, 소호, 제곡, 제순(순임금) 그리고 설(은나라 조상) 등이 동이족과 같다고 하는 것은 근래 사람들이 명확히 증명하는 바이다."라고 기술하고 있어 은나라와 단군조선은 동족임을 알 수 있다. 참고로 현조는 검은 새로 은나라 조상인 설(契)의 탄생난생신화(誕生卵生神話)에 나오는 새이다.

단군조선에서 군대를 움직이자 은나라가 사죄하는 대목에서 당시 조선의 위상이 어떠했는지를 잘 알 수 있다. 이러한 상황은 한나라 유향이 쓴 <설원 권모(設苑權謀)>편에 상세히 기록되어 있다(참고자료 19). "성탕이 걸왕을 치려 하자 이윤이 말하기를 "청컨대 걸왕에게 바치는 공물을 막고 그의 행동을 살펴보십시오."라고 했다. 그러자 걸왕이 진노하여 구이(九夷)의 군사를 일으켜 쳐들어오자 이윤이 말하길 "아직 때가 아닙니다. 저들이 아직도 능히 구이의 군사를 일으킬 수 있다는 것은 잘못이 우리에게 있기 때문입니다."고 하였다. 이에 성탕은 사죄하고 다시 공물을 바쳤다. 이듬해에 탕왕이 다시 공물을 끊어버리자 걸왕이 노하여 다시 구이의 군사를 요청했으나 움직이지 않았다. 그러자 이윤이 "됐습니다."라고 말했고, 탕왕은 마침내 군사를 일으켜 잔당을 징벌하니 걸왕은 남소씨의 땅으로 도망하였다." 즉 단군조선의 의중에 따라 하나라와 은나라의 판도가 바뀌게 되는 것이었다.

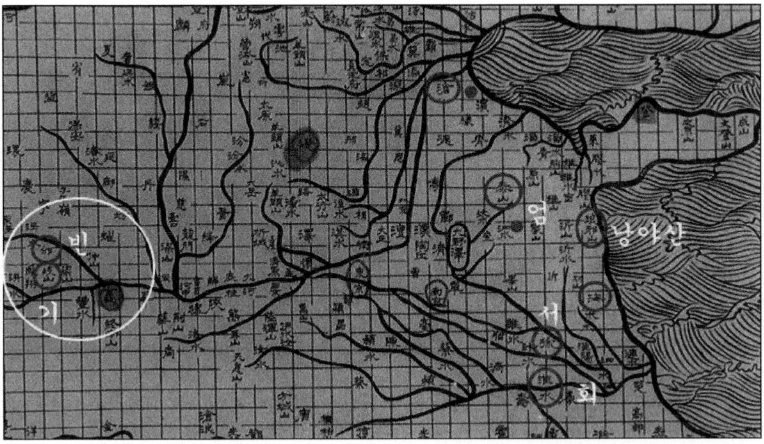

▷ 단군조선이 점령한 섬서성 서안 서쪽에 있는 '빈'과 '기'

낙랑은 황하북부 하남성에 있는 지역이며, 빈(邠)은 섬서성 함양시이고 기(岐)는 섬서성 기산현의 동북이다. 〈후한서 서강전〉에 "걸왕이 어지럽자 견이가 빈과 기 사이에 들어와 점거하였다(桀之亂 畎夷入居邠岐之間)."라는 기록이 있어, 조선의 빈·기 점령사실을 알 수 있다. 이때 고대 중국의 땅은 하남성 일대뿐이었다.

화랑은 신라의 교육제도가 아니라 이미 조선에서 시행한 제도라는 것을 알 수 있는 기록이다.

오성취루란 수성, 금성, 화성, 목성, 토성이 일직선상에 늘어서는 천문현상으로 계산상 250~300년에 한번 일어나기 때문에 우연히 보고 기록할 수 있는 천문현상이 아니다. 이 기록은 단군조선에서 수백 년에 걸쳐 줄곧 천체를 관찰하고 있었다는 것을 의미하는 것이다. 천문학자 박창범 전 서울대교수는 이 오성취루가 컴퓨터 시뮬레이션 결과 실제로 일어난 것이라고 논문에서 발표했다.

B.C1734년 7월 13일 재현

B.C. 1734년 7월 13일 초저녁 서쪽 하늘을 인왕산 위로 재연한 모습. 오른쪽부터 금성, 목성, 토성, 수성, 화성이 초생달과 함께 늘어서 있다.

▷ 오성취루를 기록했다는 것은 위대한 것이다. 컴퓨터 시뮬레이션으로 재현한 사진.

14세 단군 고불 재위 80년

B.C 1680년 오색의 큰 닭이 성의 동쪽 자촌의 집에서 태어나니 이를 본 사람들이 알아보고는 **봉황**(鳳凰)이라 하였다.

B.C 1666년 관리를 사방에 보내 호구를 조사하니 총계 1억8천만인이었다.

해설 용(龍) 뿐만이 아니라 봉황도 단군조선의 문화였음이 밝혀진 기록이다.

전체인구가 **1억8천만인**이라는 기록에 대해 식민사학자들은 말도 안 되는 기록이라 하면서, "이런 기록이 들어있는 〈한단고기〉는 위서임에 틀림없다."라고 말하고 있으나 이는 대단히 잘못된 것이다. 일제 식민사학의 눈에는 한반도와 만주만이 고조선의 영토로 보이겠으나, 실제 단군조선의 영토는 한반도, 만주, 몽고, 시베리아는 물론 하남성을 제외한 전 중국대륙에다가 서쪽으로 중앙아시아까지였다. 수메르(이라크)가 한국(桓國)의 12개 연방이었기에 그 사이에 있는 중앙아시아는 단군조선의 연방일 가능성이 크다. 다 합치면 비록 3,600년 전일지라도 1억8천만인이 넘으면 넘었지 그보다 적지는 않았으리라. 이 기록은 단군조선의 강역이 그렇게 넓었다는 의미로 해석해야 한다.

15세 단군 대음 재위 51년

B.C 1661년 은나라 왕이 사신을 보내 화친을 구했다. 동년 1/80의 세법을 정했다.

B.C 1660년 홍수가 크게 일어나 민가의 피해가 컸다. 곡식을 **창해사수**(蒼海蛇水)의 땅으로 옮겨 백성들에게 고루 나누어 주었다. 겨울에 양운국과 **수밀이국**(須密爾國) 사신이 와서 특산물을 바쳤다.

B.C 1652년 단제께서 서쪽으로 약수(弱水:감숙성)로 가시더니 명을 내려 금철(金鐵)과 고유(膏油)를 채취하도록 했다. 가을 우루국 사람 20명이 투항하니 **염수**(鹽水) 근처의 땅에 정착시켰다.

B.C 1622년 단제의 동생을 남선비(南鮮卑)의 대인(大人)으로 봉했다.

▷ 수메르국은 지금의 이라크다. 터어키까지 조선연방으로 보인다.

해설 창해는 하남성과 산동성과의 경계에 있던 큰 내륙호수인 발해(渤海)이며, 사수는 지금의 비하(肥河)로 산동성 비성을 지나 발해(대야택)로 들어가는 강이다. 〈중국고대지명대사전〉에서 사수(蛇水)에 대한 설명은 "고대 사수는 산동성 비성(肥城)현 남쪽에 있는 강이다. 〈수경주〉에 이르기를 사수는 사구현 동북 대산에서 나와 서남쪽으로 흘러 문양의 밭을 경유한다(참고자료 20)."라고 한다. 즉 창해사수의 땅이란 황하북부 하남성 동쪽과 산동성 서쪽 사이에 있는 발해 근처를 말하는 것이다.

수밀이국은 메소포타미아 문명의 수메르(Sumer)로 현 이라크 지방이다. 염수는 산서성 남부 운성시에 있는 염지(鹽池:解池)를 말하는 것이다. 동이족인 선비족이 중국에 세운 대표적인 왕조에는 북위(北魏), 수나라, 당나라 등이 있다. 단제의 동생이 남선비의 대인이면 그들의 먼 조상이 아니겠는가?

16세 단군 위나 재위 58년

B.C 1583년 구한(九桓)의 여러 한(汗)들이 영고탑에 모여 삼신상제(三神上帝)에게 제사지냈으니 한인, 한웅, 치우 및 단군왕검을 모시었다. 닷새 동안 크게 백성과 더불어 연회를 베풀고 불을 밝혀 밤을 지새우며 경을 외우고 **'마당밟기'**를 하였다. 한쪽은 횃불을 나란히 하고 또 한쪽은 **둥글게 모여 서서 춤을 추며** 애한(愛桓)의 노래를 함께 불렀다.

해설 둥글게 서서 춤을 추는 것은 환무 또는 강강수월래의 원형이 아닌가 한다. 이때 했던 민속놀이인 '마당밟기'가 아직도 전래되고 있다.

17세 단군 여울 재위 68년

B.C 1501년 단제께서 오가와 함께 나라를 돌아보셨는데 **개사성**(蓋斯城)의 근처에 이르니 푸른 도포를 입은 노인이 하례를 드리며 말했다.

해설 개사성은 서북쪽 감숙성에 있는 흉노의 땅이었다(21세 소태단군 참조).

18세 단군 동엄 재위 49년

B.C 1465년 지백특(支伯特 : 티베트) 사람이 와서 특산물을 바쳤다.

19세 단군 구모소 재위 55년

B.C 1412년 남상인(南裳人)이 벼슬을 얻어 조정에 들어왔다.

해설 고 임승국교수는 남장(南掌)인의 오기로 보았다. 남장는 지금의 운남성 외곽에 있던 나라로 섬라국(暹羅國)을 말함이라 했다.

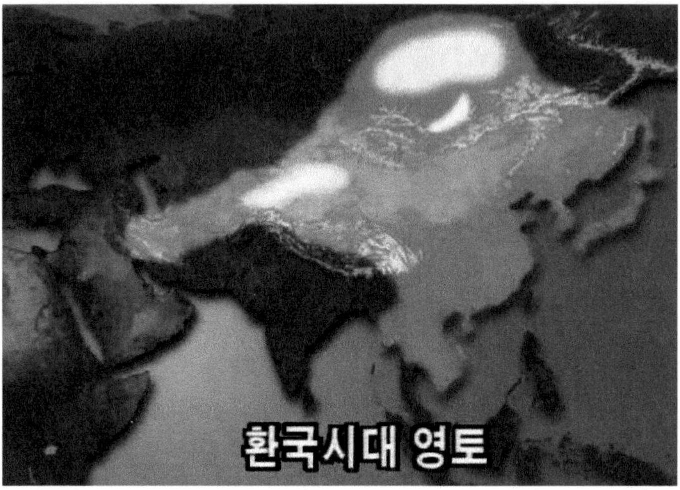

▹ 조선의 강역은 아마 한국의 영토와 거의 같다고 본다. 이렇듯 광활했기 때문에 중국과 일제에게 역사말살을 당한 것이다.

20세 단군 고흘 재위 43년

B.C 1341년 공공(共工)인 공흘이 **구한(九桓)의 지도**를 제작하여 바쳤다.

해설 지금은 전해지지 않는 지도이지만, 아마 섬서성이나 하남성을 제외한 전 중국대륙과 만주와 한반도, 몽고, 시베리아, 티베트와 청해, 중앙아시아와 위구르 및 수밀이국(이라크)이 그려졌을 것으로 보인다.

21세 단군 소태 재위 52년

B.C 1337년 은나라 왕이 사신을 보내 공물을 바쳤다.

B.C 1291년 은나라 왕이 귀방(鬼方)을 쳐 이기고 대군을 이끌고 색도(索度), **영지**(令支) 등의 나라를 침공했으나 우리에게 대패하여

화해를 청하며 조공을 바쳤다.

B.C 1289년 개사원의 욕살 고등(색불루의 조부)이 많은 군대를 손에 넣고 서북의 땅을 차지하고는 **우현왕**(右賢王)으로 임명해 줄 것을 청했다. 이를 위태롭게 여겨 처음엔 허락하지 않다가 마침내 이를 허락해 두막루라 부르게 하였다. 마한이 토벌하려 했다가 단제께서 고등을 용서하여 우현왕으로 삼았다기에 중단하였다.

B.C 1286년 고등이 죽자 손자인 색불루가 세습하여 우현왕이 되었다. 단제께서 서우여에게 제위를 전하려 하자 색불루가 중지케 하였으나 단제께서 듣지 않았다. 이에 우현왕은 주변 사람들과 수천의 사냥족을 이끌고 부여의 신궁에서 즉위하였다. 단제께서 어쩔 수 없어 국보를 전하고는 은퇴하여 마침내 붕어하셨다. 마한이 군사를 이끌고 나갔으나 해성(海城)에서 싸웠는데 지고는 돌아오지 못했다.

이 해에 고죽군(孤竹君)의 자손인 백이·숙제가 나라를 버리고 **동해**(발해)의 해변가에 살며 혼자 살아갔다.

▷ 빈·기와 귀방은 서안의 서쪽과 서북쪽, 영지는 산서성 남부 영제시 일대, 발해는 하남성 동쪽 대야택. 은나라 왕이 단군조선의 영토였던 영지를 쳐들어왔으나 대패하고 물러갔다.

해설 〈중국고대지명대사전〉에서 귀방에 대한 설명은 5군데가 있는데, 그 중 ①은 서융으로 지금의 청해와의 경계로 은 무정왕이 서융과 귀방을 정벌했다. ⑤는 적인으로 은·주 때 섬서성 서북일대이다. 이 두 설명은 거의 같은 곳으로 13세 흘달단군 때 점령한 섬서성 서안 서쪽 빈과 기(邠, 岐)의 땅이다(참고자료 21).

은나라 왕이 침범한 영지(令支)는 〈한서지리지〉에서 유주의 요서군에 속한 현으로 지금의 산서성 남부 운성시의 서부인 영제(永濟)시 일대라는 사실이 고죽국의 두 왕자 백이·숙제의 묘가 황하 굴곡 지점에서 발견됨으로써 입증되었다(참고자료 1). 그리고 백이·숙제가 고죽국을 떠나 살았던 지역은 동해 즉 발해 근처였기 때문에 쿠데타를 일으켜 은나라 도읍인 조가(하남성 위휘현)로 쳐들어가는 주무왕의 말고삐를 잡고 간언을 할 수 있었던 것이고, 강태공이 그런 백이·숙제를 알아보고는 목숨을 구해줄 수 있었던 것이다.

좌현왕 우현왕은 흉노 즉 조선의 직책으로 백제에서도 본받은 제도이다. 서우여에게 제위를 물려주려던 소태단군에게 우현왕 색불루가 반기를 들게 되고, 결국 쿠데타를 성공시키자 아예 보위를 넘겨받아 22대 단군으로 등극한다. 이때가 단군조선이 군사적으로 가장 강력한 때가 아닌가 한다. 근세조선의 많은 책에서 단군의 수명을 1,048세로 언급한 근거는 색불루에게 보위가 넘어가는 해가 B.C 1286년으로 단군왕검이 건국한 B.C 2333년으로부터 1,048년 되는 해이기 때문이다. 색불루단군 이후의 단군조선은 근세조선의 유학자들에 의해 허구의 나라인 기자조선으로 대체된다.

22세 단군 색불루 재위 48년

삼한을 삼조선으로 바꿔 부르게 했다. 진(眞)조선은 진한으로 천왕이 직접 통치했고, 여원홍이 마한이 되어 막(莫)조선을 통치했고,

서우여를 번한으로 임명하여 번(番)조선을 통치하도록 했다. 이것이 진국(辰國)으로 단군조선이라 한다.

B.C 1285년 은나라 서울을 격파하고 곧 화친했다가 또 싸워 이를 쳐부수었다. 이듬해 2월 이들을 추격하여 **황하 주변**에서 승전의 축하를 받고 변한(弁韓)의 백성들을 **회·대**(淮岱)지방으로 옮겨 살게 하니 나라의 위세가 떨쳐졌다.

B.C 1266년 람국(藍國)이 매우 강성하여 **고죽군**(孤竹君)과 더불어 여러 적들을 쫓고 남으로 이동하니 은나라 땅과 가까웠다. 이에 병사를 나눠 진격하여 **빈·기**(邠·岐)에 웅거하도록 하면서 나라를 여(黎)라 칭하고 서융과 함께 은나라 제후들 사이를 차지하고 있도록 했으니 황제의 교화가 멀리 항산(恒山) 이남에까지 미치게 되었다.

해설 〈태백일사〉의 기록에 따르면, 전임 소태단군에 의해 보위에 오를 뻔했던 서우여는 색불루가 단군으로 즉위하자 폐서인이 된다. 이에 불만을 품고 좌원에서 군대를 일으키자 색불루단군이 다른 장수를 보내 토벌하려 했으나 실패한다. 결국 색불루단군이 직접 정벌하러 가서 먼저 사람을 보내 비왕에 봉할 것을 약속하며 설득하니 서우여가 이에 따랐다고 한다. 근세조선의 사대주의자들은 기자조선을 합리화시키기 위해 색불루단군에 의해 번조선의 왕이 되는 서우여를 기자(箕子)와 동일인으로 말하고 있으나 별개의 인물임이 확실하다. 왜냐하면 서우여의 활동 시기가 기자보다 150년 정도 빠르기 때문이다.

은나라 도읍인 조가(朝歌)는 황하북부 하남성 위휘현에 있었기 때문에 조선이 은나라와 싸워 황하 주변에서 승전의 축하를 받았다는 기록이 남은 것이다. 변한의 백성들이 옮겨간 회·대 지방은 황하 남부 하남성으로 보인다. 그리고 백이·숙제의 나라인 고죽국(孤竹國)은 산서성 남부 운성시의 서부 영제시 일대에 있었다. 이곳과 하남성에 있는 은나라 땅과는 그다지 멀지 않다. 중국학자들은 이러한 고죽국을 은나라의 제후국으로 보고 있으나 이는 어불성설로 위 기록을 보더라도 고죽국은 명백한 단군조선의 제후국임을 알 수 있다.

▷ 고죽국의 위치와 조선의 빈·기 점령. 당시 조선이 산서성에 있었기에 가능한 기록이다.

또 섬서성 빈·기 땅을 점령하고는 이번에는 아예 여(黎)라는 나라까지 세운다. 이때가 중국이 가장 위축되었을 때로 황하변 하남성 어딘가에 숨어서 숨도 제대로 쉬지 못할 때로 보인다. 이 기록은 사마천의 〈사기〉에 다음과 같이 기록되어 있다. "(당시 빈 땅에) 고공단부가 살고 있었는데, 훈육(熏育)과 융적(戎狄)이 쳐들어와 그에게 재물과 땅을 요구하고 땅과 백성들을 차지하려 하였다. 이에 백성들은 융적에 맞서 싸우자고 하였으나 고공단부는 백성들을 희생시킬 수 없다면서 기산(岐山) 기슭으로 옮겨가자 백성들 역시 그를 따라 기산으로 모였다." 고공단부(古公亶父)가 옮겨간 기산이 섬서성 서안 서쪽에 있는 기(岐) 땅이다.

또한 〈사기〉에 따르면 "주나라를 세운 문왕 서백창은 영토를 넓히기 위해 서쪽에 있는 견융(犬戎)과 밀수국(密須國)과 기국(耆國)을 정벌하였다."고 기록되어 있는데, 여기서의 기국(耆國)이 바로 여국(黎國)이라는 근거는 〈사기 주본기 정의〉에 명확하게 기록되어 있다. 그런데 맹자의 〈이루장구 하〉에 따르면 "문왕(서백창)은 기주(岐周)에서 태어나고 필영(畢郢)에서 돌아가셨으니 서이(西夷) 사람이다(文王生於岐周 卒於畢郢 西夷之人也)."라고 기록되어 있어 주나라를 세운 문왕도 우리 민족 즉 단군의 후예라는 사실을 알 수 있다. 따라서 위 〈사기〉의 기록처럼 주나라가 기국(여국)을 정벌한 것이 아니라, 여국에서 주나라를 세운 것으로 보아야 마땅할 것이다.

23세 단군 아홀 재위 76년

B.C 1237년 숙부 고불가에게 낙랑골(樂浪忽)을 통치하도록 명령했다. 웅갈손을 보내 람국의 왕과 함께 남쪽을 정벌한 군대가 은나라 땅에 여섯 읍을 설치하는 것을 살펴보게 하였는데 은나라 사람들이 서로 싸우면서 결판을 보지 못하니 마침내 병력을 진격시켜 공격하여 쳐부수었다.

B.C 1236년 람국(藍國), 청구(靑邱), 구려(句麗)의 **임금들이 회합하여** 몽고리의 병력과 합쳐 은나라의 성책을 부수고 깊숙이 오지로 들어가 **회·대**(淮岱)의 땅을 평정하더니 엄(淹)과 서(徐)와 회(淮) 땅에 각각 제후를 봉하니 은나라 사람들은 우리의 위세를 우러러보며 두려워하여 감히 접근하지 못했다.

해설 낙랑골은 황하북부 하남성의 서쪽으로 산서성 남부도 일부 포함된다. 이는 명나라 〈대명일통지〉의 기록을 봐도 알 수 있다. "군명은 고죽이 옛 이름이요. 북평군은 진나라 때 이름이며, 노룡군은 위나라 때 이름이다. 북연 때에는 평주와 낙랑으로 나누어 부르더니, 북위 때에는 낙랑의 이름을 바꿔 북평군이라 했다(郡名孤竹爲古名 北平爲秦名 盧龍爲魏名 北燕平州及樂浪郡 北魏改樂浪爲北平郡)." 그리고 〈한서지리지〉에 북평군과 낙랑군은 유주(幽州)에 속한 군으로 기록되어 있으며, 고죽은 유주의 요서군으로 산서성 영제시 일대를 말하는 것이다.

조선은 람국, 청구, 구려의 여러 임금을 거느렸으니 단군은 연방대제국의 황제였다. 문맥상 단군조선이 은나라의 땅을 빼앗아 제후로 봉한 것으로 보아 회·대와 엄(淹), 서(徐), 회(淮) 땅은 황하와 양자강 사이를 흐르는 큰 강인 회수와 황하 사이에 있는 하남성 일대를 말하는 것으로 보인다. 그렇게 판단하는 근거로는 은나라의 도읍인 조가(朝歌)가 황하북쪽 하남성에 있고, 맹자의 〈공손축장구 상(公孫丑章句 上)〉에 "하, 은, 주나라의 전성기에도 땅이 천리를 넘은 적이 없다(夏后殷周之盛地未有過千里者也)."라는 기록이 있기 때문이다. 따라서 한 때 은나라 땅이기도 했던 엄, 서, 회와 회·대는 산동성이 아니라 황하남부 하남성 일대인 것이다. 그리고 은나라는 주 무왕의 쿠데타 때문에 망한 것으로 알려져 있으나, 위 기록에 따르면 은나라 말기 이미 단군조선에게 심하게 유린을 당한데다가 거의 대부분의 땅을 빼앗겨 껍데기만 남아 있는 상태라는 것을 알 수 있다.

25세 단군 솔나 재위 88년

B.C 1114년 기자가 **서화**(西華)에 옮겨가 있으면서 인사 받는 일도 사절했다.

해설 지도에서 기자가 살던 서화를 찾으면 지금의 하남성 주구(周口)시의 서화현으로 나온다. 그런데 이 지명 역시 이동된 것으로 보이는 이유는 수양제와 당태종이 고구려를 침공할 때 다음과 같이 한 말이 있기 때문이다. 〈수서 배구전(裴矩傳)〉에 이르기를, "고구려는 본시 고죽국

(孤竹國)인데, 주(周)나라가 여기에 기자(箕子)를 봉하였더니, 한(漢)에 이르러서 사군(四郡)으로 나누었다."는 기록이 있다. 즉 기자를 봉한 땅이 고죽과 가까웠고 그곳이 고구려의 땅이며 한사군의 땅으로 산서성 남부 또는 황하북부 하남성 서부이다. 이렇듯 기자가 살던 땅 서화와 봉해진 땅이 서로 다르다는 것은 참으로 이상한 일이다.

게다가 〈수경주(水經注)〉에 "기자의 무덤은 양나라 몽현(梁國蒙縣)에 있다."라고 했는데 현 지명 몽현은 안휘성에 있고 〈중국역사지도집〉에는 황하남부 하남성 상구시로 되어 있다. 기자는 단군조선으로 망명한 인물이므로 그가 살던 서화와 그의 묘가 있는 몽현은 단군조선의 땅으로 보아야 하며, 그가 봉해졌다는 땅과도 가까워야 할 것이다. 따라서 서화(西華)와 몽현(蒙縣)이라는 고대지명이 어디인지는 좀더 연구되어야 할 것이다.

▷ 낙랑은 산서성과 하남성이 만나는 일대, 은나라 도읍이 북부 하남성이므로 회·대와 엄·서·회 땅은 중국이 비정한 산동성 동쪽이 아니라 황하남부 하남성으로 보인다. 기자와 관련 있는 서화와 몽현은 원래 낙랑부근에 있어야 옳은데 지명이동(?)된 것으로 보인다.

여하튼 근세조선의 유학자들이 허구의 기자조선을 합리화시키기 위해 대동강 평양에 기자의 무덤까지 만들었다는 것은 사대모화주의에 중독된 역사왜곡의 극치를 보여주는 것이라 할 수 있다. 허구의 기자조선이 나온 이유는 사마천이 쓴 〈사기 송미자세가〉에 "이에 무왕은 기자를 조선에 봉하고 신하로 삼지 않았다(於是武王乃封箕子於朝鮮而不臣)."라는 앞뒤가 맞지 않는 묘한 기록이 있기 때문이다. 은나라를 멸한 주 무왕이 기자에게 은나라가 멸망한 이유에 대해 묻자 은나라 왕족이었던 기자는 직답하기가 곤란해 대신 홍범구주(洪範九疇)에 대해 설명한다. 그 말을 들은 주 무왕이 기자를 조선으로 봉했다고 기록되어 있다.

기자는 인륜을 저버리고 은나라를 멸한 주 무왕이 싫어 조선으로 망명을 한 현인(賢人)이다. 정치가도 군인도 아닌 기자가 기자조선이란 나라를 세웠다는 것은 후세 사대주의 유학자들의 붓장난인 것이다. 만일 기자가 단군조선을 멸하고 기자조선을 세웠다면 이는 당연히 주 본기(周本記)에 실려야 할 엄청난 대사건이다. 그러나 별책 부록인 〈송미자세가〉에 주 무왕이 기자를 조선에 봉했다고 슬쩍 언급되어 있는 이유는 사마천이 처음부터 역사왜곡을 했든가 아니면 후세에 누군가가 원문을 슬쩍 고친 것이 아닌가 한다.

▷ 근세조선왕조가 대동강 평양에 만들어 놓은 기자묘는 양나라 땅 몽현이어야 한다. 평양이 양나라 땅이란 말인가? 역사왜곡의 극치를 보여주는 유적이다.

27세 단군 두밀 재위 28년

B.C 997년 천해(天海)의 물이 넘쳐 아란산이 무너졌다. 이 해에 **수밀이국**, 양운국, 구다천국이 모두 사신을 보내 특산물을 바쳤다.
B.C 990년 큰 가뭄 뒤에 큰 비가 쏟아져 백성들의 수확이 없어 단제께서 명을 내려 창고를 열어 널리 나누어주도록 하였다.

해설 대부분의 학자들은 천해를 시베리아에 있는 바이칼호수로 해석하고 있는데, 우리 민족의 천해는 산서성 태원 북쪽에 있는 압록수(분하)의 발원지이며 조선의 북해(北海)라고도 불린 분원천지(汾源天池)를 말하는 것으로 보인다. 여러 나라들이 사신을 보내 특산물을 바쳤다는 것은 단군조선이 연방대제국의 황제국임을 의미하는 것이다.

30세 단군 내휴 재위 35년

청구(靑邱)의 다스림을 둘러보시고 돌에 치우천왕의 공덕을 새겼다. 서쪽으로 엄독홀(奄瀆忽)에 이르러 **제후국의 여러 한**(汗)들과 만난 후 병사들을 사열하고는 하늘에 제사지내고 주나라 사람과도 수교를 맺었다.

해설 치우천왕의 능은 산동성 동평현에 있는데 발해가 있는 산동성 서쪽이다. 그 서쪽인 엄독홀은 엄 땅으로 황하 남부 하남성에 있다.

단군조선은 여러 제후들을 거느렸고 하늘에 제사지냈으니 당연히 천제국(天帝國)이었다.

35세 단군 사벌 재위 88년

B.C 767년 황충의 피해가 있었다.
B.C 723년 장군 안파불합을 보내 해상(海上)의 **웅습**(熊襲)을 평정하였다.

B.C 707년 단제께서 조을을 파견하여 **연나라 도읍**을 돌파하고 **제나라** 군사와 임치(臨淄)에서 싸워 이겼음을 알려왔다.

해설 메뚜기떼(황충)의 피해가 있었다는 것은 단군조선이 대륙에 있었다는 의미이다.

해상의 웅습을 일본열도의 구마모토(熊本)로 해석하는 학자도 있는데 단군조선과 일본열도는 역사적으로 직접 관련이 없다. 아마 발해에 있던 섬으로 보인다.

전국 7웅 중 가장 북쪽에 있으면서 약소국에 속했던 연나라의 도읍은 연경(燕京)이다. 중국은 "燕京汾出(연경은 분하가 나오는 곳)"이라는 기록을 근거로 분하의 출발지인 산서성 태원 북쪽에 있는 흔주(忻州)시를 연나라의 도읍이라고도 한다. 그러나 여기서의 연경은 연나라의 도읍이 아니라 분하의 출발지인 산서성 천지가 있는 연경산(燕京山)을 나타내는 것이다. 또는 다음과 같이 다르게 해석할 수도 있다. 고대 분하에 대한 〈중국고대지명대사전〉의 설명은 다음과 같이 황하남부 하남성에 있던 분하를 말하는 것이다. "분하: 하남 상수현 서쪽에서 나와 용정성으로 동류해 심구현 서쪽의 과하로 들어간다. 분수는 옛 분하이다(汾河：源出河南商水县西，东流龙项城至沈丘县西入濄河. 汾水亦曰汾河)." 따라서 원래 연나라의 도읍은 하남성 상수현 서쪽에 있어야 함에도 불구하고 현 북경을 연경이라 부르는 것은 명백한 역사왜곡인 것이다. 연나라는 약 500년 후 황하 북쪽에 있는 패수를 경계로 번조선과 대치했다는 것을 보더라도 연나라의 위치는 하남성이지 현 북경이 아니라는 것을 알 수 있다.

중국에서는 주나라의 시대가 끝나고 사분오열의 춘추전국시대로 접어들었다. 연나라와 제나라와 관련된 위 기록은 〈사기〉에도 언급되어 있는데, 조선을 북융(北戎), 산융(山戎), 동호(東胡), 흉노(匈

奴), 숙신(肅愼) 등으로 표현하고 있다. 그리고 조선이 연나라를 넘어 제나라를 공격했다는 기록은 조선과 제나라가 국경을 직접 맞대지 않았음을 의미하는 것이다. 중국은 제나라가 산동성에 있었다고 주장하고 있으나 이는 명백한 역사왜곡이다. 제나라는 강태공이 주무왕의 제후로 영구(營丘)에 봉해진 땅으로 그곳은 황하북부 하남성 위휘현(衛輝縣) 일대이다. 다음은 <중국백과사전>의 자료이다. "강태공의 고향은 하남성 신향시 위휘현 서북 12Km에 있다. B.C 1210년 음력 8월 초삼일 위휘현 태공천진 여촌에서 태어났다. <죽서기년>에 따르면, 강태공의 서거는 주 강왕 6년 10월 20일로 139세였다. 장례는 위휘현 태공촌에서 치렀다. 지금의 태공촌 경내에는 강태공묘, 강태공 사당, 강태공여망표 등이 있다(참고자료 22)." 그곳에 있는 강태공의 묘를 보면 제나라가 어디 있었는지 확실히 알 수 있다.

또한 강태공은 <사기>에 동해군(東海郡) 사람으로 기록되어있다. 동해군의 치소는 지금의 하남성 범현(范縣)에 있었으며, 강태공의 고향인 하남성 신향시 위휘현도 동해군에 속해 있었다. 여기서의 동해는 바로 산동성과 하남성 경계에 있는 대야택 즉 발해(渤海)이며, 당시 <사기>에 기록된 제나라의 동쪽 경계 역시 동해(발해)로 제나라의 활동 무대는 하남성이었다. 그런 제나라가 산동성에 있었다는 것은 명백한 역사왜곡인 것이다. 제나라의 종주국인 주나라의 영토에 대해 맹자가 "하나라와 은나라와 주나라가 융성했을 때의 강역도 일천리가 넘지 않았다(夏后殷周之盛地未過千里者也)."고 말했다. 당시 종주국인 주나라의 도읍은 섬서성 서안이었는데 어떻게 대야택(= 발해 = 동해) 건너 산동성이 제후인 제나라의 영토가 될 수 있단 말인가! 역사왜곡인가? 아니면 맹자의 말이 틀렸단 말인가? 둘 중 하나일 것이다.

▷ 하남성 위휘현에 있는 강태공의 묘. 제나라는 이곳에 있던 나라였다. 그런 제나라가 산동성에 있었다는 것은 지명이동을 통한 역사왜곡이다.

강태공의 고향인 황하북부 하남성 신향시 위휘현에는 또 하나의 유명한 역사유적이 있는데, 그것은 바로 진시황 만리장성의 민간설화로 유명한 맹강녀곡장성(孟姜女哭長城)이다. 중국은 위휘현에 있는 맹강녀의 사당을 하북성 진황도시 산해관에 옮겨 놓았는데 이는 산해관장성이 진시황의 만리장성이라는 말도 안 되는 역사왜곡을 하기 위함이다. 진시황 때 쌓았다는 장성은 주로 연나라 장성과 제나라 장성을 보수하여 연결한 것이다. 그 제나라 장성을 쌓는 공사장에 맹강녀의 남편이 노역에 동원된다. 멀리 고향(서안)에서 노역장을 찾은 맹강녀는 장성 안에서 남편의 시신을 발견하고는 대성통곡을 하고 만다. 마침 진시황이 지나가다가 맹강녀의 울음소리를 듣고 달랜 후 장사를 후히 치르게 하고, 맹강녀의 미모에 반한 진시황이 청혼을 하나 맹강녀는 거절하고 높은 산에서 떨어져 죽었다고 하는데 그 장성이 바로 강태공의 고향인 하남성 위휘현에 있다. 게다가 맹강녀의 이름을 딴 맹강녀하(孟姜女河)가 황하북부 하남성 위휘현 근처를 흐르고 있다. 이것만 보아도 제나라는 황하북부 하남성에 있던 나라라는 것을 쉽게 알 수 있다. 그런 제나라가 어떻게 지금의 산동성 임치에 도읍을 둘 수 있단 말인가! 역사왜곡의 도가 지나치다 하겠다.

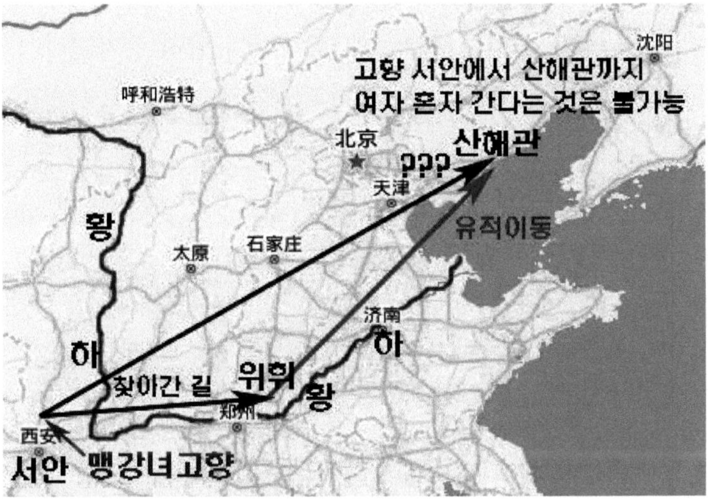

▹ 맹강녀의 슬픈 전설이 있는 제장성은 원래 하남성 위휘현에 있었는데, 중국은 역사왜곡을 위해 하북성 진황도시 산해관으로 옮긴다.

Baidu百科

新闻 网页 贴吧 知道 MP3 图片 视频 **百科**

孟姜女河 | 进入词条 | 搜索词条 | 帮助 设置

首页 自然 文化 地理 历史 生活 社会 艺术 人物 经济 科学 体育

孟姜女河

编辑词条

清代前期有一条孟姜女河，起新乡西南，东北经延津至汲县(就是现在的卫辉)入卫河；每当天雨时有水，否则仅有其形。《卫辉府志》作为沁河故道载入古迹田.民间有流传此河就是孟姜女想夫哭出来的传说.

▹ 제장성과 관련있는 맹강녀하는 황하북부 하남성 신향시에서 시작하여 위휘시에서 위하로 들어가는 강이다. 〈위휘부지〉에 따르면 맹강녀가 남편을 생각하며 통곡하는 전설이 나온 곳이라고 기술되어 있다.

36세 단군 매륵 재위 58년

B.C 667년 협야후 배반명을 보내어 바다의 도적을 토벌케 하였다. 12월에 삼도가 모두 평정되었다(왜의 기원).

B.C 653년 병력을 보내 수유(須臾)의 군대와 함께 연나라를 정벌하였다. 이를 연(燕)나라 사람이 제(齊)나라에 알리니 제나라가 **고죽**(孤竹)에 쳐들어 왔는데 이기지 못하고 화해를 구걸하고는 물러갔다.

해설 일본의 조상인 왜의 기원이 나온다. 여기서의 바다와 삼도는 지금의 일본 열도가 아니라 황하 또는 발해 주변으로 보인다. 3세 가륵단군 때 기록인 "B.C 2173년 추장 소시머리(牛首國)의 반란을 정벌. 그 후손 협야노(陜野奴)라는 자가 바다로 도망쳐 삼도에 웅거하며 스스로 천왕이라 칭했다."가 이 기록과 유사해 가지마 노보로는 <한단고기>로 인해 일본의 기원이 1,500년 정도 앞당겨질 수 있다고 했다.

수유(須臾)는 기자의 휘(諱)로 그가 살았던 지역을 의미하기도 한다. 기자가 살았고 그 후손들이 수유후(須臾候)로 있던 지역은 산서성 최남부 또는 황하북부 하남성 서쪽 일대이다. 왜냐하면 배구가 수양제에게 "고려(고구려)는 본시 고죽국(孤竹國)인데, 주(周)가 여기에 기자(箕子)를 봉하였더니, 한(漢)에 이르러서 사군(四郡)으로 나누었습니다."라고 고했는데, 기자의 봉지이며 백이·숙제의 나라인 고죽국의 땅이 산서성 남부 운성시의 서부 영제시 일대이기 때문이다.

위 〈단군세기〉의 기록은 〈사기〉에도 같은 내용이 기록되어 있어 그 신빙성을 더해주고 있다. "제나라 환공 23년에 북방의 만족(蠻族)인 산융(山戎)이 연나라를 침공하자 연나라는 곧 제나라에게 구원을 요청해왔고 그것을 응낙한 환공은 연나라에 출병하여 멀리 만족을 고죽(孤竹) 땅까지 몰아내고는 군사를 돌렸다." 여기서의 만족과 산융은 바로 단군조선을 의미하는 것이다. 또한 <사기>의 기록에 제나라 환공은 여러 나라들의 회맹(會盟)을 주도하며 다음과 같이 말한다. "나는 이미 남으로 소능(召陵)까지 원정하여 웅산(熊山)을 보았고, 북으로는 산융(山戎), 이지(離枝), 고죽(孤竹)까지 토벌했다. 서쪽으로는 대하(大夏)를 토벌코자 사막을 넘어간 일도 있었다." 즉 당시 제나라의 북쪽은 고죽으로 지금의 산서성 남부 운성(運城)시의 서부인 영제시 일대이며, 남쪽인 소능은 지금의 하남성 鄭州(정주)시 밑에 있는 탑하(漯河)시이다. 이처럼 제나라는 황하변 하남성 주변에 있던 나라였음이 명백하게 밝혀졌음에도 중국은 제나라가 산동성에 있었다는 어불성설의 역사왜곡을 계속하고 있다.

번조선과 연나라가 관련된 <삼국지 위략>의 기록에 연나라의 위상을 읽을 수 있는 대목이 있다. "주나라가 쇠락하자 **연나라가 자신을 높여 스스로 왕이라 칭하며** 동쪽을 공략하려는 것을 조선후가 보고는 조선후 역시 왕을 칭하며 연나라를 치고 주 왕실을 존중하려 하였다. 그러나 대부 예가 간하여 이를 중지시켰다(朝鮮候見周衰燕自尊爲王欲東略地 朝鮮候亦自稱爲王欲與兵亦擊燕以尊周室 其大夫禮諫之乃止)." 여기서의 조선후는 단군조선의 제후인 번조선을 다스리는 왕을 말하는 것이다.

37세 단군 마물 재위 56년

B.C 591년 단제께서 남쪽을 둘러보시다가 **기수**(淇水)에 이르러 붕어하셨다.

해설 <중국고대지명대사전>에서의 기수에 대한 설명은 "기수 : 하남성 임현 동남쪽 임기진에서 나와 동북쪽으로 흘러 기양을 경유해 석하와 만나고, 꺾어져 동남쪽으로 흐르다 탕음을 경유해 기현까지 흐르다 위하로 들어가는 강이다(淇水：源出河南林县东南临淇镇, 东北流经淇阳合淅河, 折东南流, 经汤阴至淇县, 入卫河)."리고 되이있어 기수는 황하 북부 하남성에 있는 강이다. 마물단군께서 기수에서 돌아가시고 여기가 조선의 남쪽이라 했으니 당시 단군조선의 남쪽 경계는 위하임에 틀림없다고 하겠다.

▷ 기수가 지나가는 임현, 탕음, 기현 등은 황하북부 하남성에 있는 지명이다.

43세 단군 물리 재위 36년

B.C 426년 우화충이 장군을 자칭하며 병사 수만을 모아 **서북 36군**을 함락시켰다. 단제는 병력을 파견했으나 이기지 못했으며 겨울이 되자 도적들이 도성을 에워싸고 급하게 공격했다. 단제는 종묘사직의 신주를 받들어 모시고 배를 타고 피난하였으나 얼마 후 돌아가셨다. 이 해에 욕살 구물이 어명으로 군대를 일으켜 먼저 **장당경**(藏唐京)을 점령하니 **동서의 압록 18성**이 모두 병력을 보내 원조했다.

해설 도성까지 점령당할 정도의 엄청난 군사반란이 일어난 것으로 보인다. 여기서 서북 36군이라 함은 흉노의 땅인 감숙성 일대로 보인다.

장당경은 제요도당(帝堯陶唐) 요임금의 도읍이었던 평양(平陽) 즉 산서성 임분을 말함이다. 동서의 압록이란, 압록수(분하)의 좌우에 있는 18개 성으로 보인다.

44세 단군 구물 재위 29년

B.C 425년 큰 물이 도성을 휩쓸어 버리니 적병들은 큰 혼란에 빠졌다. 단제께서 만명의 군사를 이끌고 가서 정벌하니 저절로 괴멸되어 마침내 우화충을 죽였다. 이에 구물이 여러 장수들의 추대를 받아 3월 16일 하늘에 제사지내고 장당경에서 즉위하였다. 나라 이름을 **대부여**(大扶餘)라 하고 삼한(三韓)을 **삼조선**(三朝鮮)으로 바꿔 불렀다. 삼조선은 단군을 모시어 통치받기는 했으나 전쟁의 권한에 있어서는 한분에게 맡기지 않았다. 7월 해성(海城)을 개축하여 평양으로 부르도록 하고 이궁을 짓도록 하였다.

B.C 424년 예관이 청하여 **삼신영고**(三神迎鼓)의 제사를 지냈다. 곧 3월 16일이었는데 단제께서 친히 행차하여 경배하니 첫 번째 절에 세 번 머리를 조아리고 두 번째 절에 여섯 번 머리를 조아리고 세 번째 절에 아홉 번 머리를 숙여 예를 올리는데 백관을 거느리고는 특별히 열 번 머리를 조아렸다. 이를 **삼육의 대례**(三六大禮)라고 한다.

B.C 409년 감찰관을 각 주와 군에 파견하여 백성들을 살펴보아 효도를 잘하는 자와 청렴결백한 관리를 천거하도록 하였다(암행어사 제도의 원형).

▷ 대부여가 장당경으로 도읍을 옮김으로서 드디어 삼국의 원조가 되는 삼한이 정해진다. 이 삼한을 한반도 남부로 본 것이 식민사학이다.

해설 43대 물리단군의 뒤를 이어 욕살이었던 구물이 장수들의 추대로 보위에 오르게 된다. 임금의 혈통이 바뀌다 보니 나라의 이름뿐 아니라 삼한 즉 진한, 마한, 번한을 삼조선 즉 진조선, 마조선, 번조선으로 바꿔 부르게 했다.

〈삼국유사〉에서 단군의 수명을 1,908세로 기록한 이유는 B.C 2333년 단군왕검에 의해 건국된 조선이 B.C 425년 구물단군에 의해 대부여로 국호가 바뀐 것을 마치 조선이 없어진 것으로 여겨 단군의 수명을 1,908세라 한 것이다.

우리 민족의 제천의식의 하나인 부여의 영고가 언급되고 있다. 단군조선이 신화라는 이유로 우리 역사를 삼국시대부터로 보는 식민사학자들은 영고를 (동)부여의 제천의식으로 말하고 있으나, 영고는 대부여(단군조선) 때의 제천의식이었다. 삼육의 대례란 천제를 지낼 때 하는 예법인데 절하는 것은 배(拜)라 하며, 머리를 조아리는 것을 고(叩)라 한다.

45세 단군 여루 재위 55년

B.C 380년 연나라 사람이 변방을 침범해 이를 쳐부수었다.

B.C 365년 연나라가 쳐들어와 요서(遼西)를 함락시키고 운장(雲障)에 육박해왔다. 번조선이 이를 막고 진조선과 막조선도 군대를 보내어 구원하여 공격하더니 연나라와 제나라의 군사를 오도하(五道河)에서 쳐부수고 요서의 여러 성을 남김없이 되찾았다.

B.C 350년 북막의 추장이 찾아와 말 200필을 바치고 함께 연나라를 칠 것을 청했다. 번조선의 장수가 병력 만 명을 이끌고 합세하여 연나라의 **상곡**(上谷)을 공격하고 성읍을 쌓게 하였다.

B.C 343년 상곡의 전투 이후 매년 쳐들어오던 연나라가 이때에 이르러 사신을 보내 화해를 청하므로 허락하고는 **조양**(造陽)의 서쪽을 연나라와의 경계로 삼았다.

해설 〈한서지리지〉와 〈사기〉에 "樂浪有雲障"는 기록이 있어 낙랑에 운장이 있다는 것을 알 수 있는데, 요서는 산서성 남부 운성시의 서부 영제시 일대이고, 낙랑은 산서성과 황하북부 하남성과의 경계지역이다. 〈한서지리지〉의 기록에 상곡은 요동, 요서, 우북평, 어양, 낙랑, 현토 등과 함께 유주에 속한 군이므로 산서성 남부와 황하북부 하남성 일대에서 찾아야 한다. 〈중국고대지명대사전〉에서의 설명에 따라 조양이 상곡군에 속한 지명임을 알 수 있다. "조양: 전국시대 연나라 성읍으로 〈사기 연세가〉에 연나라가 장성을 조양에서 양평까지 쌓았다. 위소가 전하길 땅은 상곡에 있고 한나라 상곡군의 치소였다."고 되어 있다(참고자료 23).

▷ 진시황이 쌓은 장성은 연장성과 제장성을 보수 연결한 것으로 유주에 있었다. 진개가 쌓은 연장성이 유주의 지명을 지키기 위한 것임을 보아도 알 수 있다.

이천년 가량 이어온 단군조선(대부여)의 국력이 약해지다 보니 연나라가 자주 쳐들어왔다. 〈사기 흉노열전〉의 기록에 "연나라 장수 진개가 동호를 격파하자 동호가 천여 리를 물러났다. 연나라가 북쪽에 장성을 쌓았는데 조양(상곡)에서 양평(요동)까지로, 상곡 어양 우북평 요서 요동군을 동호로부터 지켰다(燕将秦开袭破东胡, 东胡却千余里, 燕亦筑长城, 自造阳至襄平, 置上谷, 渔阳, 右北平, 辽西, 辽东郡以拒胡)."라는 기록이 있는데, 유주에 속한 군들의 명칭이 나오는 것으로 보아 연나라 장성은 유주 즉 산서성 남부에 쌓은 장성이라는 것을 쉽게 알 수 있다. 참고로 진개가 쌓은 연나라 장성은 이 때 쌓은 장성이 아니라 약 100년 후에 쌓는 장성이다. 그리고 이 연나라 장성을 보수하여 제나라의 장성과 연결한 것이 진시황이 쌓은 진나라 장성인 것이다.

46세 단군 보을 재위 46년

B.C 341년 번조선 왕이 연나라 자객에게 시해 당하자 오가가 다투어 일어났다.

B.C 323년 정월 기후(箕詡)가 병력을 이끌고 입궁하여 **자칭 번조선 왕**이라 칭하고 윤허를 구하기에 이를 허락하시고 굳게 연나라에 대비토록 하였다.

B.C 304년 도성에 큰 불이 일어나 다 타버리니 단제께서 해성 이궁으로 피난했다.

B.C 296년 한개가 수유의 군대를 이끌고 궁궐을 침범하여 **스스로 왕이 되려 하니** 대장군 고열가가 의병을 일으켜 이를 진압했다. 단제께서 도읍으로 돌아와 대사령을 내리셨는데 이때부터 나라의 힘이 매우 약해져 비용도 제대로 쓸 수 없었다. 단제께서 후사 없이 붕어하자 고열가가 43세 물리단군의 현손(고손자)으로 대중들의 사랑을 받아 추대받기도 하였고 또 공도 있었던지라 마침내 즉위하였다.

해설 이천년 이상 이어 온 단군조선이 폐국(閉國)되기 약 백 년 전의 일로 번조선 왕이 연나라 자객에게 시해당할 정도로 국력이 약해져 있었고, 오가가 다투어 일어났다는 말은 정치와 사회가 무척 혼란해졌음을 의미하는 것이다. 〈태백일사 번한세가〉에 따르면, "B.C 339년 연나라가 쳐들어와 험독에서도 노략질하니 수유인 기후가 오천 명을 데리고 와 싸움을 도왔다. 이에 군세를 떨치기 시작하더니 곧 진한과 번한의 병력과 협격하여 이를 대파하고, 또 군사를 나누어 파견하여 계성의 남쪽에서 싸우려하니 연나라가 두려워하여 사신을 보내 사죄하매 공자(公子)를 인질로 잡았다."는 기록이 있어 기후가 혼란한 세상에 그 이름을 떨치기 시작한다.

기후는 약 천 년 전에 조선으로 망명한 기자(箕子)의 35대 후손이다. 기후가 쿠데타를 일으켜 스스로 번조선왕이라 칭하자 진조선의 단군이 윤허를 내린다. 쿠데타의 적법성 여부보다는 외적인 연나라의 침략에 대비함이 더 중요했던 것으로 보인다. 도성까지 불에 다 타버렸으니 민심이 얼마나 동요했겠는가! 그러다보니 결국 한개가 쿠데타를 일으켜 궁궐까지 점령하자 단제는 도읍을 버리고 피난을 가는 지경에 이른다. 43세 물리단군의 고손자인 대장군 고열가가 쿠데타군을 진압했으나 이미 나라는 말이 아닐 정도로 피폐해져 있었다. 드디어 위대했던 연방대제국 조선(대부여)의 마지막 단제께서 등극한다.

47세 단군 고열가 재위 58년

B.C 282년 단군왕검의 사당(廟)을 백악산(白岳山)에 세우고 유사(有司)에 명을 내려 사시사철 제를 지내게 하고 단제께서도 1년에 한 번 친히 제사를 지냈다.

B.C 256년 동년 겨울 북막의 추장이 군사를 내어 연나라를 정벌할 것을 청하였으나 단제께서 허락하지 않자 이때부터 원망하며 공물을 바치지 않았다.

B.C 239년 해모수(解慕漱)가 웅심산(熊心山)에서 내려와 군대를 일으켰는데 그의 선조는 고리국(槀離國) 사람이었다.

B.C 238년 단제께서는 어질고 순하기만 하고 결단력이 없었으니 명령을 내려도 실행되지 않는 일이 많았고 여러 장수들은 용맹만을 믿고 쉽게 난리를 피웠기 때문에 나라의 살림은 시행되지 않고 백성들의 사기는 날로 떨어졌다.

3월 하늘에 제사지내고 오가들과 의논하여 가로대 "옛 우리 열성조들께서는 나라를 여시고 대통을 이어가실 때 그 덕이 넓고 멀리까지 미쳤으며 오랜 세월동안 잘 다스려졌거늘 이제 왕도는 쇠진되고 여러 왕들이 힘을 다투고 있도다. 짐은 덕 없고 겁 많아 능히 다스리지 못하니 어진 이를 불러서 무마시킬 방책도 없고 백성들도 흩어지니 생각하건데 그대들 오가는 어질고 좋은 사람을 찾아 추대하도록 하라."하고는 옥문을 열어 사형수 이외의 죄수를 모두 돌려보내도록 하였다. 다음날 왕위를 버리고 입산수도 하시어 신선이 되시니 오가(五加)가 나라를 함께 다스리기를 6년이나 하였다.

이보다 앞서 종실의 **해모수**는 몰래 수유와 약속하고 옛 서울을 점령하고는 천왕랑(天王郞)이라 하였다. 수유후 **기비**(箕丕)를 권하여 번조선 왕으로 삼고 상하의 운장을 지키게 하였다. **북부여**의 일어남이 이에서 시작되니 **고구려**는 곧 해모수가 태어난 고향이기 때문에 역시 고구려라 칭하는 바라.

해설 우화충과 한개가 일으킨 정변 때 도읍이 점령당하고, 제후국인 번조선에서도 쿠데타가 일어나고, 북막의 추장조차 자기 건의를 안 들어주었다는 이유로 공물을 끊을 정도로 단제의 위엄이 땅에 떨어졌다. 그러나 "여러 왕들이 힘을 다툰다."는 대목에서 보듯이 조선은 비록 혼란스럽기는 했으나 여전히 여러 제후국을 거느린 천제국(天帝國)임을 알 수 있다. 드디어 천지를 뒤엎는 해모수의 쿠데타가 성공하자 47세 고열가단군은 자의반타의반으로 물러나게 된다. 2,096년간 천하를 지배했던 대제국 단군조선이 드디어 종말을 고하게 된 것이다. 대부여(조선)가 문을 닫고 북부여가 서기까지 6년간 공화정치가 펼쳐졌다. 우리는 흔히 민주주의의 상징인 공화제를 로마에서 처음 시도한 것으로 알고 있으나 단군조선이 먼저였음을 알 수 있는 기록이다.

해모수가 쿠데타를 성공시킨 데에는 번조선왕 기비의 도움이 가장 컸다. 수유후 기비는 46대 보을단군 때 쿠데타를 일으켜 번조선왕이 된 기후의 고손자로 기사의 40대손이다. 번조선의 왕위는 기후로부터 6대에 걸쳐 세습되는데, 기후(箕詡), 기욱(箕煜), 기석(箕釋), 기윤(箕潤), 기비(箕丕), 기준(箕準) 순이다. 이렇게 기자의 먼 후손 6명이 번조선에서 왕을 한 것이 나중에 근세조선왕조에 의해 허구의 기자조선으로 둔갑하게 되는 것이다.

고열가단군이 물러나고 공화제가 실시되었다가 6년 후 다시 해모수가 직접 다스리는 왕권제로 복귀한다. 해모수는 천제의 명칭인 단군(檀君)이라는 칭호를 그대로 사용하여, 한국, 배달국, 조선, 대부여로 이어지는 천제국의 정통성을 그대로 유지하게 된다. 단지 임금의 혈통이 바뀌다보니 나라 이름이 대부여(大夫餘)에서 북부여(北夫餘)로 바뀌게 되는 것이다. 그리고 고구려가 해모수의 고향 지명에서 유래되었다는 것을 알 수 있다.

지금까지 B.C 2333년 단군왕검에 의해 건국되어 장장 2,096년간 47분의 단제(檀帝)에 의해 다스려졌던 조선(朝鮮)에 대해 알아보았다. 당시 중국을 지배했던 하, 은, 주나라 역시 동이족이 세운 나라였다는 것과 그들의 상국이었던 단군조선과의 역학관계에 대해서도 알아보았다. 이처럼 단군조선은 광활한 영토를 지닌 장엄했던 나라로 인류 역사상 가장 위대한 나라였던 것이다. 그러다보니 근세에 들어 힘을 키운 일제에 의해 그 역사를 말살당한 것이다. 이러한 단군조선의 위대한 역사를 복원하는 날이 빨리 와야 민족의 미래가 활짝 열릴 수 있을 것이다.

위 〈단군세기〉의 새로운 해설에서 보듯이, 단군조선의 핵심강역을 산서성에 놓고 역사기록을 해석하면 모든 상황이 톱니바퀴처럼 정

확히 맞아 들어감을 느낄 수 있다. 대한민국의 식민사학계는 이처럼 정교한 〈한단고기〉를 몇 마디 문구가 이상하다는 핑계로 전체 내용을 위서로 몰아붙이고 있다. 실상은 자기들의 이론이 순 거짓말임에도 말이다…. 이는 우리의 역사를 복원하지 않겠다는 말과도 같은 것이다. 이런 자들이 이 나라의 역사를 맡고 있으니 못된 고양이에게 생선을 맡긴 격이라 할 것이다. 이들이 있는 한 중국의 동북공정을 막아낼 수 없으며, 일본의 황국사관도 무력화시킬 수 없다. 동북공정의 궁극적인 목적은 한반도 북부를 중국 땅으로 만들겠다는 것이며, 황국사관의 주목적은 한반도 남부를 식민지로 만들자는 것이다. 우리가 반도사관의 이론을 계속 주장하다가는 언젠가는 중국과 일본에게 한반도마저 빼앗기게 된다. 그 명분을 현재 식민사학자들이 제공하고 있는 것이다. 대한민국의 식민사학자들은 이 나라를 망치는 매국노인 동시에 민족반역자들인 것이다. 그들 때문에 이 조그마한 한반도도 지켜내지 못할 것이 뻔하기 때문에 가슴이 시리도록 아프다.

비록 광활했던 옛 영토를 되찾을 수는 없겠지만, 장엄했던 옛 역사라도 되찾아야 하지 않겠는가! 과거의 역사를 되찾으면 내일에 대한 자신감과 자부심이 되살아나 미래의 비젼을 볼 수 있기 때문이다.

제3편

기자조선, 위만조선, 한사군의 허구

제1장
동북공정보다 무서운 시조(始祖)공정

〈태백일사〉에 "산서성 제수(濟水)에 희족(犧族)의 옛 거처가 있고 그곳에 수유(須臾) 등의 나라가 있었다."라는 기록이 있다. 수유는 기자의 이름(諱)에서 유래한 지명으로 단군조선의 제후인 번조선 말대(末代)의 왕이었던 6명의 기씨(箕氏)와 관련이 많은 지역이다. 〈단군세기〉에 수유가 언급된 기록으로는 "36세 매륵단군 BC 653년 단제께서 수유의 군대와 함께 연나라를 정벌케 하였다. 이에 연나라 사람이 제나라에 위급함을 알리자 제나라 사람들이 크게 일어나 고죽(孤竹)에 쳐들어왔는데 우리의 복병에 걸려 이기지 못하고 화해를 구걸하고는 물러갔다."가 있어 수유는 고죽(孤竹)과 가깝게 있고 연나라와 국경을 맞대고 있었음을 알 수 있다.

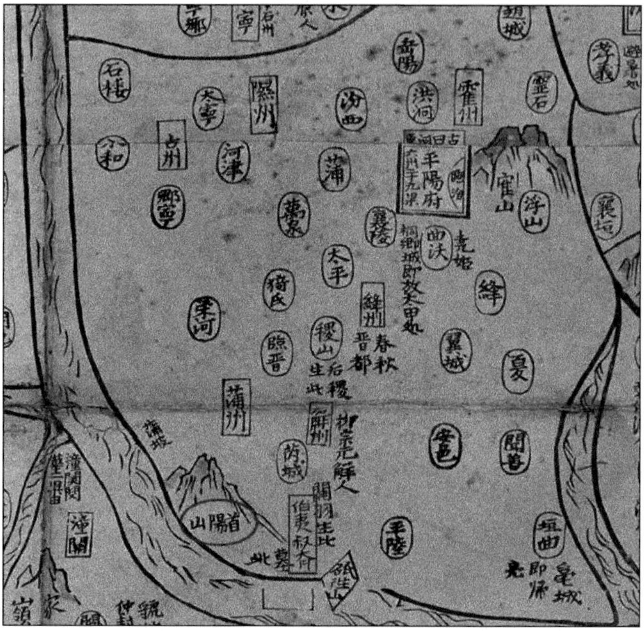

▷ 백이·숙제의 고죽국은 황하가 꺾이는 곳에 있다. 그 유물적 증거가 바로 백이·숙제의 묘이다. 이 일대가 수유의 땅이다.

1. 기준에 의해 왕으로 추존된 기자

이천년이 넘는 위대한 단군조선의 역사를 반토막내는 기자조선은 명나라와 조선왕조에 의해 날조된 허구의 나라로, 그 실체는 기자의 후손 중 6명이 번조선 말대에 왕을 한 것뿐이다. 기자의 35대 후손인 기후는 쿠데타를 일으켜 스스로 번조선의 왕이 되었고, 그 왕위는 기욱, 기석, 기윤, 기비, 기준 순으로 세습된다. 2,096년간이나 존재했던 대부여(단군조선)를 쿠데타로 무너뜨린 북부여의 해모수는 그의 핵심조력자이며 기자의 40대 후손인 수유후 기비(須臾候 箕

丕)를 번조선의 왕으로 삼고 기비가 죽자 아들 기준(箕準)을 번조선 왕으로 봉하는데 이 기준이 나중에 위만에게 패해 한의 땅으로 도망가는 번조선의 마지막 왕인 것이다.

또한 기자는 현인(賢人)으로 정치가나 군인이 아니기 때문에 나라를 세운 적이 없는 인물인데, 그런 기자가 역사적으로 기자조선의 왕이 된 데는 두 가지 이유가 있다. 첫째가 사마천이 쓴 〈사기 송미자세가〉에 "이에 무왕은 기자를 조선에 봉하고 신하로 삼지 않았다.(於是武王乃封箕子於朝鮮而不臣)"라는 묘한 기록이 있기 때문이고, 또 하나는 기준이 한(韓)의 땅으로 도망가 성을 기(箕)씨에서 한(韓)씨로 바꾸고 한왕(韓王)이 되면서 기자(箕子)를 문성대왕(文成大王)으로 추존해 한씨의 시조로 모시고 기자 이후의 자신의 직계 조상 모두를 왕으로 추존했기 때문이다.

▹ 중국은 하북성 진황도시 노룡현에 영평부를 옮겨다놓고 기자성(箕子城)이라 부르고 있다. 영평부는 하북성이 아니라 산서성 최남부에 있어야 한다.

대한민국의 청주 한씨는 이렇게 기자의 후손인 기준으로부터 시작되며, 그 지역이 상당(上黨)으로 지금의 산서성 동남부인 장치(長治)시 징자(長子)현 일대이다(참고자료 24). 단종 때 일어난 계유정난의 일등공신인 한명회(韓明澮)의 군호가 바로 청주 한씨를 상징하는 상당군(上黨君)이었다. 현재 충북 청주시 상당구는 번조선의 기준왕과 아무 관련이 없음에도 조선왕조에 의해 기준왕의 상당으로 왜곡되었던 것이다. 실제 왕이 된 적도 없이 그렇게 추존된 기자가 단군조선의 뒤를 이어 천 년간이나 존재했던 기자조선을 세웠다는 것은 엄청난 역사왜곡인 것이다.

2. 산서성 제수는 어디인가?

〈태백일사〉에서 언급한 산서성 제수(濟水)에 대한 〈중국백과사전〉의 설명은 "제수는 하남성 제원시 왕옥산 위의 태을지에서 발원한다. 첫 물줄기는 지하수로 동쪽으로 70여리를 흘러가다 두 물줄기가 제원시 외곽에서 합쳐져 하나로 되어 온현 서북까지 흘러 바다로 들어간다(참고자료 24)." 그리고는 제수가 하남성과 산동성을 흘러 바다로 들어간다고 했으나 지형상 심수가 가로막고 있어 그렇게 흐를 수 없기 때문에 그 부분은 왜곡된 것이다. 그리고 이곳은 〈한서지리지〉에서 언급한 유주의 낙랑군 지역으로 낙랑군에는 패수현(浿水縣)과 대방현(帶方縣)이 속해 있다고 기록되어 있다(참고자료 1). 즉 **제수(濟水)는 연나라 장수 위만이 번조선으로 망명하기 위해 건넜다는 추수(溴水)이며, 단군조선과 연나라의 경계이면서 고구려의 남계인 패수(浿水)이며, 백제의 옛 땅인 대방고지(帶方故地)가 있었던 곳이다.**

▷ 제수는 제원시와 온현을 지나서는 심수가 가로막아 산동성으로 흘러 바다로 들어갈 수 없는 강이다. 제수는 패수로 위만이 건넌 강이다.

▷ 춘추전국시대 나라들의 위치를 설명하는 사진. 하남성에 있던, 연, 제, 노 나라가 북경과 산동성으로 옮겨져 있어 섬서성과 하남성에 있던 작은 나라들의 영토가 중국 전역으로 확대 과장되어 있다. 즉 단군조선의 영토를 지운 것이다.

제2장
조선과 연나라의 경계인 패수는 어디인가?

기자는 백이·숙제와 같은 현인(賢人)이었다. 은나라 왕족인 기자는 주 무왕(武王)이 쿠데타를 일으켜 은나라를 쓰러뜨리자 "인륜을 저버린 주나라는 사람 살 곳이 못된다."면서 조선으로 망명한 인물이다. 주 무왕이 기자에게 관직을 내리겠다고 제안했으나 응하지 않고 계속 조선 땅에 머무르자 주 무왕은 기자를 조선으로 봉한다는 교지를 내린다. 그로부터 약 800년 후인 BC 323년 기자(箕子)의 35대 후손인 기후(箕詡)가 쿠데타를 일으켜 스스로 번조선의 왕임을 자칭하자 단제께서 이를 윤허한다. 이후 번조선의 왕통은 후손인 기욱, 기석, 기윤, 기비, 기준으로 이어지는데, 기준(箕準)이 번조선의 왕으로 있을 때 연나라 장수 위만(衛滿)이 정치망명을 해 오게 된다.

〈한단고기 북부여기〉 기록에 따르면, "B.C 209년 진승이 군대를 일으키니 진(秦)나라 사람들이 크게 어지러웠다. 연, 제, 조(燕, 齊, 趙)나라의 백성들이 번조선으로 귀순하는 자가 수만 명이나 되었다. B.C 202년 연나라 왕 노관이 다시금 요동의 옛 성터를 수리하고 동

쪽은 패수(浿水)로서 경계선을 삼으니 패수는 곧 오늘의 난하(灤河)이다. B.C 195년 노관이 한나라를 배반하고 흉노로 망명하니 그의 부장인 위만이 우리에게 망명을 요구했으나 단제(해모수)께서 이를 허락하지 않았다. 번조선 왕 기준이 크게 실수하여 마침내 위만을 박사로 모시고 상·하 운장을 떼어 봉하였다. B.C 194년 번조선의 왕인 기준은 오랫동안 수유(須臾)에 있으면서 항상 많은 복을 심어 백성들이 매우 풍요로웠다. 뒤에 떠돌이 도적떼(위만)에게 패하여 망한 뒤 바다로 들어가더니 돌아오지 않았다."고 기록되어 있다.

위 기록에서 중요한 점은 번조선과 연나라의 경계가 바로 패수(浿水)라는 사실이다. 또한 패수는 한사군 전쟁 때 한(漢)나라와의 전쟁터였고, 고구려의 남쪽 국경(南界)으로 여러 사서에 기록되어있다. 이러한 패수가 과연 어디일까? 패수의 위치가 기록되어 있는 사서로는 〈한서지리지〉가 있는데, 유주(幽州)에 속해 있는 7개 군 중 하나인 낙랑군(樂浪郡)의 현 중에 패수(浿水)현이라고 있어 그 대략적인 위치를 알 수 있다. 참고로 유주는 산서성 남부와 하남성에 걸쳐있는 행정구역이라는 것을 입증하는 유물적 증거가 요서군에 있는 고죽국 백이·숙제의 묘이다(참고자료 1).

또한 패수의 위치를 알 수 있는 다른 기록으로는 〈금사(金史)지리지〉가 있다.

"태행단층이 있고, 태행산, 황하, 심수, **패수**가 있다. 무덕, 백향, 만선, 청화 등 네 진을 두다. 수무현에 탁록성이 있다. 승은진이 있다. 홍정 4년 수무현 중천촌을 산양현으로 하여 휘주에 예속시키다. 무척현에 태행산이 있고 천문산, 황하, 심수, 송곽진이 있다(참고자료 25)." 여기에서 말하는 태행산, 심수, 수무, 무척, 천문산 등은 모두 황하북부 하남성에 있는 지명들이다. 따라서 패수(浿水)도 당연히 황하북부 하남성에 있어야 할 것이다.

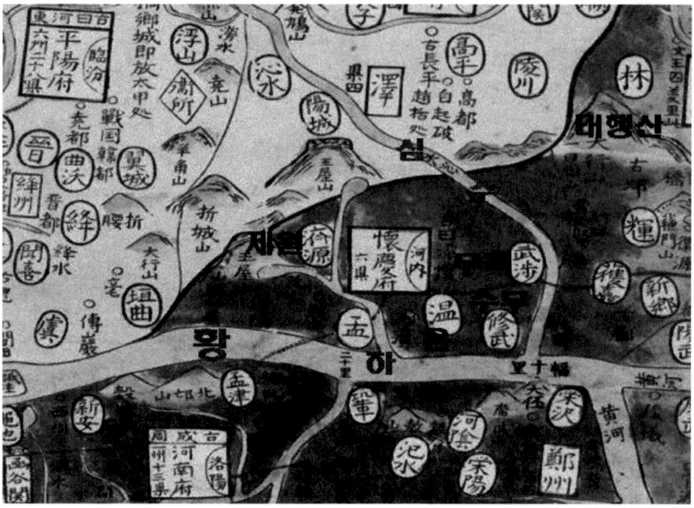

▷ 〈대청광여도〉에 태행산, 심수, 수무, 무척 등의 지명이 황하북부 하남성에 그려져 있다. 패수는 제원과 온현을 지나 황하로 들어가는 강이다.

패수에 대해서는 〈삼국지 위략〉에 다음과 같이 기록되어 있다. "한(漢)에서 노관을 연왕으로 삼았다. **조선과 연(燕)은 추수(溴水)를 경계로 했다.** 노관이 한을 배반하고 흉노로 가자 연나라 사람 위만이 호복(胡服)을 입고 동쪽으로 추수(溴水)를 건너 망명했다(漢以盧燕王 朝鮮與燕界於溴水 及反入匈奴 燕人衛滿亡命胡服東渡水)." 이 내용은 위 〈북부여기〉와 같은 것으로 연나라에서는 추수(溴水)라 부른 강을 조선에서는 패수(浿水)로 불렀다는 것을 알 수 있다.

추수의 위치를 자세히 설명하는 기록에는 〈명일통지(明一統志)〉가 있다. "**추수(溴水)는 제원현에 있다.** 물의 근원이 세군데 있는데, 동남류해 롱수(瀧水)와 합해져 동남으로 흘러 온현에서 황하로 흘러 들어가는 강이다."라고 기록되어 있으며, 〈중국고대지명대사전〉의 설명은 "원래 산은 하남 제원현 서북 삼십리에 있다. 지금은 종산이라 부르는데 **추수(溴水)가 나오는 곳이다.** 망산이라고도 한다. 롱수(瀧水)기 여기서 나온다(참고자료 26)." 따라서 위만이 건넌 추수(溴水)는 황하북부 하남성에 있는 제원현을 지나 온현에서 황하로 흘러 들어가는 강인 제수(濟水) 즉 패수였던 것이다.

또한 수경(水經)에서의 패수(浿水)에 대한 설명은 "〈13주지〉에서 말하길 패수현은 낙랑의 동북에 있고, 루방현은 낙랑군의 동쪽에 있다. 대개 그 현 남쪽에서 나와 루방을 지난다. 위수도 패수에서 나와 루방을 지난다. **옛 연나라 사람 위만이 패수 서쪽으로부터 조선까지 갔다**(참고자료 26)." 즉 위만이 조선으로 망명하면서 건넌 강을 〈삼국지 위략〉에서는 추수(溴水)로 기록하고, 〈수경주〉와 〈한단고기〉에서는 패수(浿水)로 기록한 것이다. 이 말은 단군조선과 고구려가 남쪽으로 황하북부 하남성까지 차지하고 있었단 말과 같은 것이다. 일제 조선사편수회에서 일본인의 주구였던 식민사학자 이병도가 비정한 "패수는 청천강이다"라는 이론은 아무 근거도 없는 엉터리 주장임이 밝혀졌다 하겠다. 그런데 그럼에도 강단사학계는 그를 대한민국의 사학을 정립한 위대한 학자(?)로 떠받들고 있다.

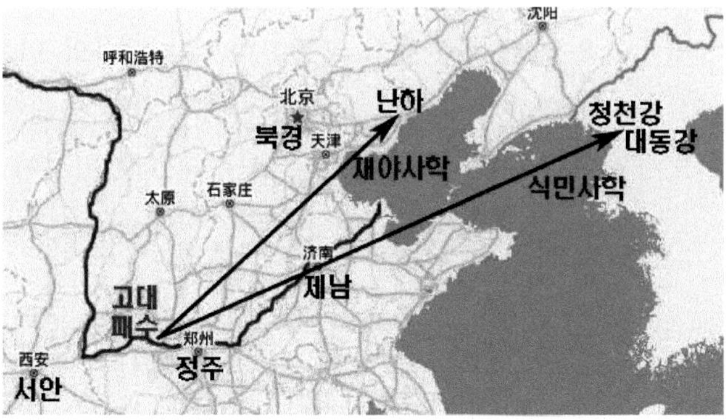

▷ 황하북부 하남성에 있어야 할 패수는 일제와 식민사학계에 의해 대동강 또는 청천강으로 옮겨지고, 재야사학은 하북성 동쪽에 있는 난하로 보았다.

결국 고대 중국의 영토는 동쪽으로는 산동성 서쪽에 있는 발해(대야택)를 넘지 못했고, 서쪽으로는 섬서성 서안 근처도 제대로 지키지 못했으며, 북쪽으로는 고죽국이나 패수를 넘지 못했다는 것을 알 수 있다. 즉 황하 주변 하남성 일대만이 그들의 무대였기 때문에 중국(中國)이라는 이름을 얻은 것이다. 굳이 현 서울을 비유로 들자면 고대 중국은 서울시 중구 일대의 땅인 섬서성이나 하남성에서만 살고 있었으며, 중구를 제외한 나머지 서울 땅은 모두 단군조선의 영토였다는 결정적인 증거가 바로 위만이 건넌 강인 패수(추수)인 것이다. 현재 중국은 하남성에 있던 연나라를 북경으로 이동시켜 만리장성 안쪽은 고대부터 중국의 땅이라는 허황된 이론을 내세우고 있으나, 이 얼마나 잘못된 이론인지 명백히 밝혀졌다고 할 수 있다.

식민사학계는 황하북부 하남성에 있던 패수를 한반도 청천강에 가져다 놓음으로써 우리의 고대사 강역을 모조리 중국에게 내주고 말았다. 해방 65년이 지났음에도 일제가 조선인의 민족정신을 말살하기 위해 만든 가짜 역사를 이 나라는 아직도 그대로 고수하고 있어 역사는 아직도 일본의 식민지배하에 있다고 할 것이다. 이는 이승만정부 때부터 친일청산을 제대로 못했기 때문이다. 이 나라의 민족정기가 되살아나고 웅대한 역사가 펼쳐져 희망찬 미래가 활짝 열리려면 단군신화와 반도사관으로 대변되는 잘못된 역사부터 바뀌어져야 할 것이다.

제3장
단군조선의 강역도 다시 그려야 한다

번조선과 연나라의 경계였던 패수(浿水)의 위치가 정확하게 밝혀짐으로써 단군조선의 영토가 어디까지였는지 드러나게 되었다. 단군조선은 이천년 넘게 존속한 연방제국이라 당시 주변국들과의 세력판도에 따라 축소된 적도 있고 팽창된 적도 있기 때문에 국경선을 하나로 그어 그 강역을 말하기는 어렵다. 그러나 분명한 것은 강도 위만(衛滿)이 번조선 왕 기준(箕準)을 축출할 BC 194년 당시는 이천년 넘게 이어온 단군조선은 이미 문을 닫았고 북부여가 그 뒤를 이은 지 40년이 조금 넘는 상태이기 때문에 세력이 전성기 때보다 많이 축소된 때로 보아야 한다. 그 때의 강역을 알아보기로 한다.

1. 고대 중국의 영토는 하남성뿐

불과 27년 전인 BC 221년 연나라 장수 진개(秦開)가 조선의 서쪽 변두리 땅을 침략해 만번한(?)을 경계로 한 적이 있다. 〈사기 흉노열전〉에는 "진개가 돌아와 동호를 습격해 쳐부수니 동호가 천여 리를 물러났다. 연나라가 장성을 쌓으니 조양에서 양평까지이다. 상곡, 어양, 우북평, 요서, 요동을 동호로부터 지켰다(秦開歸而襲破走東胡 東胡却千餘里 燕亦筑长城, 自造阳至襄平, 置上谷, 渔阳, 右北平, 辽西, 辽东郡以拒胡)."라는 기록이 있다. 동호는 북부여의 번조선을 의미하며, 연나라가 쌓은 장성은 유주(상곡, 어양, 우북평, 요서, 요동군)를 지키기 위한 것임을 알 수 있다. 양쪽 끝인 조양은 상곡군에 속한 현이며 양평은 요동군에 속한 현이다. 따라서 연나라 장성은 산서성 남부에 있었던 것이다. 그 결정적 유적의 증거가 요서군을 상징하는 백이·숙제의 묘(墓)인 것이다. 중국은 연나라 장성이 북경 북쪽에 있는 지금의 만리장성이라고 말하고 있으나 이는 분명한 역사왜곡이라 하겠다.

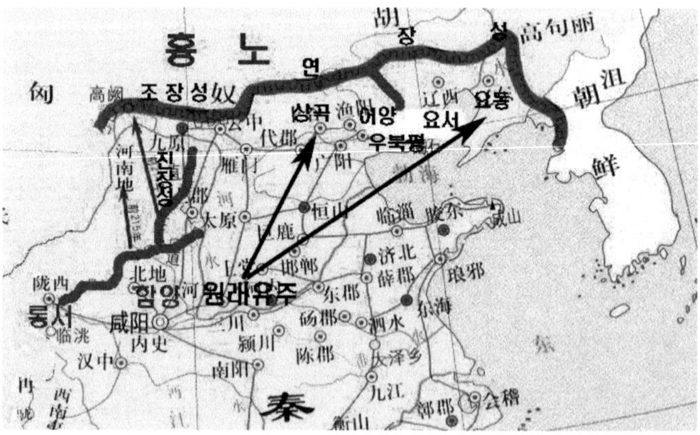

▷ 확대 조작된 진장성의 오른쪽 끝이 한반도까지 들어와 있다. 북경 근처의 지명들은 역사왜곡을 위해 대부분 산서성 남부에서 이동되었다.

그 후 잃어버린 영토를 다시 수복한 번조선과 연왕(燕王) 노관은 패수를 국경선으로 삼는다. 패수는 황하북부 하남성을 흐르는 심수와 황하 사이에 있는 제수이고, 연나라는 황하변 하남성에 있었기 때문에 단군조선의 남쪽 경계를 황하북부 하남성에 있는 패수로 보아도 무방할 것이다. 그리고 당시 중국의 동쪽 경계는 발해(渤海)였다. 1926년 이후 중국은 산동과 하북과 요녕성으로 둘러싸인 내해를 발해로 부르고 있으나, 고대 발해는 하남성과 산동성 사이에 있던 큰 내륙호수인 대야택(大野澤)이었다. 즉 발해의 동쪽에 있는 산동성 일대도 대대로 배달국과 단군조선의 영토였던 것이다.

▷ 고대 지도에 표시된 빈, 기는 섬서성 서쪽이다. 이 지역을 단군조선이 오랫동안 점령하고 있었던 기록이 있다.

또한 <단군세기>에 "13세 흘달단군 B.C 1767년 낙랑과 합쳐 진격하여 관중(關中)의 빈.기(邠.岐)의 땅에 웅거하며 관청을 설치하였다."라는 기록과, "22세 색불루단군 B.C 1266년 병사를 나눠 진격하여 빈, 기(邠, 岐)에 웅거하도록 하면서 나라를 여(黎)라 칭하고 서융(西戎)과 함께 은나라 제후들 사이를 차지하고 있도록 했다."는 기록이 있는데, 빈(邠)은 섬서성 함양시 일대이고 기(岐)는 섬서성 기산현의 동북으로 강수(姜水)가 있는 곳이다. 이 기록으로 미루어 볼 때 고대 중국은 지금의 섬서성과 하남성을 동시에 차지한 적도 별로 없었던 것으로 보인다. 여하튼 고대 중국은 아무리 넓게 봐줘도 섬서성과 하남성 일대뿐이고, 그를 제외한 나머지 중국 땅은 모두 단군조선의 영토였던 것이다.

단군조선과 연나라의 국경은 패수였다. 그런 단군조선의 강역을 나중에 고구려·백제·신라가 그대로 이어받게 되는데, 단군조선의 적장자로 대연방제국을 건설한 고구려의 남쪽 경계(南界)가 패수라고 여러 중국사서에 명기되어 있다. 패수가 고구려의 남계란 말은 백제의 북쪽 경계(北界)가 패수란 말과도 같은 것이다. 이러한 역사적 사실에 대해 단군을 신화로 만든 식민사학계는 패수는 청천강이며 왕검성이 대동강 평양이고 그곳에 한사군이 설치되었다는 망발을 아직도 일삼고 있다. 즉 우리 민족의 고대 영토가 만주와 한반도 뿐이라고 말하고 있는데, 이는 우리의 역사 강역을 엄청나게 축소 왜곡시키는 망국의 반도사관이라 아니할 수 없다.

2. 위만에게 패한 기준이 간 해(海)는 어디인가?

〈한단고기 북부여기〉에 "BC 194년 번조선왕(기준)은 오랫동안 수유(須臾)에 있으면서 항상 많은 복을 심어 백성들이 매우 풍부하였다. 뒤에 떠돌이 도적떼(위만)들에게 패하여 망한 뒤 바다(海)로 들어가더니 돌아오지 않았다(後爲流賊敗亡入于海而不還)."고 기록되어 있다.

〈심국지 동이전〉에는 “궁인들과 해(海)로 들어가 한의 땅에 살았고 스스로 한왕이라 칭하였다(將其左右宮人走入海居韓地自稱韓王).”고 기록되어 있으며,

〈후한서 동이전〉에는 “처음에 조선왕 기준이 위만에게 패해 남은 군사 수천 명을 데리고 해(海)로 들어가 마한을 공격해 격파하고 자립해 한왕이 되었고 기준 이후에 멸망해 마한인이 다시 진왕이 되었다(初朝鮮王準爲衛滿所破乃將其餘衆數千人走入海攻馬韓破之自立爲韓王準後滅絶馬韓人復自立爲辰王).”라는 기록이 있다.

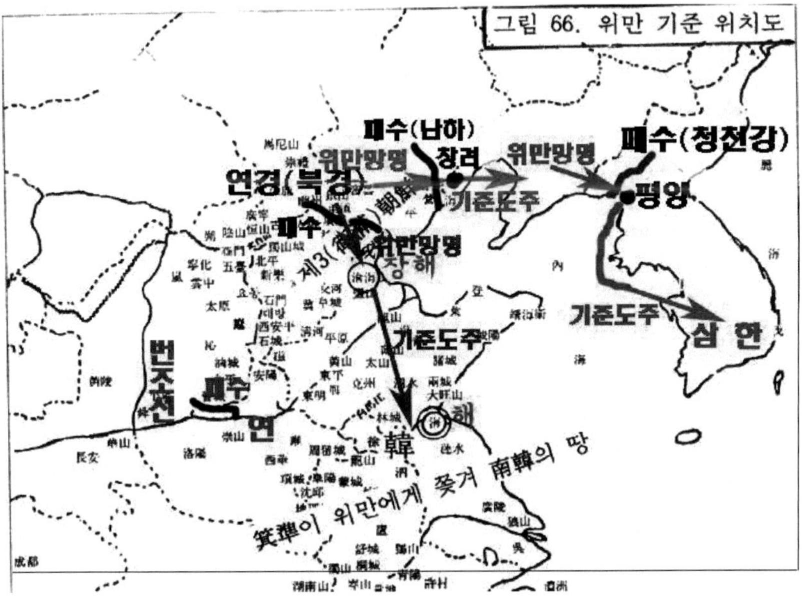

그림 66. 위만 기준 위치도

▷ 오른쪽은 식민사학계의 위만과 기준의 이동도이고, 가운데는 재야사학의 이론으로 모두 연나라를 북경에 놓고 해석했다. 그러나 실제 연나라는 하남성 황하변에 있었던 것으로 밝혀졌다. 따라서 두 이론 다 옳지 않은 것이다.

앞의 기록에서 가장 중요한 것은 "기준이 들어간 해(海)가 과연 어디인가?"라는 것이다. 식민사학계는 대동강 평양에 있던 기준이 황해로 배를 타고 남하하여 한반도 남부로 와서 삼한(三韓)을 세웠다고 말하고 있다. 그 이유는 식민사학계의 태두인 이병도가 위만이 건너온 패수를 청천강으로 비정했기 때문인데, 이 말은 당시 북경 지역에 있던 연나라가 압록강을 넘어 한반도까지 들어왔다는 의미로 어불성설이라 하겠다. 재야사학계에서도 이를 바다로 해석하는 학자들이 대부분이고 일부에서는 산동성에 있는 해(海)라는 지역으로 해석하기도 했다.

그렇다면 기준이 들어간 해(海)는 과연 어디인가? 그 해(海)는 황해바다가 아니라, 바로 해주(海州) 땅이며 고대 중국에서 북해(北海)로 불렀던 운성염지(運城鹽池) 일대로 보아야 할 것이다. 산서성 남부 운성시에 있는 운성염지는 크기가 동서 35Km X 남북 7Km나 되는 큰 내륙호수로 소금이 생산되는 염호(鹽湖)이다. 그렇게 비정하는 근거로는 사마천의 <사기>에 다음과 같은 기록이 있기 때문이다. "집해에서 마융이 말하기를 수양산은 하동의 포판 화산의 북쪽에 있고 강이 꺾이는 곳에 있다(集解馬融曰: 首陽山在**河東蒲阪**華山之北, **河曲之中**). 역시 맹자가 전하기를 백이·숙제가 주왕을 피한 곳은 북해의 해변으로 수양산이다(又孟子云 : 夷齊避紂, **居北海之濱**. 首陽山)." 즉 수양산은 지금의 산서성 영제시 황하가 꺾이는 곳에 있으며, 그곳이 유주(幽州)에 속한 요서군(遼西郡)이며 기자가 살던 곳과 인접한 곳이다. 또한 그 일대가 북해의 해변이란 말인 것이다.

▷ 위만의 망명도와 공격도 그리고 기준의 행적도를 간단히 표시한 지도

3. 기준이 간 한의 땅(韓地)은 어디인가?

그리고 기준이 도망간 곳을 '한의 땅(韓地)'이라 하였는데 이를 두고 의견이 분분하다. 어떤 재야사학자는 기준이 번조선의 도읍이었던 현 하북성 창려에서 바다(海) 즉 발해만을 횡단하여 남하하여 황하와 회수 사이에서 살았다고 말하고 있고, 또 어떤 학자는 전국시대 한(韓)나라의 땅이라 하는 등 해석이 제각각이다. 그러나 〈사기〉의 기록에 한(韓)나라는 전국시대 나라 중 가장 약했던 나라로 황하 남쪽 하남성 낙양과 정주 사이에 있던 조그마한 나라였다. 상식적으로 볼 때 기준이 아무 연고도 없는 이민족의 땅으로 도망갔을 리 없으므로 기준의 한지(韓地)를 전국시대 한(韓)나라의 땅으로 볼 수는 없는 것이다.

위만에게 패한 번조선왕 기준이 도망간 한의 땅(韓地)은 중국의 한(韓)나라 땅이 아니라 바로 단군조선 즉 삼한(三韓)의 땅인 산서성 남부인 것이다. 기준은 한의 땅(韓地)으로 가서 성을 기씨(箕氏)에서 한씨(韓氏)로 바꾸고 한왕(韓王)이 된다. 그리고 기씨의 시조인 기자(箕子)를 문성대왕으로 추존하면서 모든 직계조상을 왕으로 추존한다. 그래서 기준은 대한민국 청주 한씨의 시조(始祖)가 되며 기자는 비조(鼻祖)가 되는 것이다. 이렇게 추존된 기자와 그 후손들이 조선왕조의 사대주의 유학자들에 의해 허구의 기자조선(箕子朝鮮)으로 변질되고, 기준으로부터 왕위를 빼앗은 강도 위만을 위만조선(衛滿朝鮮)이라 불러 이천년이 넘는 단군조선의 역사를 반토막낸 것이다. 그래도 조선왕조 때는 비록 허구의 기자조선이 있기는 했으나, (단군)조선은 최초의 민족국가였고 단군을 국조로 여겼다.

그러나 일제에 의해 단군이 신화로 바뀌면서 단군조선뿐만 아니라 그 이전의 배달국과 한국도 모두 신화가 되어 6,000년의 우리 상고사가 졸지에 사라지게 된 것이다. 즉 **우리의 역사는 처음부터 이민족이 세운 기자조선에서 시작되어 위만조선과 한사군으로 이어진 식민지배의 역사이므로, 우매한 조선 민족은 일본의 식민 지배를 받는 것이 당연하다는 논리가 일제 식민사학의 이론이다.** 그런데 문제는 해방 65년이 지난 지금까지도 이렇게 만들어진 잘못된 역사가 원래대로 복원되지 않고 있다는 것이다. 그 이유는 역대 정부가 친일청산을 제대로 하지 않았기 때문으로 아직도 일제 식민지배에 대한 향수를 느끼고 있는 식민사학자들이 고수하고 있는 망국의 반도사관이 국사교과서에 그대로 실려 있다. 역사는 민족의 정신이며 얼이므로 국가와 민족의 희망찬 미래를 위해서는 반드시 바뀌어야 한다.

조선과 연(燕)나라의 경계인 패수(浿水)의 위치가 정확하게 밝혀짐으로써 식민사학계가 지금까지 주장했던 반도사관의 이론은 모두 축소.왜곡된 거짓이었음이 만천하에 입증되었다고 하겠다. 그리고 식민사학계의 엉터리 이론에 나름대로 반론을 제기했던 재야사학계의 이론도 역사의 진실과는 사실상 거리가 있었음이 밝혀지게 된 것이다. **패수의 위치가 정확하게 찾아짐으로써 강도 위만에게 패한 기준왕이 간 지역이 어디인지 밝혀지게 되었고, 더불어 단군조선의 도읍인 왕검성의 위치도 추정할 수 있게 되었으며, 식민사학의 핵심인 한사군(낙랑군)의 위치도 정확하게 밝힐 수 있게 되었다. 즉 우리 역사의 진실을 거의 다 찾을 수 있게 된 것이다.**

제4장
신라 금성은 대부여(단군조선)의 도읍지

번조선의 기준왕이 도망간 삼한의 땅 중 진한(辰韓)은 나중에 신라로 발전하고 마한(馬韓)은 백제로 발전하고 변한(弁韓)은 가야로 발전하며, 대부여(단군조선)을 계승한 북부여는 삼한의 북쪽에 위치했는데 나중에 고구려로 국호가 바뀌게 된다.

〈한단고기 삼성기전 상〉에 "BC 108년 한 무제는 군대를 움직여 우거를 멸망시켰다. 서압록 사람인 고두막한이 의병을 일으켜 단군이라 했다. BC 86년 한나라 소제 때 부여의 옛 도읍을 차지하여 동명(東明)이라고 나라 이름을 붙이니 이것이 곧 신라의 옛 땅이다."라는 기록이 있어 대부여(조선)의 옛 도읍이었던 장당경은 진한(辰韓) 즉 신라의 옛 땅이었음을 알 수 있다.

〈후한서 동이전〉의 기록에 따르면, "한은 세 종족이 있다. 첫째 마한이요, 둘째 진한이요, 셋째 변한이다. 마한은 서쪽에 있어 54국이고, 진한은 동쪽에 있어 모두 12국인데, 진(秦)나라 사람들이 괴로운 역사를 피해서 한(韓)으로 도망가자 마한에서 동쪽 국경 땅을 쪼개어 이들에게 주었다. 이곳을 진한(辰韓)이라고 한다." 여기서 한(韓)이란 옛 조선의 삼한 땅을 의미하며, 진나라의 국경에서 마한과 진한이 멀지 않음을 알 수 있다.

위 기록에서 나중에 신라로 발전하는 진한은 과연 어디일까? 진한(진조선)은 조선의 삼한 중 천왕(天王)인 단군이 직접 다스리던 땅으로 단군조선의 도읍이 있던 곳이다. 초기 도읍인 아사달은 지금의 산서성 중부 태원(太原)시이며, 대부여의 도읍인 장당경은 글자 그대로 제요도당(帝堯陶唐) 요임금의 당나라 도읍인 산서성 남부 임분(臨汾)시로 보인다. 임분시는 고대 요임금의 도읍인 평양(平陽)으로 현재 요도(堯都)로 불리고 있으며, 임분시 동쪽에 요임금의 무덤(堯陵)이 있다. 또한 장당경을 임분시로 확정하는 결정적인 유적의 증거가 바로 신라의 초기 도읍인 금성(金城)유적지인 것이다. 그렇기 때문에 〈삼국사기〉에 기록된 초기 신라의 기록과 여러 사서에서 언급된 진한(辰韓)에 대한 기록들이 정확하게 일치하게 되는 것이며, 게다가 신라 김씨의 조상인 흉노출신 김일제의 이야기까지 완벽하게 성립되는 것이다.

1. 한반도 경주는 신라의 천년고도가 아니다.

식민사학계는 한반도 경주를 신라의 천년고도(千年古都)로 말하고 있으나, 이는 대단히 잘못된 이론으로 일제의 주구였던 식민사학자 이병도가 만든 망국의 반도사관에서 나온 것이다. 신라가 후기에 강성했을 때 한반도에 분국(동신라)을 두어 그 중심지를 경주로 했을 가능성은 있으나, 처음부터 신라의 도읍이 한반도 경주였다는 것은 어불성설이 아닐 수 없다.

▹ 일제의 주구 이병도가 만든 식민사학 이론은 우리 역사를 한반도 가두리양식장으로 몰아넣는 망국의 반도사관이다. 삼한이 한반도 남부에 있다는 말은 단군조선과 고구려의 영토가 만주와 한반도북부였다는 말과 같은 것이다.

다음 〈삼국사기〉 기록에 따르면 초기 신라는 왕이 다스리던 나라가 아니었던 것으로 보인다. "지증마립간 3년(502) 3월, 우리 시조께서 나라를 세워 22대에 이르도록 다만 방언(方言)만을 칭하고 존호(尊號)를 바로잡지 못하였으니, 지금 여러 신하의 모든 의견에 의하여 삼가 신라국왕(新羅國王)이란 존호를 올리시옵소서." 개국 이래 없었던 국호와 존호를 새로 정하기를 아뢰는 대목이다. 박혁거세가 나라를 세운 후 신라의 통치자는 왕이 아니라 거서간, 차차웅, 이사금, 마립간 등의 호칭으로 불린 것으로 보아 초기 신라는 고구려의 영향력 아래 있던 도시국가형 속국이었던 것으로 보인다. 그 근거가 광개토태왕 비문의 "백잔과 신라는 옛부터 속민으로 조공을 바쳐왔다(百殘新羅舊是屬民由來朝貢)."라는 문구로 속국도 아닌 속민으로 표현했으며, 또한 왜가 신라에 쳐들어 오자 광개토태왕이 원병을 보내 격파했다는 기록이 있는데 그 이유가 무엇인지 미루어 짐작할 수 있을 것이다. 게다가 초기 신라가 고구려와 전쟁을 한 기록이 거의 없는 것이 이러한 사실을 입증한다고 할 수 있다.

2. 박혁거세의 신라 건국

〈수서 신라전〉에, "신라국은 고구려의 동남쪽에 있다. 한나라의 낙랑 땅에 사는데, 혹은 사라라고도 부른다."라고 기록이 있고,

〈북사(北史)〉에 "신라는 그 선조가 본래 진한(辰韓)의 종족이다. 땅이 고구려의 동남쪽에 있는데, 한나라의 낙랑에 산다."라고 기록되어 있으며,

〈신·구당서〉에도 "신라가 한나라 때 낙랑 땅에 위치하고 있었다."는 기록이 있어 진한 즉 신라가 있던 지역이 낙랑의 땅임을 알 수 있는데, 〈한서지리지〉에 의하면 낙랑은 유주에 속한 군이므로 그 땅은 산서성 남부 일대이다. 따라서 초기 신라도 산서성 남부에 있었음을 알 수 있다.

〈삼국사기 신라국본기〉에 "시조의 성은 박(朴)이고 이름은 혁거세이다. 13세의 나이로 즉위하여 나라 이름을 서나벌(徐那伐)이라 하였다. 이에 앞서 조선의 유민이 산 계곡 사이에 나뉘어 살아 여섯 마을을 이루었다. 이것을 진한(辰韓)의 육부(六部)라고 한다. 고허촌장 소벌공이 양산 나정 옆의 수풀 사이에 있는 큰 알을 쪼개자 어린아이가 나와 데려다 길렀다. (중략) 박혁거세 19년(BC 39) 변한(卞韓)이 나라를 바치고 항복하였다. (중략) 예전에 중국인들이 진(秦)나라의 난리에 시달려 동쪽으로 건너온 자가 많았는데 대개 마한의 동쪽에 자리 잡아 진한(辰韓)과 더불어 섞여 살았다"라는 기록이 있다.

<태백일사 고구려국본기>에 "사로(신라)의 시왕(始王)은 선도산 성모의 아들이다. 옛날 부여 황실의 딸 파소가 있었는데 남편 없이 애를 뱄으므로 사람들의 의심을 받아 눈수(嫩水)로부터 도망쳐 동옥저에 이르렀다. 또 배를 타고 남하하여 진한(辰韓)의 나을촌에 닿았다. 이때 소벌도리라는 자가 있었는데 그 소식을 듣고 데려다 길렀다. 나이 13세에 이르자 지혜가 빼어나고 숙성하며 성덕이 있는지라, 진한 6부의 사람들이 모두 존경하여 거세간(居世干)이 되니 도읍을 서라벌(徐羅伐)에 세우고 나라를 진한(辰韓)으로 하고 또한 사로(斯盧)라고도 하였다."는 기록이 있다. <삼국사기>에서는 부여 황실과의 관계와 진한으로 내려온 과정을 생략하고 박혁거세가 알에서 태어났다는 난생설화로 설명하고 있으며, 거세간 대신 거서간(居西干)이라 하였고 국호는 서나벌(徐那伐)로 기록하고 있다. 어느 기록이 옳은지 알 수 없으나 <한단고기>의 내용이 훨씬 설득력이 있어 보인다.

▷ 임분시에서 발견된 신라 금성의 유적. 정문 위에 금성(金城)이라는 글자가 뚜렷하다.

3. 금성에 대한 〈삼국사기〉의 기록들

"박혁거세 21년(BC 37) 경성을 쌓고 이름을 금성(金城)이라 하였다. 26년(BC 32) 금성에 궁실을 지었다. 60년(AD 3) 용 두 마리가 금성 우물 속에 나타나더니 소나기가 쏟아지고 성 남문에 벼락이 떨어졌다. 남해차차웅 원년(4) 낙랑의 군사가 와서 금성을 여러 겹으로 포위했다. 유리이사금 33년(56) 용이 금성 안 우물에 나타나더니 이윽고 폭우가 서북방에서 몰려왔다.

탈해이사금 9년(65) 금성 서편 숲 사이에서 닭울음소리가 났다. 금색으로 된 궤짝 안에 작은 사내아이가 들어있었다. 성은 김(金)이라 짓고, 이름을 알지(閼智)라 하였다. 시림을 고치어 계림(鷄林)이라 하고 국호로 삼았다." 신라 김씨의 시조인 김알지가 세상에 모습을 드러내는 장면이다. 이 김알지의 조상이 흉노의 왕자로 한나라에 투항했다가 나중에 투후라는 벼슬을 지낸 김일제이다.

▷ 금성의 정문에 있는 현판. 금성이라는 글자가 뚜렷하다.

"파사이사금 17년(96) 남쪽에서 불어오는 폭풍으로 금성 남쪽에 있는 큰 나무가 뽑혔다. 22년(101) 2월 성을 쌓고 월성(月城)이라 이름 하였고 7월 왕이 월성으로 이거하였다."고 기록되어 있는데, 이 때는 고구려의 태조대왕이 한창 영토를 확장할 때라 신라의 새로운 도읍지인 월성은 아마 동남쪽으로 꽤 멀리 간 것으로 보인다. 이후 신라는 475년 명활성(明活城)으로 이거한다. 이때는 고구려 장수왕이 백제의 개로왕을 죽이고 한창 세력을 확장할 때였다. 그리고 소지마립간 때 다시 월성으로 천도한다. 이와 같이 신라는 도읍도 여러 차례 옮기고 국호도 여러 차례 바뀌기 때문에, 초기 도읍지 금성이 도읍을 옮긴 후에도 기록에 나타나는 금성과 같은 곳인지는 확실치 않다. 왜냐하면 초기 신라의 도읍인 금성이 있던 산서성 임분시 일대는 AD 100년 전후로 고구려의 영토로 편입되며 427년 장수왕 때는 아예 평양성(임분)으로 천도함에도 불구하고, 신라의 기록에 계속 금성이 등장하는데 이는 금성이라는 지명을 다른 곳으로 옮겨갔을 가능성이 큰 것으로 보인다.

신라의 초기 도읍지인 금성이 산서성 임분시에 있었다는 것에 대해 반도사관에 세뇌되어 있는 식민사학자들은 잘 알지도 못하면서 또 알아보지도 않고 어불성설이라며 대뜸 "임분시에 있는 금성유적은 중국의 금성이라 신라와 상관없다."고 할 것이다. 그러나 〈중국고대지명대사전〉에서의 중국의 금성에 대한 설명은 감숙성 황하북안 난주 또는 섬서성으로 나와 있다(참고자료 27). 따라서 산서성 임분시의 금성유적은 중국의 유적이 아님이 확실하다 하겠다.

▷ 허물어지기 직전 상태인 금성 동문과 정문의 모습. 만일 이 유적이 한족의 유적이었다면 이토록 방치되고 있지는 않았을 것이다.

제5장
김씨 조상들의 피난처 요동은 어디인가?

2008년 하반기에 방영된 KBS 역사스페셜에서 흉노 휴도왕(休屠王)의 태자였던 김일제(金日磾, BC134~BC86년)가 신라 김씨의 조상으로 소개된 적이 있다. 그 근거로 1796년 경주에서 발견된 '문무대왕릉비'와 1954년 섬서성 서안에서 출토된 '대당고김씨부인묘명(大唐故金氏夫人墓銘)'의 명문이 소개되었다. 문무왕비문에 따르면 "(문무왕의 조상은) 투후로 하늘에 제사지냄이 7대를 이어졌고 15대조인 성한왕이다(秺侯祭天之胤傳七葉 … 15代祖星漢王)."라고 밝히고 있으며, 또한 대당고김씨부인묘명은 이를 상세히 설명하고 있어 한나라에서 투후 벼슬을 받았던 김일제가 신라 김씨의 조상임이 세상에 널리 알려지게 되었다.

이 역사스페셜이 방영되자 대부분의 사람들은 흉노족의 후손이 어떻게 한반도 신라 김씨의 조상이 될 수 있는지에 대해 의구심을 품게 되었고, 그나마 이를 긍정적으로 이해하려는 사람들은 흉노족 김일제의 후손이 멀리 한반도 경주까지 왔다고 억지춘향 식으로 해석하였다. 그런데 이러한 의구심과 해석은 신라를 한반도 경주에 놓고 보는 식민사학의 이론으로는 잘 이해가 되지 않을 것이다. 그러나 초기 신라가 한반도가 아닌 산서성 임분시 일대에서 시작되었기 때문에 김일제가 신라 김씨의 조상이라는 사실이 충분히 이해되고도 남음이 있을 것이다. 당시 한나라와 신라 땅이 그다지 멀지 않았기 때문에 김일제의 후손들이 난을 피해 요동으로 도망가서 신라 김씨의 조상이 될 수 있었던 것이다.

▷ 섬서성 서안에 있는 김일제의 묘비석. 흉노 휴도왕의 태자 김일제는 신라 김씨의 시조이다.

1. 단군조선연방의 일원인 흉노의 태자 김일제

대부분 사람들은 흉노와 단군조선을 별개의 민족으로 생각하고 있다. 그러나 〈단군세기〉에 따르면, "3대 가륵단군 B.C 2177년 열양(列陽)의 욕살 색정(索靖)에게 명하여 약수(弱水)로 옮기게 하고 종신토록 갇혀 있도록 했다. 뒤에 이를 용서하시고 그 땅에 봉하니 그가 흉노의 조상이 되었다."는 기록이 있어 흉노는 단군조선의 제후였고 서로 밀접한 관계였다는 것을 알 수 있다. 또한 "21세 소태단군 B.C 1289년 개사원의 욕살 고등(高登)이 많은 군대를 손에 넣고 서북(흉노)의 땅을 차지하고는 우현왕(右賢王)으로 임명해 줄 것을 청했다."라는 기록이 있고, 고등의 손자인 우현왕 색불루는 정변을 일으켜 단군조선의 22대 단제(檀帝)로 등극하게 된다. 이와 같이 흉노는 단군조선의 일부이며 한 몸이었던 것이다.

신라 김씨의 조상이 되는 김일제(金日磾)는 흉노 휴도왕(休屠王)의 태자였다. 부왕이 한나라 곽거병에게 투항할 때 잡혀와 처음에는 말을 키우는 노비(馬奴)로 있다가 한무제의 눈에 띄어 마감(馬監)이 된다. 그리고 한무제를 암살하려는 자를 목전에서 격투 끝에 체포한 공으로 제후인 투후(秺侯)에 봉해진다. 김일제는 한무제로부터 김씨(金氏) 성을 하사받는데, 본시 휴도왕이 금인(金人)을 만들어 하늘에 제사지낸 까닭으로 김씨 성을 주었다고 한다. 〈삼국사기 백제본기〉 마지막의 사관논찬과 〈삼국사기 김유신열전〉에 "신라인이 소호김천씨의 후손이기 때문에 성을 김씨로 했다"라고 기록된 이유가 잘 설명되는 것이다. 그리고 한무제는 죽을 때 김일제 등 3명의 고명대신에게 어린 소제(昭帝)를 잘 보필하라는 유지를 내린다. 즉 김일제가 한나라 조정의 권력핵심에 들어간 것이었다. 죽어서는 곽거병과 함께 한무제의 묘역에 안장된다. 그리고 김일제 사후에도 투후(秺候) 벼슬은 자손들에게 세습되어 7세를 전하게 된다.

▷ 서안에 있는 한무제의 묘역에 곽거병과 함께 있는 김일제의 묘

이러한 김씨 집안의 내력이 '대당고김씨부인묘명(大唐故金氏夫人墓銘)'에 상세히 기록되어있다. 김씨 부인은 이구라는 당나라 사람의 후처로 들어가 장안에서 살다 서기 864년에 32세의 나이로 생을 마감했는데, 자신이 살던 섬서성 서안에서 발굴된 그녀의 묘비명에는 신라 김씨의 먼 조상이 소호금천의 후손으로 흉노 휴도왕의 태자인 김일제라고 밝히고 있다. "태상천자(太上天子)께서 나라를 태평하게 하시고 집안을 열어 드러내셨으니 이름하여 소호씨금천(少昊氏金天)이라 하는데, 이 분이 곧 우리가 받은 성씨(김씨)의 세조(世祖)이시다. (중략) 먼 조상의 이름은 김일제로 흉노 조정에 몸담

고 계시다가 서한(전한)에 투항하시어 무제(武帝) 아래에서 벼슬하시었다. 명예와 절개를 중히 여기니 (한무제가) 그를 발탁해 시중과 상시에 임명하고 투징후에 봉하시니 이후 7대에 걸쳐 벼슬하였고 눈부신 활약이 있었다. 이로 말미암아 경조군(서안)에 정착하게 되니 이는 사책에 기록되어 있다. (중략) 한나라가 덕을 드러내 보이지 않아 난리가 나서 괴로움을 겪게 되자 곡식을 싸들고 나라를 떠나 난을 피해 멀리 피난하게 되었다. 그러므로 **우리 집안은 요동(遼東)에 숨어살게 되었다.**"

2. 신나라 왕망과 김씨 집안과의 관계

묘비에 적혀있는 한나라의 난리란 바로 전한(前漢)을 무너뜨리고 신(新)나라를 세운 왕망(王莽)이 죽고 후한이 성립되는 과정에서 발생한 것이다. 왕망은 전한의 13대 황제로 9살짜리 평제(平帝)를 옹립하고 자기 딸을 황후로 삼으며, 5년 후인 AD 5년에는 평제를 독살하고 9대 선제(宣帝)의 고손자인 2살짜리 영(嬰)을 보위에 올리고 3년간 섭정을 한다. 그러다가 AD 8년 아예 한나라를 무너뜨리고 '신나라(新帝國)'을 세워 스스로 황제가 되는 입지전적인 인물이다. 이런 왕망이 김일제 이후 한나라 왕실에서 막강한 권력을 가졌던 김씨 집안의 힘을 업고 있었다는 것은 〈한서 왕망전〉에 상세히 나와 있다.

문정창선생은 왕망의 성이 왕씨가 아니라 김씨라면서 〈한서〉를 쓴 반고가 왕망이 흉노의 후예라는 사실을 감추기 위해 그 출자와 계보를 달리 적었다고 주장했다. 왕망은 김일제의 증손자인 당(當)의 어머니 남대부인(南大夫人)의 형부로 즉 당에게는 이모부로 기록된 사서도 있고, <한서 김일제전>에는 "김당의 어머니는 남(南)인데 곧 망의 어머니이다(當母南卽莽母)."라는 기록이 있어 당시 투후였던 김당과 왕망은 동복형제임을 알 수 있다. 어느 기록이 옳은 것인지는 알 수 없으나 이처럼 왕망은 투후 김씨와 아주 가깝고도 깊은 관계였던 것이다. 왕망이 섭정으로 전권을 휘두를 때나 황제가 되었을 때 투후 김씨 집안은 당연히 정치실세가 되었음을 짐작하고도 남음이 있다.

그러나 왕망의 신나라는 개혁의 실패와 전국에서 일어난 호족들의 봉기와 한나라 왕족인 유씨(劉氏)들의 저항에 부딪혀 꿈을 펼쳐보지도 못하고 15년 만에 망하게 된다. 신나라 황제였던 왕망이 봉기군에게 죽임을 당하게 되자, 신나라에서 요직을 맡고 있던 김씨들은 목숨을 보존하기 위해 필사의 탈출을 하지 않을 수 없었다. 그러한 김씨 집안이 피신한 요동은 한나라의 행정력이 미치지 못하는 곳으로 먼 조상인 김일제와 연고가 있는 동이족의 땅이었다. <한서지리지>에서 유주에 속한 군으로는 요동군, 요서군 등 7개 군이 있는데, 요서군은 고죽성이 있는 산서성 남부 영제시 일대이며 김씨 부인이 말한 요동군은 그 동쪽인 임분시 일대가 된다(참고자료 1). 식민사학자들의 이론대로 섬서성 서안에 있던 김씨들이 난리를 피해 한반도 경주까지 도망왔다는 것은 당시의 교통사정으로 미루어 볼 때 불가능한 일이다. 그리고 당시 한반도에는 신라가 없었기 때문에 굳이 올 필요도 없었다. 당시 김씨들은 자신들의 조상인 김일제와 깊은 관련이 있는 대부여의 도읍지인 장당경 즉 요동(遼東)에 있던 신라로 숨어 들어간 것이다.

▷ 요동군은 요서군의 동쪽으로 현 산서성 임분시 일대이다. 요서군이 산서성 남부 영제시 일대라는 것을 밝히는 결정적인 유적이 고죽성과 백이·숙제의 무덤이다.

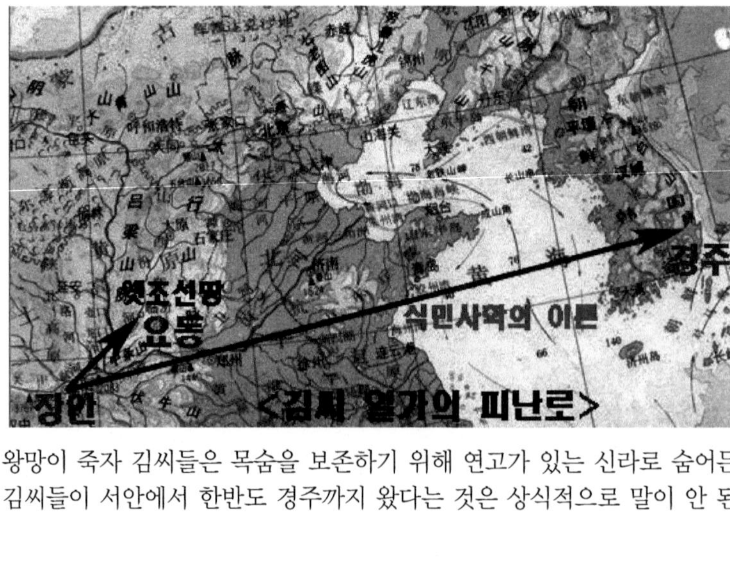

▷ 왕망이 죽자 김씨들은 목숨을 보존하기 위해 연고가 있는 신라로 숨어든다. 김씨들이 서안에서 한반도 경주까지 왔다는 것은 상식적으로 말이 안 된다.

3. 신라에서 정치실세가 되는 김씨 집안

신나라가 망하고 후한이 성립되는 때가 서나벌(신라)의 2대 남해차차웅 20년(23)이다. 〈삼국사기〉에 "20년 가을 태백성(太白星)이 태미성(太微星)의 위치로 들어갔다. 21년 9월 왕이 죽으니 사능원에 장사지냈다."로 기록되어 있어 뭔가 심상찮은 일이 발생했음을 암시하고 있다. AD 24년 "3대 유리이사금의 왕비는 갈문왕 일지의 딸이다. 혹은 왕비는 박(朴)씨로 허루왕(許婁王)의 딸이다."라는 기록이 있는데 이 왕비도 김씨로 보인다. 왜냐하면 5대 파사이사금의 왕비가 김씨로 갈문왕 허루(葛文王許婁)의 딸이라는 기록이 있기 때문이다. 여하튼 김씨들은 신라로 들어오자마자 왕비를 배출하는 등 정치권력의 핵심으로 등장한다.

이후 신라 김씨의 시조인 김알지가 태어나는 해가 4대 탈해이사금 9년(65)으로 이 때 서나벌이란 국호가 계림(鷄林)으로 바뀐다. 이어 김씨 가문은 5대 파사이사금의 왕비와 6대 지마이사금의 왕비를 배출한다. 그리고 김알지의 계통은 세한, 아도, 수류, 욱보, 구도로 이어지다가 김알지 탄생 약 200년 만인 AD 262년 처음으로 김씨가 신라의 왕이 되는데 그가 바로 13대 미추이사금이다. 이후 14/15/16대는 석씨(昔氏)가 왕이 되었고, 17대 내물이사금부터는 김씨(金氏)가 계속 신라의 왕이 된다.

4. 초기 신라의 국호와 그 위치는 어디인가?

〈삼국사기〉에 국호가 서나벌 → 계림 → 신라로 바뀌었다는 기록이 있고, 〈태백일사〉에는 국호를 사로(斯盧) 또는 진한(辰韓)으로 시작했다는 기록이 있다. 또한 <삼국사기>에 "AD 307년 신라라는 국호로 복구하였다."라는 기록으로 보아 신라라는 국호는 이미 사용된 적이 있는 것으로 보이며, 지증왕 4년 신하들이 아뢰기를 "창업이래 국호를 못 정해 사라 또는 사로 또는 신라라 하였는데, 신라라는 국호를 정하면서 '신은 덕업을 일신(德業日新)한다는 뜻이고, 라는 사방을 망라(四方網羅)한다는 뜻이 있습니다."라고 기록되어 있다. 그러나 신라라는 국호는 왕망의 신(新)나라와 뭔가 깊은 연결고리가 있는 것으로 보아야 할 것이다.

식민사학계는 신라의 조상이 흉노 출신 김일제라는 사실을 의아하게 생각하고 있다. 이는 한반도 경주를 신라의 천년고도로 보기 때문인데, 역사의 진실대로 초기 신라를 요동인 산서성 임분에다 놓고 김일제의 이야기를 해석하면 한 치의 오차도 없이 정확하게 설명된다는 것을 알 수 있다. 참고로 1998년 중국 언론은 산서성에 살고 있는 중국 김씨들이 흉노족 김일제의 후손임이 밝혀졌다고 보도한 바 있다. 왜 그들은 산서성에 살고 있을까? 문무왕과 김씨부인의 비문에서 신라 김씨들의 조상은 김일제로 밝혀졌으므로 중국 김씨와 신라 김씨는 같은 조상의 후손들인 것이다. 이처럼 초기 신라가 바로 산서성 임분시에 있었다는 역사적 사실을 입증해주는 유적이 바로 금성(金城)유적인 것이다.

▷ 산서성에 있는 중국 김씨의 종사(宗祀)에 있는 김일제의 화상

▷ 산서성에 살고있는 중국 김씨들이 보관하고 있는 김씨 가계족보

제6장
한사군전쟁은 한무제가 참패한 전쟁

대한민국 국민들은 학생 때부터 잘못된 역사를 배워 "단군은 곰의 신화이고, 중국인이 와서 세운 기자조선과 위만조선이 고조선이며, 한나라가 위만조선을 멸망시키고 한사군이라는 식민지를 한반도 북부에 설치해 수백 년간 이 땅을 지배했다."고 알고 있다. 즉 우리 민족의 역사는 이민족에게 지배당한 식민지로부터 시작된다고 씌어있는 것이 대한민국의 국사교과서로 이는 일제와 조선왕조가 조작한 허구의 이론이었다. 일제는 조선을 영원히 식민지배하기 위해서는 조선인들을 우민(愚民)으로 만들어야 했기 때문에 민족혼 말살정책을 폈다. 그 일환으로 '조선사편수회'를 설치하고 20만권이 넘는 사서를 수거해 불태우고 〈조선사 35권〉이란 역사이론을 만들어 조선인들을 세뇌교육시켰던 것이다.

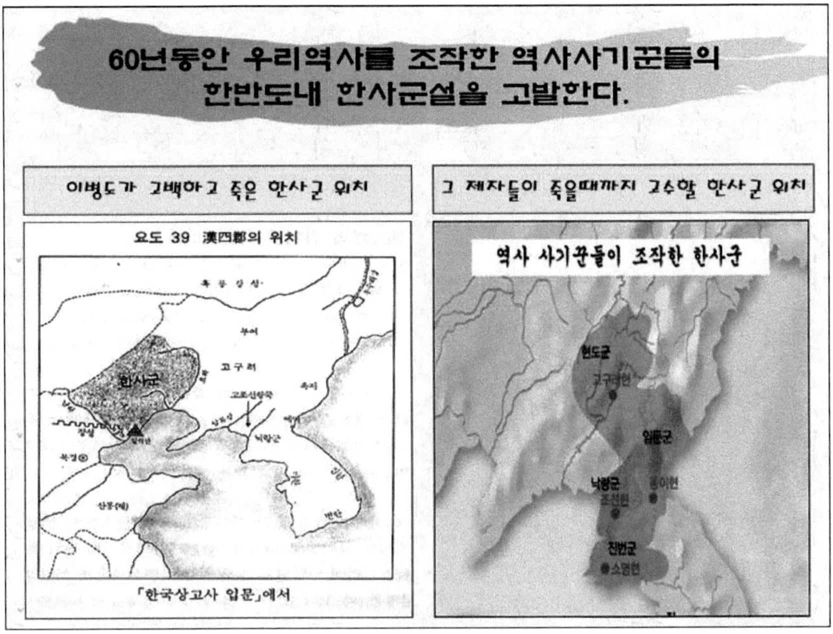

▷ 이병도가 죽을 때 한사군이 요녕성에 있었다고 하자, 제자들이 "우리 스승이 나이가 들어 노망이 들었다"고 하면서 고수한 한반도 내의 한사군. 둘 다 잘못된 이론이나 제자들이 스승보다 더 지독한 식민사학이다.

그렇게 만들어진 식민사학의 이론이 일제가 이 땅에서 물러간 지 65년이 지났건만 아직도 바뀌지 않고 있다. 그 이유는 '조선사편수회'에서 일본인의 발바닥이나 핥으며 민족사 말살에 앞장섰던 식민사학자 이병도의 후학들이 아직도 일제의 식민사학을 철옹성 같이 굳건히 지키고 있기 때문이다. 그들은 아직도 일제 식민지배의 향수를 그리워하고 있는 것으로 보인다.

1. 위만조선은 잘못된 역사용어

한무제 유철(漢武帝 劉徹)은 중국사를 대표하는 한나라의 최전성기를 이룬 황제로 진시황 당태종과 더불어 역사상 가장 위대했던 황제로 칭송되는 인물이다. 그런데 그런 그가 조선의 일부였던 우거(右渠)와 벌인 한사군전쟁에서 참패했다는 사실을 아는 사람이 많지 않다. 이유는 식민사학계가 "한무제가 위만조선을 멸망시키고 식민지인 한사군을 설치했다."고 가르치면서 전쟁에서 참패한 내용은 전혀 알려주지 않았기 때문이다.

우선 위만조선이란 역사용어가 대단히 잘못된 것임을 지적하고 싶다. 식민사학계는 위만조선이 기자조선의 뒤를 이은 고조선이라고 말하고 있으나 이것 역시 대단히 잘못된 이론이다. 원래 연나라 사람이었던 위만은 자신의 망명을 받아주고 박사로 대접한 번조선 기준(箕準)왕의 은공을 배신하고 오히려 그를 공격해 왕위를 빼앗은 배은망덕한 강도(强盜)이다. **자주적으로 우리역사를 기술한 〈북부여기〉에서는 위만과 그 손자인 우거를 도적떼(盜賊)로 표현하고 있다. 강도 위만과 우거는 번조선을 무력으로 빼앗아 불과 86년간 통치했던 도적일 뿐인데, 이를 고조선을 계승한 위만조선의 왕이라 부르는 것은 어불성설이 아닐 수 없다. 식민사학계는 더러운 사대모화주의 근성까지 가지고 있는 것이다.**

한무제는 우거와의 전쟁에서 참패했으나 우거가 신하들에게 살해당하고 그 신하들이 한나라에 투항함으로써 번조선이 망하게 된다. 즉 **승자 없이 패자만 있는 전쟁이 바로 한사군전쟁인 것이다.** 우거가 망할 당시 북쪽에는 진조선을 이은 북부여가 존재하고 있었으며, 바로 옆에는 마조선(마한)도 자리 잡고 있었다. 즉 전체 조선 땅의 일부인 번조선 땅만이 한나라에게 넘어갔을 뿐이었다. 그럼에도 불구하고 마치 조선전체가 한나라와의 전쟁에서 멸망당해 그 땅에 한사군이 설치되었다고 하는 것은 명백한 역사왜곡인 것이다. 그것도 평양을 중심으로 하는 한반도 북부지역이라고 하니 역사왜곡도 유분수가 아닐 수 없다. 과연 그런지 한사군전쟁의 자초지종(自初至終)에 대해 자세히 알아보기로 하겠다.

도 움 글

위만 조선의 의미

위만은 고조선으로 들어올 때에 상투를 틀고 조선인의 옷을 입고 있었다. 그리고 왕이 된 뒤에도 나라 이름을 그대로 조선이라 하였고, 그의 정권에는 토착민 출신으로 높은 지위에 오른 자가 많았다. 따라서 위만의 고조선은 단군의 고조선을 계승한 것으로 볼 수 있다.

36 Ⅰ. 선사 시대의 문화와 국가의 형성

위만은 고조선으로 들어올 때에 상투를 틀고 조선인의 옷을 입고 있었다. 그리고 왕이 된 뒤에도 나라 이름을 그대로 조선이라 하였고 , 그의 정권에는 토착민 출신으로 높은 지위에 오른 자가 많았다. <u>따라서 위만의 고조선은 단군의 고조선을 계승한 것으로 볼 수 있다.</u>

<고등학교 국사 교과서 (2002년 3월 1일 발행) 두산 50p >

▷ 연간 200억의 예산을 쓰고 있는 동북아역사재단 홈페이지에도 위만조선이 고조선을 계승하였다고 말하고 있다. 동북아역사재단은 차라리 중국역사재단으로 명칭을 바꿔라!

2. 한사군전쟁의 개요

B.C 109년 한무제는 섭하(涉何)를 사신으로 파견하여 우거에게 무역할 수 있는 길을 열어달라고 반협박 반회유로 설득하나 우거가 동의하지 않았다. 임무를 달성치 못한 섭하는 한무제에게 책임추궁을 당할까봐 국경인 패수(浿水)까지 배웅한 우거의 신하(비왕)를 살

해하고는 도주해 버린다. 보고를 받은 한무제는 섭하에게 요동동부 도위라는 벼슬을 내리고 요동의 동부지역을 지키게 하자, 우거가 신하의 복수를 위해 섭하를 죽이고는 그 땅을 빼앗아 버린다. 한무제가 탐색전에서 1차 패배한 것이다.

요도4 위만조선과 漢의 동방침략(「국사대관」에서)

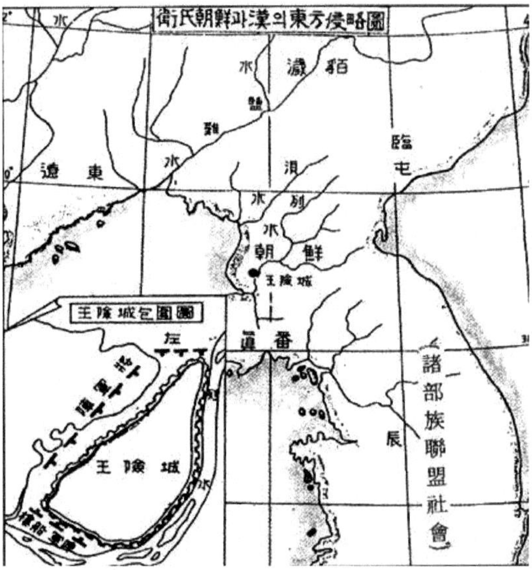

▷ 식민사학자 이병도가 비정한 한사군전쟁도. 이병도는 패수를 청천강으로, 왕검성을 평양으로 보았다.

이에 격분한 한무제는 수군장수 양복(楊僕)에게 흉악한 죄수 등을 모집하여 제(齊) 땅에서 5만의 수군으로 우거를 공격하라 명했다. 양복은 7천의 선봉대로 왕검성을 공격했으나 참패하자 겁을 집어먹고는 왕검성을 포위하긴 했으나 재차 공격하지 못했다. 양복은 첫 전투의 실패로 사형을 당할 처지였으나 대신 거액의 벌금을 내고 서인으로 강등된다. 〈사기 조선열전〉의 기록에 따르면, "그 전 우거와의 전투에서 이미 크게 패했고, 도망한 군사들은 온갖 고통과 치욕을 맛봐 병사들 모두 두려워했고 장수들은 속으로 부끄러워했다(固已多敗亡 其先與右渠戰 困辱亡卒 卒皆恐將心慙)."고 기록되어 있는 것으로 보아 참패도 보통 참패가 아닌 것으로 보인다.

육군 좌장군(左將軍) 순체(荀彘)는 요동으로 출병했는데, 선봉장인 졸정다(卒正多)가 참패하고 돌아오자 군법대로 참수한다. 한나라는 수군과 육군이 합동작전을 하려 했으나 수군장수 양복이 작전회의에 번번이 불참하는 등 단독행동을 계속하자 한무제가 사신 공손수(公孫遂)를 보내 이를 바로 잡으려고 했다. 그러나 공손수가 순체의 술수에 놀아나 양복을 체포하고 수군을 육군에 통합시켜 순체로 하여금 총괄 지휘케 한다. 나중에 이 사실을 안 한무제는 공손수를 참수한다.

수군과 육군이 모두 패하고 지리멸렬하자 한무제는 이 전쟁에서 승산이 없음을 깨닫고는 우거에게 휴전을 제의한다. 이를 받아들인 우거는 선물로 말 5천 필을 주기로 하고 태자로 하여금 1만의 병사에게 군량을 휴대하고 장안으로 가서 한무제를 접견토록 하였다. 군량까지 휴대시킨 것으로 보아 휴전사절단을 위장한 기습작전을 감행하려 했던 것으로 보인다. 한무제의 사신 위산(衛山)이 이를 눈치 챘는지 아니면 불안감 때문인지 1만 병사들의 무장해제를 요구하자, 우거의 아들은 섭하에게 당한 것처럼 한나라에게 속는 것 같은 느낌이 들어 국경인 패수에서 돌아와 버린다. 이를 보고받은 한무제는 우거와의 휴전과 선린우호관계 회복에 찬물을 끼얹은 위산을 참수해 버린다. 한무제가 얼마나 휴전을 갈망했는지를 보여주는 대목이라 하겠다.

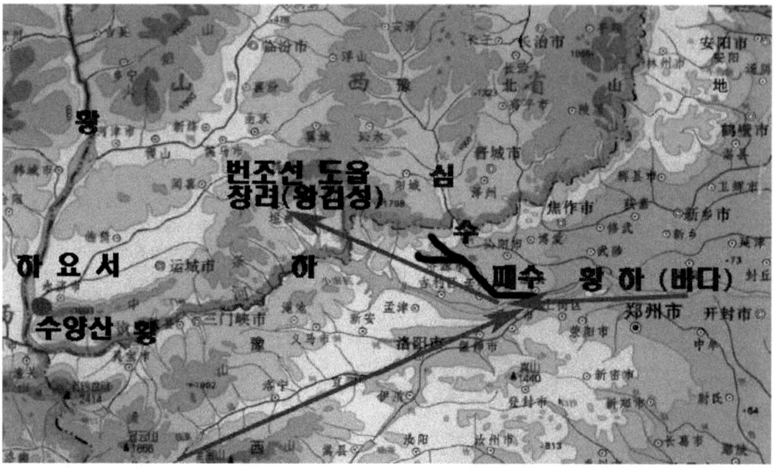

▷ 패수는 황하 북부 하남성에 있는 심수와 황하 사이에 있는 강이다. 화살표는 한나라 군의 진격로이다. 번조선의 도읍인 왕검성은 창려(현 원곡)로 나중에 고구려가 요동성을 세우는 곳이다.

육군과 수군을 통합지휘하게 된 순체가 계속 공격해오자, 우거 진영은 주전파(主戰派)와 주화파(主和派)로 갈리게 된다. 우거가 결사항전을 명령하자 불안감을 느낀 주화파 신하들이 자객을 보내 우거를 살해하고는 한나라에 항복을 청한다. 그럼에도 충신 성이(成已)장군이 왕검성을 지키며 계속 항전하자 간계를 써서 백성들로 하여금 그를 죽이게 만든다. 이러한 반역자들 중에 차기 권좌를 물려받을 우거의 아들이 포함되어 있었다는 것은 참으로 놀라운 일이 아닐 수 없다.

3. 종전 후 처벌받는 한나라 장군과 대신들

한나라 군대의 통합지휘관인 순체는 귀국 후 기시(棄市)라는 형벌에 처해진다. 기시란 참수한 시체를 길거리에 버려 지나가는 사람들이 보도록 하는 극형이다. 죄목은 수군보다 전공을 더 크게 세우기 위해 양복과 서로 공을 다투고 간언하여 양복을 체포하는 등 군계통을 어지럽혔다는 죄였다. 이렇듯 우거와의 전쟁에 참전했던 한나라 장수와 사신들은 모두 죽거나 극형에 처해졌다. 과연 이 전쟁은 누가 이긴 전쟁인가? 한나라가 이긴 전쟁일까?

① 섭하: 요동동부도위, 전쟁 중 **전사(戰死)**
② 졸정다: 육군선봉장, 참패한 죄로 **참수(斬首)**
③ 공손수: 사신, 양복을 체포하여 군을 혼란케 한 죄로 **참수(斬首)**
④ 위산: 사신, 우거와의 휴전협정을 깨뜨린 죄로 **참수(斬首)**
⑤ 순채: 육군사령관, 양복과의 암투로 군을 혼란케 한 죄로 **기시(棄市)**형
⑥ 양복: 수군장수, 수군의 참패와 통합작전을 무산케 한 죄로 원래는 기시형이나 벌금을 내고 서인으로 강등(庶人降等)

원래 전쟁이 끝나고 나면 논공행상(論功行賞)을 하는 법이다. 통상 승전하고 개선한 장수를 제후로 봉해 땅을 나누어 주고 전 장병을 포상하는 것이 관례이다. 그래야 다음 전쟁에서 병사들이 죽을 각오로 싸우기 때문이다. 그러나 한사군전쟁이 끝나고는 상을 받은 자가 아무도 없었으며 오히려 극형만이 기다리고 있었다. 한사군전쟁에 종군하여 전쟁의 실상을 직접 눈으로 목격한 사마천은 〈사기 조선열전〉에서 한사군전쟁의 결과에 대해 다음과 같이 평하였다. **"兩軍俱辱 將率莫候矣(수·육 양군이 모두 치욕을 당했다. 장수들 중 제후로 봉해진 자가 없었다)."** 사마천의 이 문구 역시 춘추필법다운 완곡한 표현이었다. 차마 전쟁에 참패해서 참전한 장수들이 모두 극형을 당했다고 직접적으로 쓰지 못하고 제후로 봉해진 자가 없었

다고 우회적으로 표현한 것이다. 이렇듯 한나라가 참패한 전쟁인데 어떻게 그 결과로 식민지 한사군이 설치될 수 있단 말인가! 한사군은 조작된 허구로 역사왜곡의 산물인 것이다.

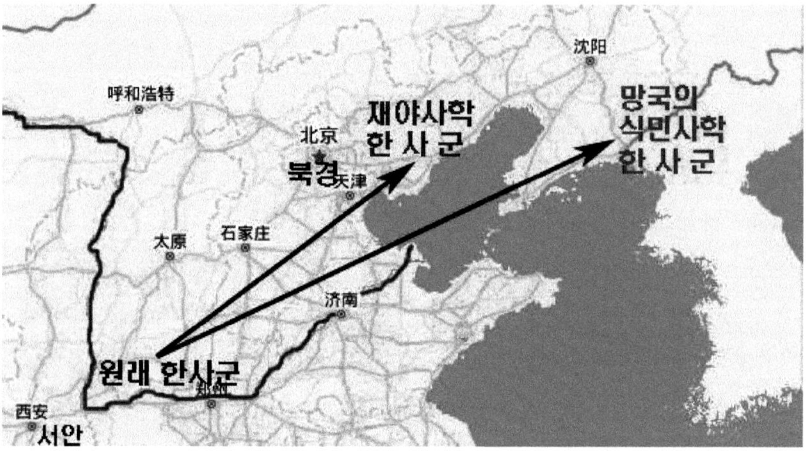

▷ 전쟁에 패한 한나라가 어떻게 식민지(한사군)를 설치할 수 있단 말인가? 설사 한사군은 있었어도 산서성 최남부와 황하북부 하남성 일대이다.

제7장
반역자라는 오명과 맞바꾼 부귀영화

한무제와 위만의 손자 우거가 맞붙은 한사군전쟁은 한나라의 참패였음에도 불구하고 갑자기 끝난 이유는 번조선의 신하들이 작당하여 주군인 우거를 죽이고 한나라에 항복했기 때문이다. 한나라의 육군과 수군을 통합지휘하게 된 순체가 계속 공격해 오자 우거 진영은 결사항전을 주장하는 주전파(主戰派)와 항복하자는 주화파(主和派)로 나뉘게 된다. 우거의 아들을 포함한 많은 대신들이 주화파였으며, 우거(右渠)와 성이(成已)장군 등이 결사항전을 주장하였다. 장관급 벼슬에 있던 삼(參)이 자객을 보내 우거를 살해하자 로인(路人)과 한음(韓陰)과 장군 왕겹(王唊) 등이 삼과 함께 한나라에 항복을 청한다. 우거의 죽음에도 불구하고 성이(成已)장군이 왕검성을 굳게 지키나 또 다른 반역자인 장강(長降)과 최(最)의 간계로 그 역시 죽게 되어 마침내 한사군전쟁이 끝나게 되는 것이다.

사마천은 〈사기 조선열전〉에 다음과 같이 기록하였다.

"이로써 마침내 **조선을 평정하여 사군으로 했다.** 삼을 봉하여 홰청후로 삼고, 음을 적저후로 삼고, 겹을 평주후로 삼고, 장강을 기후로 삼는다. 최는 아버지 로인의 죽음이 공이 있어 온양후로 삼는다(**以故遂定朝鮮爲四郡** 封參爲澅淸候 陰爲荻苴候 唊爲平州候 長降爲幾候 最以父死頗有功爲溫陽候)."기록에는 4군이라 적었으나 실제로는 5군이었으며 그 5군에 봉해진 제후는 한나라 사람들이 아니라 모두 반역에 가담했던 우거의 신하들이었다. 즉 한사군(漢四郡)이 아니라 조선오군(朝鮮五郡)이었던 것이다. 이러한 〈사기 조선열전〉의 기록이 후대(後代)의 사가(史家)들에 의해 곡필 왜곡되기에 이르는 것이다.

▷ 한사군의 위치가 산서성 남부로 정확히 밝혀졌으므로 한사군의 잘못된 위치 논란 이제는 종식되어야 한다.

위 〈사기〉의 기록을 약 180년 후에 나온 〈한서〉에서 **"마침내 조선을 멸해 낙랑, 현토, 임둔, 진번으로 하였다(遂滅朝鮮爲樂浪玄免臨屯眞番).**"고 기록하여 조선을 평정(定)한 것이 멸망(滅)시킨 것으로 바뀌며, 조선오군(홰청, 적저, 평주, 기, 온양)이 한사군(낙랑, 현토, 임둔, 진번)으로 변하게 되는 것이다. 한사군전쟁을 종군한 사마천이 직접 보고 적은 〈사기〉에는 5군에 임명된 제후들의 이름과 지역까지 상세히 적혀 있으나, 〈한서〉는 그 내용을 삭제했고 조선오군 대신 한사군이 설치되었다고 기록하여 역사를 왜곡했던 것이다. 그래서 대부분 사람들이 마치 한무제가 조선과의 전쟁에서 크게 이겨 식민지인 한사군을 설치한 것으로 알게 되었던 것이다.

1. 민족반역자 열전

삼, 한음, 왕겹, 최, 장강은 모두 반역자들이다. 그들은 자신들의 손으로 자신들의 나라를 망하게 한 대가로 이민족인 한무제에게 제후로 봉해지는 영광(?)을 누리게 된다. 특히 이러한 반역자들의 무리에 우거의 아들인 장강(長降)이 포함되어 있었다는 것은 참으로 놀라운 일이 아닐 수 없다. 장강은 왕위를 물려받을 수 있는 위치에 있었으나, 우거가 이미 죽어서 그런지 한나라에 항복하고는 결사항전하고 있는 충신 성이장군까지 죽게 만들어 결국 자기 손으로 나라를 완전히 망하게 한다. 대신 그는 한나라로부터 제후인 기후(幾候)에 봉해진다. 이러한 장강의 행동은 백제가 망할 때 의자왕의 태자 부여융의 행동과 유사한 것이어서 참으로 씁쓰름하다.

▷ 부여시는 부여융의 가묘를 만들어 그의 위대한 업적(?)을 기리며 민족반역만이 잘사는 길(?)이라고 국민들에게 알리고 있다.

부여융은 당나라에 항복한 뒤 웅진도독부대방군왕(熊津都督府帶方郡王)이란 벼슬을 받고는 백제의 부흥운동을 무산시킨 인물이다. 662년 7월 당나라 수군과 군량선을 이끌고 복신(福信)과 부여풍(扶餘豊) 등이 부흥운동을 벌이던 주류성(周留城)으로 진군하여 평정한 뒤 당나라로 돌아간다. 또한 당나라 장수 유인궤의 주선으로 백제를 망하게 한 신라왕과 만나 백마의 피로 서로 맹세하는 의식을 치르고, 백제부흥군의 주역인 흑치상지를 설득해 당나라에 항복하게 만든다. 이로써 그의 조국 백제는 부흥의 꿈을 완전히 접고 망하게 되어 제사까지 끊기게 되었다.

원래 외적의 침입보다는 내부반역자들 때문에 나라가 망하는 법이다. 우거가 망한 것도 반역자들 때문이며, 대제국 고구려가 망한 것도 민족반역자 연남생이 당나라 군대의 선봉에 서서 조국인 고구려를 공격했기 때문이며 신성(信誠) 등 쓰레기 같은 반역자들이 평양성에서 몰래 당나라 군대와 내통해 성문을 열었기 때문이다. 백제가 망할 때는 웅진성주 예식진이 의자왕을 체포해 당나라에 넘겨 항복하게 함으로써 순식간에 나라가 망하게 된다. 예식진은 자신의 나라를 망하게 한 대가로 당나라로부터 부여융과 흑치상지와 같은 등급인 정3품에 해당하는 벼슬을 받는다.

그리고 구한말 일제에 협력해 나라와 민족을 팔아먹은 대가로 부귀영화를 누린 매국노 이완용과 송병준 그리고 '조선사편수회'에서 자국의 역사를 도살(屠殺)한 이병도 등이 민족반역자 대열에 든다고 할 수 있다. 매국노 이완용과 송병준이 팔아먹은 나라는 36년 만에 되찾았지만, 식민사학자 이병도가 말살한 역사는 해방 65년이 지났건만 아직도 되찾지 못하고 있기에 이병도는 그 죄질이 매국노보다 더 나쁜 민족반역자라 하겠다. 민족반역자들은 반역의 대가로 죽을 때까지 부귀영화를 누렸겠지만, 사후 지금까지도 욕을 계속 얻어먹고 있으며 그 오명은 역사가 살아있는 한 계속 이어져 내려갈 것이다.

▷ 일제에 나라와 민족을 팔아먹은 민족반역자들. 왼쪽부터 이완용, 송병준 그리고 이병도

2. 반역자들이 제후로 봉해진 땅은 어디인가?

나라를 망하게 한 일등공신(?)으로 한나라의 제후가 된 반역자들이 받은 봉지(封地)인 홰청(澅淸), 적저(荻苴), 평주(平州), 기(幾), 온양(溫陽) 즉 나중에 한사군(漢四郡)으로 조작되는 조선오군의 땅이 어디였는지 알아보기로 하겠다. 이 봉지는 위만과 우거가 통치하던 번조선의 영토였다. 식민사학계는 이 지역을 대동강 평양(낙랑군)을 중심으로 한반도 북부와 요녕성 일대로 말하고 있으며, 재야사학에서는 하북성 진황도시 일대나 북경과 천진 일대라 하고 있다. 그러나 실제 이들이 봉해진 땅은 대륙 깊숙이 황하북부 하남성까지 한참 들어가야 한다. 왜냐하면 단군조선의 영토가 그만큼 컸기 때문이다.

▷ 평주는 요서군에 속한 지명, 하동(河東)은 글자 그대로 황하동쪽인 산서성 남부를 말함이다.

먼저 중국 오(吳)나라 위소(韋昭)가 〈사기〉에 붙인 주(註)는 다음과 같다.

- 왕겹(王唊)을 봉한 평주(平州)는 양부(梁父)에 속한다,
- 장강(長降)을 봉한 기(幾)는 하동(河東)에 속한다.
- 한음(韓陰)을 봉한 적저(荻苴)는 발해(渤海)에 속한다,
- 삼(參)을 봉한 홰청(澅淸)은 제(齊)에 속한다,
- 최(最)를 봉한 온양(溫陽)은 제(齊)에 속한다.

(1) **왕겹(王唊)을 봉한 평주(平州)는 어디인가?**

평주(平州)에 대한 〈중국고대지명대사전〉의 설명은 다음과 같다.

"진나라 때 유주에서 갈라져 창려에 치소가 있었고, 전연 때 양평, 후연 때 용성과 평곽, 전진 때 화룡, 후위 때 비여, 수·당 때 북평군으로 바뀌고 원 때 영평부로 바꾸고 노룡에 치소가 있었다(참고자료 28)." 유주, 양평, 비여, 북평군, 노룡 등의 지명이 나오는 것으로 보아 평주는 유주(幽州)의 요서군(遼西郡)으로 산서성 남부 운성시 서부인 영제시 일대라는 것을 쉽게 알 수 있다. 북평군은 요서군의 바로 밑으로 산서성 최남단 황하변의 중조산 일대이다(참고자료 1).

(2) **장강(長降)을 봉한 기(幾)가 속한 하동은 어디?**

하동(河東)에 대한 〈중국고대지명대사전〉의 설명은 "황하 동쪽의 오래된 지명으로 동쪽에는 항산, 서쪽에는 황하, 남쪽에는 수양과 태행 그리고 북쪽에는 돌궐이 있다. 로주 등 여러 주의 지명이 나오는데 산서성 땅으로 치소는 영제현에 있다(참고자료 9)." 즉 하동은 말 그대로 황하의 동쪽인 산서성 남부 운성시 일대를 말하는 것이며, 그 서부인 요서군의 영제현에 그 치소가 있었다 한다.

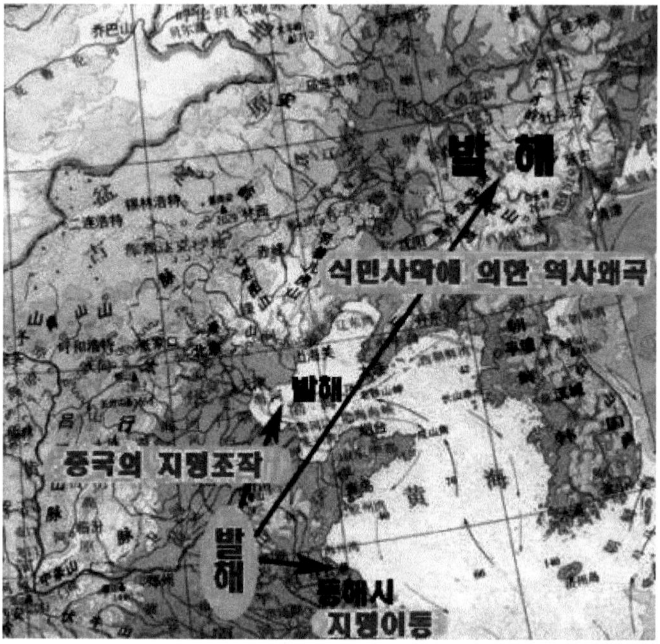

▷ 발해는 하남성과 산동성의 경계에 있는 큰 내륙호수이다.

(3) 한음(韓陰)을 봉한 적저(荻苴)가 속한 발해(渤海)는 어디?

발해는 현 중국의 내해를 말하는 것이 아니라, 고대의 발해는 하남성과 산동성의 경계에 있던 큰 내륙호수인 대야택(가로 100km × 세로 300km)으로 동해(東海)라고도 불렸다. 즉 여기서의 적저는 황하 북부 하남성 일대를 말하는 것이다. 참고로 발해는 1926년 경 역사왜곡을 위해 지금의 중국의 내해로 지명이동 되었다.

(4) 삼(參)을 봉한 홰청(澅淸)이 속한 제(齊) 땅은 어디?

흔히 제나라는 산동성 임치에 도읍을 두었던 나라로 알고 있으나 이는 역사왜곡을 위해 지명이동된 것으로 실제로는 하남성 황하 주변에 있있다. 제나라의 기원이 되는 강태공의 고향인 위휘현(衛輝縣)의 관련 기록을 보아도 알 수 있다(제2편 35세 사벌단군 참조).

(5) 최(最)를 봉한 온양(溫陽)이 속한 제(齊) 땅은 어디?

제에 속한 온양은 황하북쪽에 있는 지금의 하남성 초작시 온현(溫縣)의 북쪽이다. 원래 양(陽)이란 글자는 북쪽이란 뜻이 있어 온양은 온(溫)의 북쪽으로 해석된다. 온현은 왕옥산에서 발원한 패수가 제원시를 지나 황하로 들어가는 곳이기도 하다.

3. 위만과 우거의 영토는 패수 주변

기준이 다스린 번조선과 연나라의 국경은 황하북부 하남성에 있는 패수(浿水)였다. 연나라 사람이었던 위만이 망명하면서 건넌 강인 패수는 심수와 황하 사이에 있는 현재 망하(蟒河)로 고대에 추수(溴水) 또는 제수(濟水)라고도 불렸으며, 왕옥산(王屋山) 주변에서 발원해 제원(濟源)시와 온(溫)현을 지나 황하로 들어가는 강이다. 그리고 〈사기 조선열전〉에 따르면, "(위만은) 점점 전쟁을 벌여 진번조선과 만이와 옛 연·제를 복속시켰다(稍役屬眞番朝鮮蠻夷及故燕齊)."라는 기록이 있어 위만이 과거 연나라와 제나라 땅인 황하북부 하남성도 정복했던 것으로 보인다. 한무제는 원래 번조선의 영토인 산서성 남부와 위만이 정복한 하남성 땅까지 반역자들에게 제후의 봉지로 주었던 것이다. 이러한 조선오군(朝鮮五郡)의 땅이 후대의 중국 사가(史家)들의 붓장난에 의해 한사군(漢四郡)으로 바뀌게 되며, 조선왕조와 일제 식민사학자들에 의해 그 위치가 한반도 북부와 요녕성 일대로 비정되는 것이다.

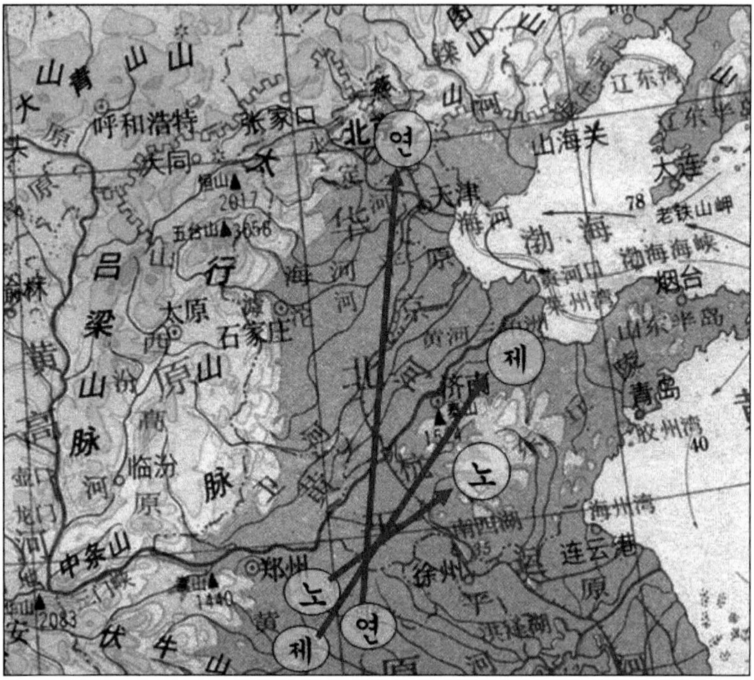

▷ 원래 하남성에 있던 제, 노, 연이 역사왜곡을 위해 산동성과 북경으로 각각 옮겨지게 되어 대륙 동부가 역사적으로 한족의 강역으로 바뀌게 되는 것이다.

식민사학계의 한반도 한사군 이론이 잘못되었다고 호된 비판을 가하고 있는 재야사학계의 주장도 각양각색이다. 학자에 따라 한사군의 위치가 요녕성 또는 하북성 진황도시 일대 또는 북경 일대로 주장하는가 하면, 하북성 남부와 산동성 전체라고 말하는 학자도 있는데 모두 연나라를 하북성(북경)에 놓고 해석했기 때문이다. 즉 황하북부 하남성에 있는 패수의 위치를 지금의 요하 또는 난하 또는 북경 부근의 영정하 등으로 잘못 비정했기 때문에 나온 결과이므로 반드시 재고되어야 한다.

제8장
한사군의 핵심인 낙랑군의 위치는 어디인가?

1. 패수는 동쪽으로 흘러가는 강

번조선과 연나라의 국경이었던 패수의 상류에 있는 왕검성은 한나라와 치열한 전투가 벌어졌던 한사군전쟁의 주 무대였다. 패수는 황하북부 하남성 왕옥산에서 발원해 황하와 심수 사이에 있는 제원(濟源)현을 거쳐 온현(溫縣)에서 황하로 들어가므로 동류(東流)하는 강이다. 사마천의 〈사기 조선열전〉에도 패수는 동류하는 강으로 기록되어 있다. 왜냐하면 패수 서쪽을 지키는 패수서군(浿水西軍)과 패수 상류를 지키는 패수상군(浿水上軍)이란 표현이 있는데, 같은 내용을 서군과 상군으로 다르게 기록했기 때문에 패수의 서쪽이 상류라는 것을 쉽게 알 수 있다. 또한 수경(水經)에 "패수는 낙랑 루방현에서 나와 동남쪽 임패현을 지나 동쪽에서 바다로 들어간다 (浿水

出乐浪镂方县, 东南过临浿县, 东入于海).”는 기록이 있고, 허신(許愼)의 설문(說文)에도 “패수는 루방에서 나와 동쪽에서 바다로 들어간다(浿水出镂方, 东入海).”는 기록이 있어 패수는 서쪽에서 동쪽으로 흐르는 강임을 알 수 있다.

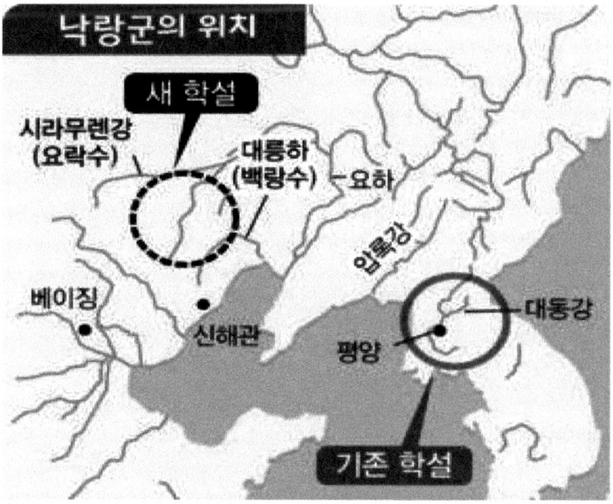

▷ 패수는 동류하는 강이기 때문에 식민사학의 원조인 이병도의 청천강 패수설은 일고의 가치도 없는 이론이다. 재야사학에서 제기된 새로운 학설은 그나마 동류하는 강으로 비정되었다.

그런데 식민사학계는 이러한 패수를 식민사학자 이병도가 비정한 대로 동쪽에서 서쪽으로 흐르는 즉 서류(西流)하는 청천강으로 비정하고 있다. 일제는 역사왜곡을 위해 기록상 동류하는 패수를 한반도로 옮겨야 하는데 한반도에는 지형상 동류하는 강을 찾기가 어려웠을 것으로 보인다. 그렇다고 두만강을 패수라 할 수도 없고…… 그리고 지금까지 재야사학에서 패수로 비정한 요하나 난하도 동류하지 않는 강이다. 둘 다 모두 헛다리를 짚은 격이다.

2. 한사군의 핵심인 낙랑군은 어디인가?

조선과 연나라의 경계인 패수(浿水)의 위치가 정확하게 밝혀짐으로써 한사군의 핵심인 낙랑군의 위치까지 찾을 수 있게 되었다. 일제 식민사학계는 한사군의 핵심인 낙랑군을 현 대동강 평양에 비정함으로써 우리의 고대사를 한반도와 만주 일대의 가두리 양식장으로 가두어 놓았으나 이는 명백한 역사왜곡임이 밝혀진 것이다. 패수(=추수)를 건너 망명한 위만은 자신에게 은혜를 베풀어 준 기준왕이 있는 번조선의 도읍인 창려를 공격한다. 나중에 고구려의 요동성(遼東城)이 되는 창려(왕검성)라는 지명은 현재 하북성 진황도시 창려현으로 옮겨져 있지만, 원래 창려는 현 산서성 원곡(垣曲)이 확실하다 하겠다.

역사 기록에 따르면 고구려의 요동성은 요수를 건너 고구려로 들어오는 관문으로 다른 성(山城)들과는 달리 평지에 구축되어 있는 성이다. 수양제와 당태종의 고구려 진군로를 볼 때 그런 지형을 갖춘 곳은 산서성 남단에 있는 원곡뿐이다. 왜냐하면 다른 곳은 높은 산으로 가로막혀있어 대규모 병력이 지날 수 없는 지형이기 때문이다. 바로 이곳에 한사군의 핵심인 낙랑군의 치소가 있었다. 그 근거는 〈수경(水經)〉에서 패수(浿水)에 대한 설명에서도 찾을 수 있다. "패수는 낙랑 루방현에서 나와 동남으로 임패현을 지난다. (중략) 〈13주지〉에서 말하길, 패수현은 낙랑의 동북에 있고, 루방현은 낙랑군의 동쪽에 있다. 대개 그 현에서 나와 남쪽 루방을 지난다. 위수도 패수에서 나와 루방을 지난다. 옛 연나라 사람 위만이 패수에서 서쪽 조선까지 갔다(참고자료 26)." 즉 패수현은 왕옥산 부근을 말하는 것이고, 패수가 나오는 루방현이 낙랑의 동쪽에 있다 했으므로 왕옥산 서쪽에 있는 원곡이 낙랑군의 치소인 것이다. 또 〈한서지리지〉에서 유주의 낙랑군을 설명한 내용 중 패수현(浿水縣)과 조선현(朝鮮縣)이 있는데(참고자료 1), 패수가 원곡 동북쪽에 있는 왕옥산에서 발원하여 동류하는 강이므로 패수현은 왕옥산 주변에 있는 현으로 보인다.

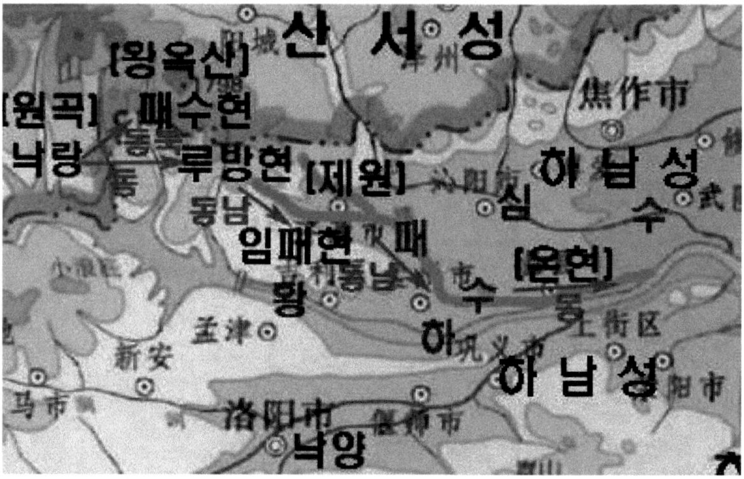

▷ 〈수경〉의 기록과 정확히 일치하는 지도. 낙랑의 치소인 창려(요동성)은 산서성과 하남성의 경계에 위치한 원곡이다.

3. 한사군의 땅은 기자를 봉한 땅이며 고죽국의 땅

≪수서≫ 배구전(裴矩傳)에 이르기를, "고구려는 본시 고죽국(孤竹國)인데, 주(周)가 여기에 기자(箕子)를 봉하였더니, 한(漢)에 이르러 삼군(三郡)으로 나누었다."는 기록이 있다. 즉 기자를 봉한 땅이 고죽과 가까웠고 그곳은 고구려의 땅이며, 한사군의 땅이라는 것이다. 고죽국의 위치는 여러 사서에 기록되어 있는 백이·숙제가 굶어죽은 수양산을 통해 알 수 있다.

〈지리지〉 고죽국은 요서 영지현에 있다(≪地理志≫ 云孤竹國在遼西令支縣故也).

〈설문〉에서 전하길, 수양산은 요서에 있다(〈說文〉「許愼」云. 首陽山在遼西).

〈사기집해〉에서 마융이 말하길 "수양산은 하동 포판 화산의 북에 있고, 강이 꺾이는 곳에 있다(〈史記集解〉「馬融」曰: 首陽山在河東蒲阪華山之北 河曲之中)."

〈한서지리지〉에 따르면, 요서군은 낙랑군, 요동군, 우북평군, 상곡군, 어양군, 현토군과 함께 유주(幽州)에 속한 군으로 그 위치는 산서성 남부 운성시의 서부인 영제(永濟)시 일대이다. 그 근거는 〈한서지리지〉에서 유주의 요서군에 속한 현들을 설명하는 문구에 "영지현에 고죽성이 있다(令支有孤竹城)"는 기록이 있기 때문이다(참고자료 1). 즉 고죽국 백이·숙제가 굶어죽은 수양산이 있는 요서군의 땅이 곧 기자가 살던 곳이며 그 근처에 한사군이 있었다는 말인 것이다. 즉 한사군은 산서성 남부와 황하북부 하남성에 걸쳐 있었으며, 핵심인 낙랑군의 치소 창려는 패수 서쪽에 있는 현 원곡시인 것이다. 이러한 한사군이 어떻게 한반도 평양에 있을 수 있단 말인가!!! 일제는 한반도 낙랑군설을 날조하기 위해 낙랑군에 속한 점제현신사비를 평안남도 온천군으로 옮겨놓기도 했는데 참으로 치졸한 행위라 아니할 수 없다.

낙랑군의 위치가 정확하게 밝혀짐으로써 백제의 건국지까지 찾을 수 있게 되었다. 왜냐하면 백제의 옛 땅이라는 대방고지(帶方故地)가 낙랑군에 속한 현이기 때문이다. 백제의 초기 도읍은 유주의 낙랑군이 있는 산서성 남부에서 찾아야 하거늘, 한성을 서울시 하남으로 비정하는 식민사학계의 잘못된 역사 이론이 아직도 대한민국에서 공공연히 교육되고 있다. 정말로 슬픈 일이 아닐 수 없으며 이게 다 친일을 제대로 청산하지 못한 결과인 것이다.

제4편

천하의 중심 고구려

제1장
고구려의 건국년도는 언제인가?

우리는 박혁거세에 의한 신라 건국이 B.C 57년이고 고주몽의 고구려 건국이 B.C 37년으로 신라가 고구려보다 먼저 건국된 것으로 알고 있다. 이는 〈삼국사기〉의 기록을 근거로 한 것인데, 〈한단고기〉가 세상에 나오면서부터 〈삼국사기〉의 고구려 건국년도와 고주몽의 나이가 김부식에 의해 고의로 왜곡되었고, 북부여가 고구려의 전신이라는 사실도 알게 되었다. 다음은 〈한단고기〉와 〈삼국사기〉에서의 고주몽의 나이와 고구려 건국년도의 비교표이다.

	한단고기	삼국사기	고구려사초·략
고주몽의 탄생년도	B.C 79년	B.C 58년	B.C 58년
고구려의 건국년도	B.C 58년	B.C 37년	B.C 37년

광개토태왕 비문에 "추모대제(고주몽)는 북부여 천제의 아들이다."라는 문구가 무슨 뜻인지 잘 이해가 되지 않은 이유는 <삼국사기>에 북부어에 대한 기록이 거의 없고 또한 북부여와 고구려의 연관성을 철저히 차단해 놓았기 때문이다. 그래서 일제가 우리 역사를 말살하기 위해 20만권이 넘는 사서를 불태우는 와중에서도 <삼국사기>는 <삼국유사>와 함께 끝까지 살아남는 것이다. 그 이유는 <삼국유사>에 있는 단군에 관한 짧은 기록을 단군신화 조작에 이용하기 위함이요, <삼국사기>에는 아예 단군조선(대부여)과 북부여의 역사를 기록하지 않았기 때문이다. 일제는 이 두 사서의 기록을 근거로 단군조선은 신화이며 우리 민족은 이민족이 세운 기자조선과 위만조선을 거쳐 한사군의 지배를 받다가 B.C 57년에 신라가 민족의 첫 국가로 건국되었다고 조작한 것이다.

그렇다면 일제는 왜 북부여와 고구려의 연관성을 차단하려고 했을까? 그 이유는 고구려가 북부여로부터 이어져 내려온 나라라는 것을 인정하게 되면, 고구려가 단군조선의 정통성을 이어받은 적장자라는 것이 드러나기 때문이다. 또한 <삼국사기>에는 고주몽의 나이와 고구려의 건국년도가 왜곡되어 있어 북부여와 고구려와의 연관성을 찾아볼 수 없게 되어있다. 그러나 <한단고기>는 고구려의 건국에 대해 <삼국사기>와 상당히 다르게 기록하고 있는데, 과연 어떻게 다른지 휴애거사 범장선생이 쓴 <북부여기>와 <가섭원부여기>를 통해 알아보도록 하겠다.

1. 단군조선과 고구려를 연결하는 북부여의 역사

B.C 239년 해모수의 쿠데타가 성공하자 이듬해 대부여(조선)의 47세 고열가단군은 제위를 버리고 입산수도하고 6년간 오가(五加)에

의힌 공화정치가 실행되었다.

B.C 232년 공화제를 철폐한 해모수는 국호를 대부여에서 북부여로 바꾸고 만백성의 추대를 받아 1세 단군으로 등극하고 45년간 제위에 있었다.

2세 모수리단군(B.C 194∼170년)의 제후인 번조선왕 기준이 위만의 공격을 받아 패하고는 해(海)로 들어가 한의 땅(韓地)으로 간다. 이후 북부여는 번조선을 빼앗은 도적떼 위만의 공격에 대비하게 된다.

3세 고해사단군(B.C 169년∼121년) 때는 단제가 직접 위만을 쳐 부수기도 한다.

4세 고우루단군(B.C 120년∼87년) 때는 위만의 손자인 우거를 토벌하기도 했으나 결국 패해 해성 이북 50리 땅이 우거에게 넘어간다. B.C 108년 우거와 한무제 사이에 전쟁이 일어나고 우거는 전쟁에 이기고도 반역자들의 배신으로 죽임을 당해 결국 번조선 땅에는 조선 5군이 설치되고 한나라의 영향권 안에 들어간다.

그 과정에서 북부여도 많이 쇠약해지다보니 내부에서 강력한 쿠데타가 일어난다. 4세 고우루단군 때 고두막(高豆莫)이 세상을 구할 뜻을 세워 스스로 졸본(卒本)에서 즉위하고 국호를 동명(東明)이라 하였는데 어떤 이들은 고열가단군의 후손이라고도 한다. B.C 106년 격문을 전하니 열흘이 못되어 오천 명이 모여 한나라 도적들과 싸울 때마다 이겨 마침내 군대를 이끌고 구려하를 건너 요동의 서안평(西安平)에 이르니 옛 고리국(槀離國) 땅이었다.

B.C 87년 고두막은 북부여의 4세 고우루단군에게 사람을 보내 고하길 "나는 천제의 아들인데 장차 이곳에 도읍을 정하고자 하니 이 땅에서 옮겨가시오."라고 협박하니 고우루단군이 병을 얻어 붕어한다. 이어 동생인 해부루(解夫婁)가 즉위하나 여전히 고두막이 군대

를 앞세워 위협하자 결국 굴복하고 만다. 해부루가 왕실만이라도 보전해 달라고 애원하니 고두막이 해부루를 낮추어 제후로 삼고 분능(가섭원)으로 옮기게 한다. 이를 가섭원(迦葉原)부여 또는 동부여(東夫餘)라고 한다. 고두막은 대부여(조선)의 정통성을 이어받은 북부여의 5세 단군으로 즉위한다. 이로써 북부여에서는 시조 해모수의 혈통이 끊기고 그 혈통은 동부여에서 이어진다.

B.C 6년 북부여 5세 고두막단군이 붕어하고 태자 고무서가 6세 단군으로 즉위한다. 고무서단군은 신과 같은 덕이 있어 능히 주술로써 바람과 비를 불러 잘 구제하므로 민심을 크게 얻어 소해모수(小解慕漱)라고 불렸고, 2년간 재위에 있다가 단군의 제위를 사위 고주몽에게 물려주고 붕어한다. 이로써 고주몽이 북부여의 7세 단군으로 즉위하게 되는 것이다.

2. 동부여의 역사

동부여의 시조는 북부여 4세 고우루단군의 동생인 해부루이다.

B.C 86년 고두막한에게 도읍과 나라까지 넘겨주고 가섭원으로 옮겨와 동부여라는 새로운 나라를 세웠다.

B.C 77년 늦도록 아들이 없던 왕이 금색의 개구리 모양을 한 어린아이를 보고는 거두어 길러 이름을 금와(金蛙)라 하고 태자로 삼았다.

B.C 48년 해부루왕이 죽고 태자 금와가 2세 왕으로 즉위한다.

B.C 24년 유화부인이 죽자 고구려가 졸본으로 모셔와 황태후의 예로 장사지냈다.

B.C 6년 금와에 이어 대소가 3세 왕으로 즉위한다.

A.D 22년 고구려의 대장군 괴유가 전쟁터에서 대소왕의 목을 벤다.

이어 대소왕의 동생이 갈사국을 세우나 3세 47년 만에 망하고 고구려의 제후인 동부여후(東夫餘候)에 봉해진다.

▷ 드라마 주몽에서의 부여의 2대 금와왕과 3대 대소왕. 고주몽은 누구와 같은 세대일까?

3. 고주몽의 건국년도는 언제인가?

〈태백일사 고구려국본기〉에 따르면, B.C 192년 시조 해모수의 아들 2세 모수리단군은 동생인 고진(高辰)에게 평양도에 속한 해성(海城)을 수비하는 임무를 맡긴다. 이러한 고진의 손자인 고모수(高慕漱: 본명 불리지)가 압록강변에 나들이를 나온 하백녀 유화부인(고주몽의 어머니)을 유혹하여 강제로 정을 통한다.

B.C 79년 5월 5일 유화부인이 사내아이를 낳으니 이름을 고주몽(高朱蒙)이라 하였다. 단오절은 원래 치우천왕과 고주몽의 탄신을 기리는 축제일이었다.

B.C 59년 동부여 사람들이 주몽을 죽이려 하자 동남쪽으로 도망하여 엄리대수를 건너 졸본에 이른다. 마침 북부여의 6세 고무서단군이 고주몽을 보고 사람이 범상치 않음을 느끼고는 딸을 주어 아내로

삼게 하였다.

B.C 58년 아들이 없던 고무서단군은 사위 고주몽으로 하여금 대통을 이으라는 유언을 남기고 붕어한다. 그래서 고주몽이 23세의 나이에 북부여의 7세 단군으로 즉위하게 되는 것이다.

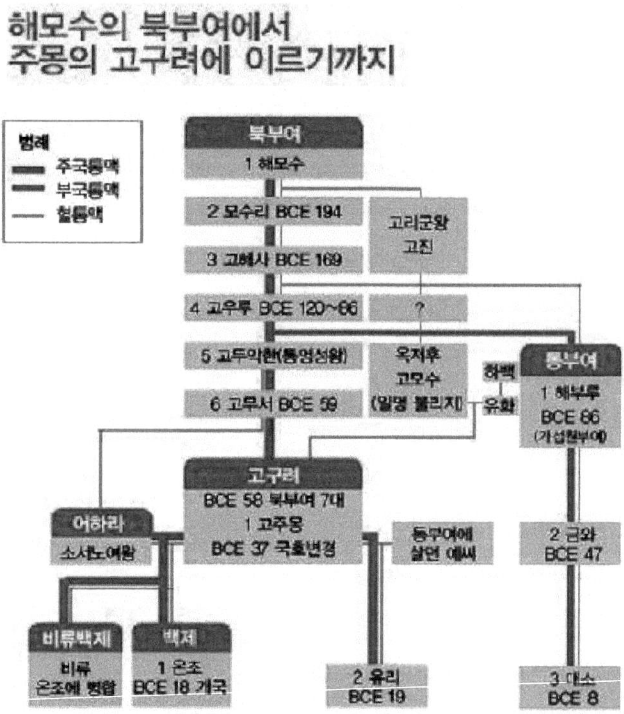

▷ 북부여 해모수로부터 고주몽까지 이어진 가계도

이처럼 <북부여기>는 고주몽의 선조가 누구인지에 대해 정확하게 밝히고 탄생과정과 어떤 과정을 거쳐 고구려가 건국이 되었는지를 일목요연하게 설명하고 있는데 반해, <삼국사기>에는 고주몽의 조상에 대한 자세한 언급도 없이 자칭 천제의 아들 해모수가 유화부인을 쐬어 사욕을 채웠다고 했다. 또한 고주몽이 북부여의 7세 단군으로 즉위한 B.C 58년을 고주몽의 탄생년도로 보고, 22세인 B.C 37년을 고구려를 건국한 해로 기록했다. 어느 기록이 옳은지 알 수는 없으나, 〈삼국사기〉를 쓴 김부식이 신라의 건국년도(B.C 57년)를 고구려보다 앞서게 하기 위해 고의로 고주몽의 나이를 조정했을 가능성이 크다고 본다. 또한 〈삼국사기〉는 북부여 대신 동부여의 역사를 부여로 언급해 일부러 북부여를 생략해 버렸다. 이는 북부여와 고구려의 연관성을 끊음으로써 단군조선과 고구려가 아무 관련이 없다는 것을 나타내려 한 것으로 보인다. 그러면서 학자적 양심은 있었는지 "혹은 주몽이 졸본부여에 당도하니 마침 왕이 아들이 없다가 주몽을 보고서 범상한 인물임을 알고 자기 딸을 아내로 주었다. 왕이 죽자 주몽이 왕위를 이었다고도 한다."라고 언급하고, 같은 내용을 〈백제본기〉에도 기술한 것으로 보아 〈북부여기〉의 내용을 김부식이 잘 알고 있었던 것으로 보인다.

이렇듯 북부여를 언급하지 않은 〈삼국사기〉의 고구려 초기 기록은 광개토태왕 비문에 의해 잘못이라는 것이 입증된다. "옛날 시조 추모(주몽)왕이 나라를 창조하시었다. **북부여에서 나오셨는데 천제의 아들(天帝之子)이고,** 어머니는 하백(河伯)의 딸이다. 알을 깨고 세상에 나면서부터 성스러운 분이었다. 수레를 타고 남으로 순행하다가 길에서 부여의 엄리대수에 이르렀다. 왕이 나루에 이르러 말하길, "나는 추모왕으로 황천의 아들(皇天之子)이고, 어머니는 하백(河伯)의 딸이다. 나를 위해 갈대를 엮고, 거북은 떠올라라." 하니 그렇게 되었다. 그리하여 물을 건너게 되고 비류곡의 홀본 서쪽의 성 위에 도읍을 정하였다. 세상에서의 권세를 즐기지 않아 하늘에서 황룡을 아래로 보내어 왕을 영접하니, 왕이 홀본 동쪽에서 용의 머리에 올라타고 하늘로 승천하였다(참고자료 29)."

비문에 따르면 고주몽은 북부여 천제의 아들이며 졸본에 도읍을 정하고 졸본에서 붕어했음을 알 수 있다. 결론적으로 말하자면 고주몽에 대한 기록은 <북부여기>가 정확히 맞고, 북부여의 7세 단군인 고주몽이 B.C 37년에 국호를 북부여에서 고구려로 바꾸는 것으로 보아야 할 것이다. <삼국사기>에서의 고주몽에 대한 기록은 상당히 의도적으로 왜곡된 점이 많다고 보는 것이다.

우리 민족은 한국, 배달국, 단군조선, 대부여, 북부여, 고구려로 정통성이 이어지는 것으로 보아야 한다. 고주몽은 즉위하자마자 단군조선의 고토를 회복하는 다물 전쟁을 활발하게 전개한다. 고구려가 짧은 시간에 넓은 강역을 보유할 수 있었던 이유는 고주몽이 단군조선의 강역을 그대로 물려받은 북부여의 7세 단군이었기 때문에 가능한 것이었지, <삼국사기>처럼 월세 단칸방에서 시작한 고주몽이 다물 전쟁 몇 번 했더니 금세 자수성가형 재벌이 되었다는 이야기는 설득력이 많이 떨어진다고 할 것이다.

▷ 드라마 <주몽>에서의 즉위 장면은 B.C 58년 북부여 7세 단군으로의 즉위일까? B.C 37년 고구려 왕으로의 즉위일까?

제2장
고구려의 건국지 졸본성은 어디인가?

고주몽의 고구려 건국과정에 대해 〈삼국사기〉와 남당 박창화선생의 〈고구려사초·략〉과 〈한단고기〉가 서로 약간씩 다르게 기록되어 있으나 고구려의 초기 도읍이 졸본이라는 것은 모두 같다. 먼저 각각의 사서에 고주몽의 고구려 건국과정이 어떻게 기록되어 있는지 알아보기로 하겠다.

1. 사서에 따라 다른 고구려의 기원

(1) <한단고기>의 기록

"BC 59년 동부여 사람이 고주몽을 가르켜 나라에 이로움이 없는 인물이라 그를 죽이려 하니 고주몽은 어머님(유화부인)의 명을 받들어 오이, 마리, 협보 등과 함께 길을 떠나 분능수(엄리대수)에 이르렀다. 그러나 건널 다리도 없고 군사들이 뒤쫓아오니 물에 고하기를 "나는 천제의 아들이요, 하백의 외손인데 오늘 도주함에 있어 추격병은 다가오는데 어찌하면 좋단 말인가?"하니 물고기 사라 등이 떠올라 다리를 만들어 주몽이 건너가자 자라는 다시 흩어졌다. 이렇게 엄리대수를 건너 졸본천(卒本川)에 이르렀다. 마침 북부여의 단군께서 주몽의 범상함을 보고 사위로 삼는다. BC 58년 주몽은 후사 없이 붕어한 고무서단군의 유지를 받들어 23세의 나이에 (북부여의 7세 단군으로) 즉위한다. 고주몽은 단군의 옛 법을 되찾고 **해모수를 제사하여 태조로 삼고** 처음으로 연호를 정하여 다물(多勿)이라 하니 바로 고구려의 시조이다."라고 기록되어 있어 B.C 58년은 고주몽이 북부여의 7세 단군으로 등극한 해임을 알 수 있다.

또한 〈삼국사기 고구려국본기 보장왕조〉에 "고구려의 비기(秘記)에 고구려는 채 구백년이 못 되어 80세의 대장에게 멸망하게 될 것이라 하였으니, 고씨가 한의 시대로부터 나라를 지녀 지금 900년이 되었고 이적의 나이 80세입니다."라고 기록되어있다. 해모수단군에 의한 북부여의 건국이 B.C 232년이고, 고구려가 망한 것이 A.D 668년이므로 정확히 900년 만에 고구려가 망하는 것이다. 따라서 북부여의 역사는 고구려의 역사에 포함되어야 할 것이다.

(2) <삼국사기>의 기록

시조 동명성왕의 성은 고(高)요, 이름(諱)은 주몽(朱蒙)이다. 금와왕은 아들 7형제가 있었는데, 장자 대소가 금와왕에게 주몽을 제거하라 간하나 듣지 아니한다. 또 다시 왕자와 신하들이 음해하려하자 유화부인이 눈치를 채고 주몽에게 피하라고 하였다. 주몽은 오이.마리.협보와 함께 길을 떠나 엄리대수를 지나 모둔곡에서 3인을 만나고 졸본천(卒本川)에 이르렀다. 그곳의 토지가 비옥하고 강산이

험고(險固)함을 보고 도읍하려 하였으나 궁궐을 지을 겨를이 없어 우선 비류수(沸流水) 위에 살며 **국호를 고구려라 하고 고(高)씨를 성으로 삼았다. 이때 주몽의 나이 22세로 신라 박혁거세 21년인 B.C 37년이다.**

비류수에 채소 잎이 떠내려 오는 것을 보고 비류국에 이르니 송양왕이 두 나라를 합치되 역사가 오랜 비류국으로 합치자 하니 언쟁을 벌이다가 활을 쏘아 재주를 시험했는데 송양이 대항하지 못하였다.

BC 36년 6월 송양이 나라를 들어 바치고 항복하니 그 땅을 다물군(多勿郡)으로 삼고 송양을 땅 주인으로 하였다. 고구려 말로 다물(多勿)은 '구토(舊土)를 회복하는 일'이라 했다.

BC 32년 왕이 오이와 부분노(扶芬奴)에게 명하여 태백산 동남쪽에 있는 행인국(荇人國)을 쳐서 성읍으로 만들었다.

BC 28년 왕이 부위염에게 명하여 북옥저를 쳐서 성읍으로 만들었다.

BC 24년 왕모가 죽으니 동부여왕 금와가 태후의 예로 장사하고 신묘를 세웠다.

BC 19년 왕자 유리(類利)가 부여에서 그 어머니 예(禮)씨와 함께 도망해 돌아오니 그를 태자로 삼았다. 가을 왕이 죽으니 40세(BC 58년생)였다. **용산(龍山)에 장사지내고 시호를 동명성왕(東明聖王)이라 했다.**

주몽이 동부여를 떠난 뒤 태어난 유리는 새를 쏘다가 이웃집 아낙의 물동이를 깨뜨리자 "애비 없는 자식"이란 소리를 듣고 어머니에게 물어 주몽에 대해 알게 된다. 주몽이 떠날 때 "일곱 모난 소나무 아래 유물을 감추어 두었으니 이를 찾는 자가 내 아들이오."라고 말했다 한다. 어느 날 마루의 주춧돌 틈에서 소리가 나 살펴보니 주춧돌이 일곱 모 나있었다. 그 칼을 찾아 졸본에 이르러 왕께 바치니 자신의 칼과 맞추어 보고는 태자로 삼아 왕위를 계승하게 되었다. 이에 소서노와 비류와 온조가 길을 떠나고, 유리명왕(瑠璃明王) 2년 (BC 18년) 온조가 백제를 세워 왕이 된다.

(3) 남당 박창화 <고구려사초.략>의 기록

BC 40년 호걸 4명과 함께 남쪽으로 오다 모둔곡에서 현자 3인을 만났고 순노(順奴)를 열었다. 이 해 예후(禮后)가 광명(光明: 유리)을 낳았다.

BC 39년 낙랑 및 졸본과 경계를 정하고 소서노를 거두어 비로 삼았다.

BC 37년 졸본왕 연타발이 죽자 소서노가 나라를 순노에 바쳤고, 졸본인들이 황제로 받들어 모시니 국호를 고구려라 하고 년호를 동명(東明)으로 하였다. 5월 비류로 송양을 찾아가 타일렀으나 굽히지 않았다. 7월 송양이 쳐들어와 격파하자 조공을 약속하기에 훈시하고는 놓아 주었다.

BC 36년 환나국(桓那國)의 여왕 계루가 항복하자 부인으로 거두었다. 소서노가 아들 비류를 낳았다. 6월 송양이 나라를 바치기에 다물후로 삼았다.

BC 33년 소서노가 온조를 낳았다.

BC 31년 복식 등 관등체계를 정했다.

BC 28년 압수(鴨水)에 서도(西都)를 세웠다. 북옥저를 쳐 천여 리 땅을 넓혔다.

BC 27년 송양이 북부여의 선종(仙宗)임을 망령되게 칭하고 소노(素奴)가 북부여의 적손임을 망칭하기에 정벌하였다.

BC 24년 유화 태후가 돌아가셔서 조문하고 신묘를 세웠다.

BC 23년 동순하여 낙랑에 이르렀는데 배를 탔다.
BC 21년 해소(금와의 아들)가 예후와 유리를 보내주었다.
BC 19년 유리를 태자로 삼았다. 4월 서궁에서 승하하셨다. **용산(龍山)에 모셨다.** 찬자(撰者)의 기록에 따르면 "초기에 후비에 관련된 제도를 완비하지 못해 나중에 폐단이 되었고, 나라를 창업하는 것이 급하였기에 자신의 수명을 다하지 못한 것이 애석하였다."고 기록되어있어 주몽은 태자 유리세력에 의해 시해되었음을 암시하고 있다.

(4) <**삼국사기 백제본기**>**의 기록**

백제의 시조는 온조왕이다. 아버지는 추모 혹은 고구려 주몽이라 한다. 주몽은 북부여에서 난리를 피해 졸본부여로 왔다. 졸본부여의 왕은 아들이 없고 딸이 셋 있었는데 주몽을 보고서 비상한 인물임을 알고 둘째 딸을 아내로 주었다. 얼마 후 졸본부여 왕이 죽고 주몽이 왕위를 계승하게 되었다.

주몽은 아들 둘을 낳았는데 장남이 비류(沸流)이고, 작은 아들이 온조(溫祚)이다. 주몽이 북부여에 있을 때 낳은 아들(유리)이 찾아와 태자가 되자 비류와 온조는 열 명의 신하와 함께 남쪽으로 떠났다. 그 세계(世系)는 고구려와 함께 부여에서 왔으므로 부여(夫餘)를 성씨로 삼았다.

일설에 백제의 시조는 비류왕이다. 그 아버지 우태(優台)는 북부여왕 해부루의 서손이요 어머니는 소서노로 졸본인 연타발의 딸이다. 소서노는 처음 우태에게 시집와서 아들 둘을 낳았는데 비류와 온조이다. 우태가 죽으니 졸본에서 홀로 살았다. 주몽이 동부여에서 도망하여 졸본에 도착하여 나라를 세우고 소서노를 데려다가 왕비로 삼았는데, 소서노가 주몽의 창업에 내조가 있었기 때문에 비류와 온조를 자기 아들 대하듯 하였다. 유리가 와서 태자가 되자 비류와 온조는 도당을 거느리고 패(浿), 대(帶) 두 강을 건너 미추홀에 이르러 자리를 잡고 살았다 한다.

2. 고주몽의 건국지 졸본성은 어디인가?

이렇듯 주몽의 건국과정은 사서에 따라 약간씩 다르다.

〈삼국사기 잡지 지리〉에서는 〈통전(通典)〉을 인용해 "흘승골성(紇升骨城)에 이르러 자리를 잡고 나라를 세웠다 하는데 흘승골성이나 졸본은 같은 곳으로 보인다."고 기록되어 있다. 또한 〈한단고기 북부여기〉에 따르면, 북부여의 5세 고두막단군과 6세 고무서단군이 즉위한 곳이 졸본이라 한다. 따라서 졸본성은 북부여의 도읍이었으며 고주몽이 도읍을 한 곳이기도 하다. 그런 졸본성의 위치를 알려면 고구려의 다른 도읍을 찾아 역으로 추적하면 그 위치를 찾을 수 있다.

〈삼국사기 잡지 지리〉에 따른 고구려 도읍의 연혁은 다음과 같다.
동명성왕 원년(B.C 37) 졸본성에서 40년을 지낸다.
유리왕 22년(A.D 3) 도읍을 국내성으로 옮겨 425년을 지내고,
장수왕 15년(427) 평양으로 도읍을 옮겨 156년을 지내고,
평원왕 28년(586) 장안성(長安城)으로 옮겨 83년을 지내고,
보장왕 27년(668)에 멸망하였다고 〈삼국사기〉에 기록되어 있다.

〈태백일사〉에는 B.C 26년 도읍을 졸본(卒本)으로부터 눌현(訥見)으로 옮겼다는 기록이 있는데 이 눌현 천도 기사는 〈삼국사기〉에는 보이지 않는다. 또한 〈삼국사기〉 기록에 따르면, 유리왕 21년

(Λ.D 2) 도읍 졸본에서 하늘에 제사지내던 중 제물인 돼지가 달아나 국내 위나암(國內尉那巖)에 이르러 붙잡았는데, 그곳이 산수가 깊고 험하며 땅이 비옥해 산물이 많아 도읍으로 적합하다는 이야기를 듣고 그 땅을 순시하고는 다음 해 도읍을 옮기는데 그곳이 바로 국내성이었다. 이 말은 졸본에서 국내성은 그리 멀지 않다는 의미인 것이다.

따라서 고구려의 초기 도읍인 졸본성은 산서성 중부 태원(太原)이 확실하다 하겠다. 그 이유는 고주몽이 붕어하여 묻힌 곳이 졸본의 용산(龍山)인데 대청광여도에 산서성 태원 부근에 용산이 그려져 있기 때문이며, 그러한 사실을 기록으로 확인시켜 주는 것이 바로 다음 장에서 언급된 국내성과 평양성의 위치이다.

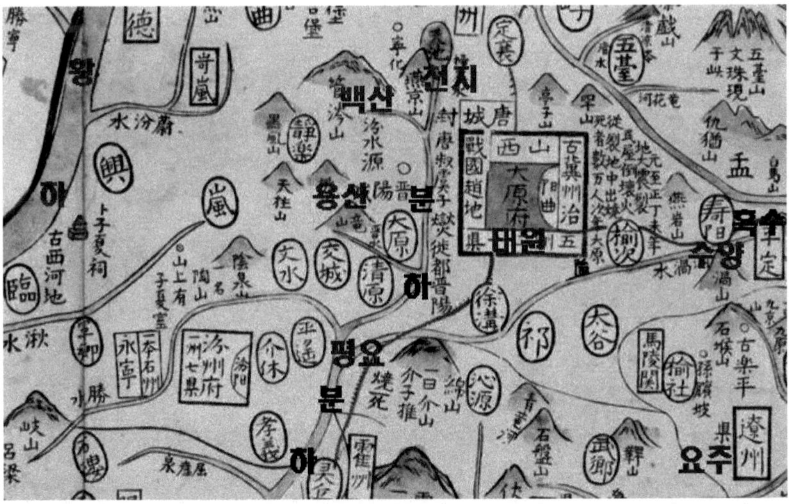

▹ 대청광여도에 산서상 태원 서쪽에 고주몽의 능이 있는 용산이 그려져 있다. 이곳은 흑수와 백산 사이로 배달국과 단군조선과 북부여의 도읍이기도 했다.

제3장
국내성, 평양성의 위치는 어디인가?

〈신당서 열전145 – 동이〉의 고구려 지형을 설명하는 기록에서 도읍인 국내성과 환도성과 평양성의 위치를 알 수 있다. "마자수는 말갈의 **백산**에서 시작되고 색이 오리의 머리 색깔과 흡사하여 **압록수**라 부른다. **국내성 서쪽**으로 흘러 염난수와 합해지고, **서남쪽으로 안시에** 이르러 바다(황하)로 흘러 들어간다. **평양성은 압록의 동남쪽에** 있어 커다란 배로 사람을 건네고 믿음직한 참호 역할을 한다(참고자료 2)."

즉 압록수 옆에 국내성, 평양성, 안시성, 서안평이 위치해야 위〈신당서〉의 기록과 일치하는 것이다. 그러나 일제의 식민사학은 압록수를 현 압록강, 국내성을 길림성 집안, 평양성을 대동강 평양, 서안평을 압록강 하구 단동으로 비정했다. 그러다보니 국내성은 압록의 북(집안)에 위치하고, 평양성은 압록강이 아닌 대동강(평양)에 있고, 안시성은 요녕성 요하 강변에 위치하게 되어 이 지리비정은 위 〈신당서〉의 기록과 전혀 맞지 않는 것으로 잘못된 비정이 아닐 수 없다.

▷ 현 식민사학계의 지명비정. 〈신당서 열전 동이〉의 기록과 전혀 맞지 않는다.

그런데 위 압록수를 지금의 압록강이 아닌 산서성 분하(汾河)에다 적용하면 〈신당서〉의 기록이 그곳 지형과 정확히 일치한다는 것을 알 수 있다. 분하에 대한 〈중국고대지명대사전〉의 설명은 다음과 같다. "분하: 하남 상수현 서쪽에서 나와 용정성으로 동류해 심구현 서쪽의 과하로 들어간다. 분수는 옛 분하이다(汾河 : 源出河南商水县西, 东流龙项城至沈丘县西入濄河. 汾水亦曰汾河)." 또 분하가 지나가는 상수현, 심구현, 과하라는 지명 모두가 하남성에 있는 지명임을 알 수 있다. 따라서 고대 분하는 하남성에 있었던 강이라는 것을 알 수 있다. 즉 현 산서성 분하는 옛날에 다른 이름을 가지고 있었다는 것을 의미하는데, **그 다른 이름이란 바로 압록수(鴨淥水)인 것이다.** 그리고 압록수를 현 산서성 분하에다 놓고 위 〈신당서 열전 동이〉의 지리비정을 하면 다음과 같다.

서안평은 운성시의 서북쪽에 있는 하진시이며, 환도성(=안시)은 여량산맥 남단이며, 고구려의 국내성은 태원시 바로 남쪽에 있는 평요고성이며, 졸본성은 바로 북쪽에 있는 태원시로 비정된다. 그리고 임분시는 요임금의 당(唐)나라 도읍(堯都)인 평양(平陽)으로 불렸으며, 대부여의 도읍지인 장당경(藏唐京)으로 고구려 때는 평양성(平壤城)으로 불리게 되는 것이다.

▷ 〈신당서〉 기록을 분하(압록수)에 대입하면 정확하게 일치한다.

平遙古城 (**평요고성**)

태원시 바로 남쪽에 있는 평요에는 세계문화유산으로 등재된 평요고성(平遙古城)이란 건축물이 있는데 고구려의 오랜 도읍이었던 국내성임이 확실해 보인다. 다음은 평요고성에 대한 〈중국백과사전〉의 자료인데 국가 도성(都城)의 냄새가 물씬 풍긴다.

"중국 산서성 중부에 있는 평요고성은 2,700년 역사적 문화로 유명한 성으로 완벽하게 보존되어 있고 중국 고대 도시의 원형이다. 평요의 고대명칭은 고도(古陶)였고, 서주 선왕 때(B.C 827~782년) 대장군 윤길보장군에 의해 토성으로 처음 세워졌고, B.C 221년부터 진나라 때 군현제를 처음 실시한 이래 평요성은 지금까지 현의 치소였다. 춘추 시기에는 진(晋)나라, 전국 시기에는 조(趙)나라, 진나라 때는 평도현, 한나라 때는 중도현으로 종친대왕(宗親代王)의 도성으로 했으며, 북위 때 평요현으로 개명되었다.

명나라 홍무 때 중축되었는데, '9리 18보'에서 '12리 8분 4리'로 중축되면서 토성이 석성으로 바뀌었다. 총 길이 6,163m, 높이 약 12m, 면적 약 2.25km^{2}이다. 진국사 쌍림사와 평요문묘 등이 세계문화유산의 보호범위에 든다. 성황묘는 성 동남쪽에 있으며, 재신묘, 토군묘와 함께 건축군이 조성되어 있다(평요고성의 세가지 보물인 쌍림사는 성 서남에 있고, 북제 무평 2년(571) 세워졌다).

성벽의 총 길이는 6,163m로 동쪽 성벽이 1,478m, 남쪽 성벽이 1,714m, 서쪽 성벽이 1,494m, 북쪽 성벽이 1,476m으로 거북 모양으로 되어 있다. **북문이 거북이 꼬리에 해당하고 남문이 거북이 머리에 해당한다.** 남문은 영훈문, 북문은 공극문, 상동문은 태화문, 하동문은 친한문, 상서문은 영정문, 하서문은 봉의문이라 한다. **서문은 봉황신화의 영향으로 봉황의 모양이다. 길상의 뜻이며 덕정혜민**

(德政惠民)과 국운융창(國運隆昌)을 위한 것이다(참고자료 30).” (이상)

이렇듯 평요고성은 그 크기나 모양으로 보아 국가의 도성으로 보인다. 특히 북쪽의 수호신인 거북이(현무)가 남쪽을 보고 있는 형상이라든가, 우리 민족의 문화인 봉황신화의 모양에다, “덕으로 정치를 베풀어 백성에게 혜택을 주고 국운을 융성하게 한다.”는 뜻은 국가의 도성이 아니고서는 있을 수 없는 문구이기 때문이다. 그렇다면 평요고성에 도읍을 둔 나라는 어떤 나라들이 있을까? 중국의 조상들은 대대로 섬서성 또는 하남성 일대로 국한되고, 나머지 사방이 모두 동이족의 강역이었다. 특히 산서성은 한국에서부터 배달국, 단군조선을 거쳐 북부여와 고구려까지 우리 민족의 핵심강역이었던 곳이다. 성벽의 치(雉)양식을 봐도 알 수 있듯이 평요고성은 고구려 국내성이 틀림없다고 하겠다.

▹ 평요고성(국내성)은 동이족의 축성양식인 치양식으로 건축되었다. 성 둘레에 해자까지 파여 있는 등 여러 자료로 볼 때 국가의 도성일 가능성이 높다.

제4장
요동과 요서를 구분하는 기준은 어디인가?

대한민국 국민 대부분은 현 요녕성 요하(遼河)를 기준으로 하여 요하 서쪽을 요서라 하고 요하 동쪽을 요동이라 하며, 고구려는 현 요하 동쪽인 요동에 있던 나라로 유리왕 때 도읍인 국내성과 환도성은 길림성 집안에 있고 장수왕 때 대동강 평양성으로 천도한 것으로 알고 있다. 게다가 고대 압록수는 현 압록강이며, 서안평은 단동, 안시성과 요동성은 요하 근방, 비사성은 요녕성 대련으로 비정하고 있다. 이 이론은 중국과 일제를 추종하면서 민족정신을 스스로 말살하고 있는 대한민국 식민사학계의 정론(正論)이다. 그런데 과연 이 이론이 옳을까?

▷ 교과서에 실려있는 안시성 전투도. 고구려는 이렇게 작지 않았다

식민사학계의 이러한 지명비정은 대단히 잘못된 것으로, 중국이 역사왜곡을 위해 고의로 지명을 이동시킨 것에다가 일제의 반도사관에 의해 작성된 허구의 이론이다. 고대 지명들이 역사왜곡을 위해 이동되었다는 사실은 〈한서지리지〉와 〈신당서〉를 보면 쉽게 알 수 있다(참고자료 1, 2). 먼저 〈신당서 열전 동이〉의 기록에 따르면 압록수 바로 옆에 서안평, 안시, 평양성, 국내성이 모두 위치해야 한다. 그러나 현재 비정된 안시성과 평양성은 압록강과 전혀 관련이 없는 요하와 대동강에 각각 위치하고 있으며, 현재의 국내성은 길림성 집안으로 압록강 동쪽이 아닌 북쪽에 있다. 이는 무엇을 의미하는 것일까? 한마디로 지리비정이 잘못된 것으로 지명조작을 통한 역사왜곡이 되어있다는 뜻인 것이다.

이러한 〈신당서〉의 기록을 근거로 식민사학계의 지리비정이 대단히 잘못되었다고 지적을 하면 그들은 "〈신당서〉나 〈한서지리지〉는 이미 중국학자들에 의해 왜곡이 되어 있어 그 기록을 믿을 수 없다."고 말할 것이다. 〈신당서〉나 〈한서지리지〉의 기록에 일부 왜곡이 있다는 이유로 그 내용을 하나도 믿을 수 없다면 도대체 어느 사서의 기록을 믿을 수 있단 말인가? 왜곡이 되어 있는 문구가 발견되면 어느 부분이 왜곡된 기록인지 가려서 필요한 부분을 인용하는 것이 학자의 도리일 것이다. 그러나 식민사학계는 그 내용이 왜곡인지 아닌지 가려보지도 않고 자기네 이론과 맞지 않으면 무조건 이런 식으로 말을 해버린다. 그 이유는 일제가 조선인의 민족정신을 말살하기 위해 만든 〈조선사 35권〉의 내용만이 그들의 바이블이므로 그 외의 사서는 참조하지 않기 때문일 것이다. 설사 사서의 기록에 가필이나 왜곡된 부분이 일부 있더라도 나름대로 사료의 가치가 있는 것이므로, 일부 내용이 왜곡되었다는 이유로 무조건 전부를 부정하려는 것은 대단히 잘못된 처사인 것이다.

그런데 〈신당서 열전 동이〉의 기록은 잘못된 기록이 아니다. 왜냐하면 식민사학의 이론대로 〈신당서〉의 압록수를 현 압록강에다 놓고 보면 그 기록이 잘못된 것으로 보이겠으나, 압록수를 현 산서성 분하에다 놓고 역사지명을 해석하면 희한하게 100% 정확하게 들어맞는다. 〈신당서 열전 동이〉의 왜곡된 부분은 단지 경사(장안)로부터 고구려까지의 거리가 오천 리로 과장이 되어 있을 뿐이고, 나머지는 왜곡된 부분이 없다고 잘라 말할 수 있다. 즉 현 식민사학계의 이론이 엉터리인 것이다.

1. 역사왜곡을 위한 중국의 지명이동

대한민국 사학계의 역사이론이 일제 때 조작된 망국의 식민사학이다 보니 나라의 미래를 걱정하는 많은 애국자들이 우리의 얼과 정신인 역사를 말살한 식민사학을 성토하며 제각기 여러 이론을 발표했고 또 앞으로도 계속 발표될 것이다. 그 중에 대단한 민족사학자로 〈한단고기〉의 번역·주해서를 낸 고 임승국교수가 있었다. 애국심과 민족정신이 투철했던 임교수는 국회에서 국사청문회를 주도하는 등 식민사학을 규탄하는 데 가장 앞장선 민족사학의 기둥이었다. 그러나 그런 임교수도 문명의 이기인 인터넷이란 정보의 바다를 접해보지 못한 안타까움이 있다.

그러다보니 그는 요동과 요서를 구분하는 요수(遼水)를 현 요하가 아닌 하북성 진황도시를 흐르는 난하(灤河)로 보았고, 근처 창려현에 있는 갈석산을 고대 갈석산으로 그대로 인정해 〈한단고기〉의 주해를 달게 되는데, 그렇게 된 이유는 고 임승국교수도 중국의 고대지명이 역사왜곡을 위해 이동되었다는 사실을 까맣게 몰랐기 때문이다. 당시로서는 요동과 요서의 기준이 되는 요수를 요녕성 요하에서 빼내 서쪽에 있는 하북성 난하로 가져온 것만 해도 사실 대단한 발상이었다. 당시 임교수는 문명의 이기인 인터넷도 없는 상태에서 한정된 사서의 기록만으로 식민사학의 오류를 지적할 수밖에 없었다. 그러다보니 현 식민사학계의 이론이 잘못되었다는 그의 지적은 분명 옳았으나, 본인의 주장도 역사의 진실과 일치하지 않은 부분이 있었던 것이 사실이다. 그 이유는 현재 지도에 있는 지명을 그대로 사용해 우리의 고대사를 해석했기 때문이다.

현재지명이 고대지명과 상당부분 다르게 된 이유는 명나라 영락제때부터 역사왜곡을 위한 지명이동이 시작되어 20세기 초 민국(民國) 때 본격적으로 지명을 이동시켰기 때문이다. 당시 우리는 일제에게 나라를 잃고 역사까지 말살당하고 있던 중이라 어쩔 수 없는 상태였다. 한 예로 〈태백일사 고구려국본기〉에 언급된 태조대왕의 요서 10성을 현 지도의 지명에다 그리면 모두 북경과 진황도시 사이의 하북성 동부에 그려진다. 그러나 원래 요서 10성은 산서성 남부에 있어야 할 성들이다. 그런 식으로 지명이 왜곡되어 있다 보니 민족사학의 기둥이었던 임교수도 그 해박한 지식에도 불구하고 끝내 역사의 진실을 밝히지 못하고 타계한 것이다. 사실 임교수 이후 그만한 민족사학자가 아직 나타나지 않고 있다.

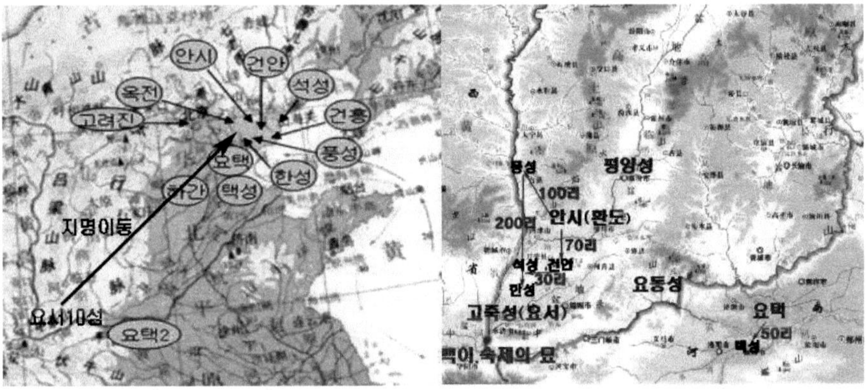

▹ 왼쪽은 현재 지도의 지명으로 요서 10성을 비정한 것으로, 하북성 진황도시에 있는 난하를 요수로 본 것이다. 오른쪽은 산서성 남부에 있는 진짜 요서 10성의 위치이다.

2. 요동과 요서의 구분은 어디인가?

'요동'이란 특정지명을 말하는 경우가 대부분이지만 고구려를 통칭하는 대명사로 쓰이기도 한다. 수양제나 당태종의 '요동정벌'이란 '고구려정벌'을 의미하는 것인데 그 이유는 당시 고구려의 도읍인 평양성이 바로 요동군 내에 있었기 때문이다. 요서군을 상징하는 고죽국 백이·숙제의 무덤이 발견됨으로써 요서는 산서성 남부 운성시의 서부인 영제시 일대이고, 요동은 그 동쪽인 산서성 남부 운성시 동부와 임분시 일대임이 명확해졌다고 하겠다. 이렇듯 고대 요동과 요서를 구분하는 기준은 현 요녕성 요하가 아니라 산서성을 가로질러 흐르는 분하(압록수)의 남북흐름으로 보인다. 따라서 고구려의 도읍인 국내성과 평양성과 환도산성과 안시성 모두 산서성 남부에서 찾아야 옳을 것이다. 결국 식민사학계가 국내성과 환도성으로 비정한 현 길림성 집안과 평양성으로 비정한 대동강 평양이 모두 잘못된 이론이었다는 것이 산서성에서 백이·숙제의 무덤이 발견됨으로써 명확히 밝혀졌다 하겠다

*** 고사리를 캐먹다 굶어죽은 백이와 숙제**

백이와 숙제는 고죽국의 두 왕자이다. 부왕인 고죽군이 셋째인 숙제에게 왕위를 넘겨주려하자 숙제는 "두 형님이 계신데 제가 왕위를 물려받는 것은 도리에 어긋납니다."라며 사양했고, 장자인 백이는 "내가 왕위를 물려받음은 부왕의 뜻이 아니다."라며 서로 사양하다 둘 다 고죽국을 떠나게 되자 가운데 아들이 왕위를 잇게 된다. 세월이 흘러 늙어버린 이들은 서백 창이 노인을 후대한다는 소문을 듣고 찾아갔으나 이미 서백은 세상을 떠나고 아들인 무왕이 주나라를 다스리고 있었다.

B.C 1122년 은나라의 마지막 주왕이 미인 달기에 빠져 정사를 돌보지 않고 주지육림(酒池肉林)과 같은 유희와 포락지형(炮烙之刑)과 같은 잔악함을 즐기자, 은나라의 서쪽 제후였던 무왕이 정권전복을 위해 군사를 일으켜 도읍인 조가(朝歌)을 향해 쳐들어간다. 즉 쿠데타를 일으킨 것이다. 이때 백이와 숙제가 무왕의 말고삐를 잡고 막아서며 "아비가 죽었음에도 장례도 치르지 않고 전쟁을 하려 하니 어찌 효(孝)라 할 수 있으며, 신하가 임금을 죽이려 하니 어찌 인

(仁)이라 할 수 있겠습니까?"라며 눈물로 호소한다. 그러나 무왕은 그들의 만류를 뿌리치고 진군하여 결국 은나라를 멸망시켜버린다. 그러자 백이와 숙제는 "인륜을 저버린 주나라 땅에서 나는 곡식을 먹을 수 없다."고 하며 수양산(首陽山)으로 들어가 고사리를 캐먹고 살다 굶어 죽는다. 후세 사람들은 이러한 백이와 숙제를 청절지사(淸節志士)로 높이 칭송하게 된다. 특히 사마천이 〈사기 열전〉의 첫째 인물로 백이와 숙제를 올려놓은 이유는 그만큼 그 시대가 그런 청절지사를 본받아야 할 세상이었기 때문일 것이다.

*** 백이와 숙제의 무덤이 있는 요서군은 어디인가?**

백이·숙제가 굶어 죽은 수양산은 요서군의 상징인데 과연 그곳이 어디였는지가 그동안 우리 고대사의 최대 미스터리였다.

〈사기 봉선서〉의 주에 따르면, "(정의) 괄지지에 전하기를 고죽 옛 성이 평주 노룡현 남쪽 십리에 있다. 은나라 때 고죽국이다(正義 : 括地志云 孤竹古城在平州盧龍縣南一十里 殷時孤竹國也)."라는 기록이 있고,

〈거지리지〉에는 "고죽성은 요서 영지현에 있다. 군의 성은 묵태씨이다(据地理志 : 孤竹城在辽西令支县, 其君姓墨胎氏)."라고 기록되어 있다.

〈수서 배구전(裴矩傳)〉에는 배구가 수양제에게 "고구려는 본래 고죽국으로 주나라 때 기자에게 봉했던 곳으로, 한(漢)나라 때에는 세 군(郡)으로 나누었습니다(高麗之地本孤竹國也 周代以之封于箕子 漢世分爲三郡)."라고 고하는 기록이 있다. 즉 고죽국 = 기자의 봉지 = 한사군의 땅이라는 것이다.

그렇다면 그 고죽국이 있던 곳은 과연 어디일까? 중국은 고죽국이 은나라의 제후국으로 하북성 진황도시 노룡현에 있었다고 한다.

그러면서 북경—심양간 고속도로에 "河北盧龍 夷齊故里(하북 노룡은 백이와 숙제의 고향)"라는 입간판을 세워놓고 공개적으로 역사왜곡을 하고 있는데, 역사적 사실대로라면 이 간판은 하북성 진황도시가 아닌 산서성 서남부 영제시에 서있어야 한다. 게다가 노룡현 시내 동네야산에 '夷齊故里'라는 비석을 세워놓고 그곳이 수양산이라는 애들 장난 같은 역사왜곡을 하고 있는 중이다. 산서성 서남단에 있는 노룡현을 하북성으로 옮긴 장본인은 명나라 영락제로 고대부터 중국의 땅은 만리장성 안쪽이라는 역사왜곡을 하기 위해서였다.

▹ 왼쪽은 하북성 진황도시 노룡현 고속도로변에 세워진 입간판. 오른쪽은 가짜 수양산에 세워진 비석

〈사기 집해〉에 "마융이 말하길, 수양산은 하동 포판 화산의 북에 있으며 강이 꺾이는 곳에 있다(集解馬融曰 : 首陽山在河東蒲阪華山之北, 河曲之中)"라고 기록되어 있다. 옛날에는 산서성 남부를 하동(河東)으로 불렀다. 청나라 때 그려진 대청광여도에 산서성 최남단 황하 굴곡 지점에 백이·숙제의 묘와 수양산이 있는 것으로 그려져 있고, 현대 지도에도 백이·숙제의 묘와 고죽성(孤竹城)이 있던 포주(蒲州 = 蒲阪)가 명확히 표기되어 있다. 〈한서지리지〉 유주의 요서군에 속한 지명인 고죽성이 있는 영지(令支)현은 지금의 산서성

운성시에 속해 있는 영제시(永濟市)이다. 그리고 현재 백이와 숙제의 묘 북쪽에 있는 포주고성(蒲州古城)이 고죽성의 옛 성터이다. **따라서 하남성 황하까지가 단군조선과 고구려의 강역이었다는 것을 백이·숙제의 묘가 알려주고 있는 것이다.**

그동안 베일에 가려져 있던 고죽국 백이·숙제의 무덤이 산서성 영제시 황하굴곡지점에서 발견됨으로써 〈한서지리지〉에 언급된 요서군의 위치가 산서성 운성시 영제시라는 것이 명백하게 밝혀진 것이다. 이는 동아시아 역사학계의 잘못된 기존 이론을 깨는 쾌거임에 틀림없다. 또한 식민사학계가 주장하고 있는 "요서는 현 요녕성 요하 서쪽"이라는 이론이 잘못된 것으로 명백하게 판명이 난 것이다. 그리고 대부분 재야사학자들이 주장했던 "요하는 하북성 난하이다."라는 이론도 이제는 접을 때가 된 것으로 보인다.

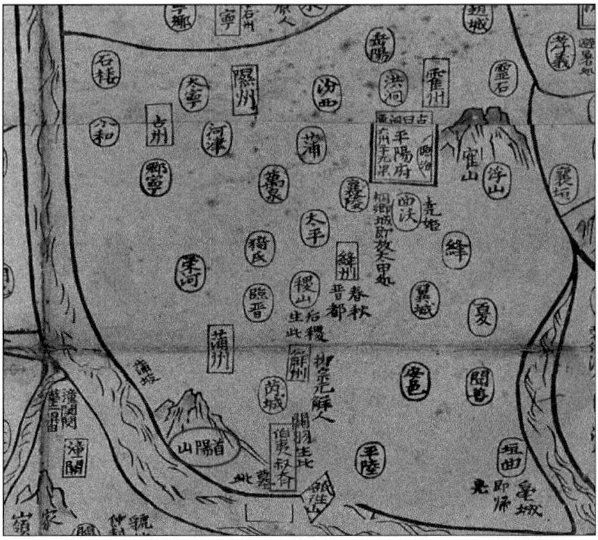

▹ 대청광여도에 그려진 백이와 숙제의 묘는 산서성 황하 굴곡지점이다.

▷ 현대지도에 그려져 있는 백이·숙제의 묘와 영제시에 있는 포주. 동이족이었던 백이·숙제의 고죽국(高竹國)이 있던 노룡(盧龍)은 원래 산서성 서남단 황하 굴곡 지점에 있었다.

3. 언제 역사왜곡을 위한 지명이 옮겨졌는가?

명나라 영락제가 역사왜곡을 위해 노룡이란 지명을 현 하북성 진황도시 노룡현으로 옮기면서 고죽국과 관련되는 난하와 갈석산과 창려도 모두 노룡 옆으로 옮겨지게 된다. 게다가 〈한서지리지〉 유주에 속한 많은 지명도 모두 하북성과 요녕성으로 옮겨지게 된다. 그 이유는 명나라 수도였던 북경 부근 즉 만리장성 안쪽은 옛날부터 한족(漢族)의 강역이었다는 역사왜곡을 하기 위함이었다.

▷ 산서성 남서단 황하 꺾이는 지점에서 백이와 숙제의 무덤이 발견되어 고대 요서군이 어디인지 명확히 밝혀졌다.

명나라 영락제가 산서성에 있던 '노룡'이란 지명을 현 하북성 노룡현으로 이동시켰다는 근거는 사육신인 성삼문의 시조를 봐도 알 수 있다. 성삼문은 요동으로 귀양 온 명나라의 음성학자 황찬을 만나기 위해 13번이나 그를 방문하는 도중에 하북 노룡에 있는 수양산을 보고 다음과 같은 시조를 지었다고 한다. 성삼문이 본 수양산은 백이·숙제가 굶어죽은 산서성의 진짜 수양산이 아니라, 명나라가 역사왜곡을 위해 지명이동시킨 현 하북성 노룡에 있는 가짜 수양산을 보고 지은 것이다. 따라서 성삼문 이전인 영락제 때 이미 지명이동이 되었음을 의미하는 것이다.

首陽山(수양산) 바라보며 夷齊(이제)를 恨(한)하노라
주려 주글진들 採薇(채미)도 하낫 건가
비록에 푸새엣 거신들 긔 뉘 따헤 낫다니

해설 수양산을 바라보면서, 백이와 숙제(모두가 절개 곧은 선비라고 말하는)를 오히려 지조가 곧지 못하다고 꾸짖으며 한탄한다. 아무리 굶주려 죽을지언정 고사리를 뜯어 먹어서야 되겠는가? 비록 산에 자라는 풀이라 하더라도 그것이 누구의 땅에서 났더란 말인가?

요서군은 산서성 서남부 영제시 일대이며, 요동군은 산서성 동남부 임분시 일대이다. 그리고 낙랑군은 산서성과 하남성의 경계인 원곡시 일대로 비정된다. 현 황하는 당시 요수(遼水) 또는 바다(海)로 불렸었다. 중국은 요수를 지금의 요녕성 요하로 옮겨 놓음으로써 산서성과 황하 북부 하남성 일대에 있던 고구려, 대진국, 거란(요)의 역사 강역도 모두 북쪽으로 이동되어 지금의 만리장성 밖인 만주와 내몽고 일대로 바뀌게 되는 것이다.

▷ 산서성 영제시에 있는 고죽성의 유적인 포주고성

4. 고대 갈석산은 원래 어디에 있었나?

갈석산은 진시황, 한무제, 위무제(조조), 수양제, 당태종 등 중국 역사에서 유명한 9명의 황제가 올랐던 산이다. 대부분의 사람들은 그런 고대 갈석산을 현 하북성 진황도시에 있는 갈석산으로 알고 있는데, 이는 명나라 영락제가 산서성에 있는 갈석산을 노룡(盧龍)과 함께 하북성 진황도시로 옮겨놓았기 때문이다. 그 이유는 갈석산이 고대역사를 밝힘에 있어 아주 중요하기 때문에 갈석산을 지명이동시킴으로써 북경이 옛날부터 중국의 영토였다는 역사왜곡을 하기 위함이었다.

〈중국고대지명대사전〉에서의 갈석산에 대한 설명은 다음과 같다. "〈한서무제기〉의 주에 따르면 갈석은 요서 루현에 있다. 임유 남쪽 물(바다) 가운데 있고 유수는 동남쪽 루현 갈석산으로 흐른다."고 기록되어 있으며, 〈사기 정의〉에는 "갈석은 유주 계현 서쪽 35리에 있다."고 했다(참고자료 31). 즉 갈석은 유주의 요서군인 산서성 남부 영제시 일대에서 찾아야 옳을 것이다.

또한 〈통전(通典)〉에는 다음과 같은 기록이 있다. "갈석산은 한나라 낙랑군 수성현에 있다. 장성이 이 산에서 일어나 동으로 요수를 끊고 고구려로 들어가는 유적이 지금도 있다. 안상서에 전하기를 "우갈석은 하(河)로 들어가는데 바다임을 알리는 장소로 북평군 남 20리에 있다(碣石山在漢樂浪郡遂成縣 長城起於此山 今驗長城東截遼水而入高麗遺址猶存 按尚書云 "夾右碣石入於河"右碣石即河赴海處 在今北平郡南二十餘里 則高麗中為左碣石)." 즉 갈석산이 있는 지역은 유주에 속한 북평군과 낙랑군으로 산서성 최남부 황하변에 있다. **따라서 유주의 요서군, 북평군, 낙랑군에 걸쳐 있는 산서성 남부 황하변에 있는 중조산(中條山)이 고대 갈석산임에 틀림없다고 하겠다.**

▷ 하북성 진황도시 창려현에 있는 갈석산은 해발 695m의 평범한 산으로, 이런 산이 어떻게 천고신악(千古神岳)이 될 수 있단 말인가?

▷ 가짜 갈석산에 새겨 놓은 위무제 조조의 시 관창해(觀倉海). 조조는 하북성 진황도시에 있는 가짜 갈석산까지 온 적이 없다.

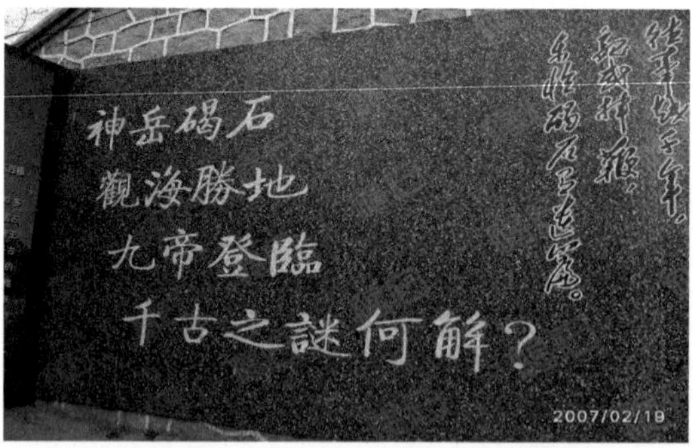

▷ 가짜 갈석산에 서있는 안내판. 이곳에서는 바다가 보이지 않는다. 따라서 조조의 시는 이곳에서 지은 게 아니다. 천년의 수수께끼는 얼마 전 풀렸다.

제5장
안시성과 환도산성이 있는 요동은 어디인가?

백이·숙제의 무덤이 발견됨으로써 고대 요서군의 위치가 산서성 영제시 일대임이 명확하게 밝혀졌으므로 요서군의 동쪽에 있는 요동군의 위치도 어디인지 알 수 있게 되었다. 따라서 〈한서지리지〉에서 유주의 요동군에 속한 대요수, 안시, 요양 등의 지명은 임분시 일대에 있는 지명으로 볼 수 있다. 이 요동군 안에 고구려의 도읍이 위치하고 있었기 때문에 고대 중국에서 고구려를 부를 때 요동이라 부른 것이다.

1. 요서 10성의 위치는 어디인가?

요서군의 위치가 확실하게 밝혀짐으로서 태조대왕이 쌓은 요서 10성의 위치도 알 수 있게 되었다. 〈삼국사기〉에 "대조대왕 3년(55

년) 요서에 10성을 쌓아 한병(漢兵)의 침입에 대비하였다."라는 기록이 남아 있는데 구체적인 지명이 생략되어 있다. 이 요성 10성의 지명에 대해서는 <태백일사>가 다음과 같이 정확히 밝혀주고 있다.

안시(安市)는 개평(開平) 동북 70리
석성은 건안의 서쪽 30리
요동(遼東)은 창려(昌黎)의 남쪽
한성은 풍성의 남쪽 200리
요택(遼澤)은 황하 북안 왼쪽

건안은 안시의 남쪽 70리
건흥은 난하(灤河)의 서쪽
풍성은 안시의 서북 100리
옥전보는 한성의 서남쪽 60리
택성은 요택의 서남쪽 50리

▷ <태백일사 고구려국본기>에 언급된 태조대왕이 쌓은 요서 10성

위 지도와 같이 요서 10성의 위치를 그릴 수 있는 기준은 안시이며 그 위치를 기록한 사서로는 <한서지리지>와 <신당서 열전 동이>를 들 수 있다. 그 외 여러 기록을 통해 현 분하의 남북 흐름이 요동

과 요서를 구분하는 기준이 된다는 것을 알 수 있다. 즉 산서성 남부의 평지를 동서로 갈라 서쪽인 영제시 일대를 요서군, 그 동쪽인 임분시 일대와 운성시의 동부를 통틀어 요동군이라 한 것이다.

2. 고구려의 도읍지였던 환도산성

한 때 고구려의 도읍이었던 환도성의 연혁은 다음과 같다.

"고구려는 산상왕 2년(198) 환도성을 쌓고 13년(209)에 환도산성으로 천도했으나, 동천왕 20년(246년)에 위나라 관구검의 침략으로 도성이 파괴되어 다시 국내성으로 옮겨 96년간 머물다, 고국원왕 12년(342)에 환도산성을 수리하고 옮겼으나 같은 해 10월 모용황의 침략으로 환도산성이 함락되고 파괴되어 더 이상 거주할 수 없게 되자 고국원왕은 평양 동황성으로 옮겨간다."고 〈삼국사기에 기록되어 있다.

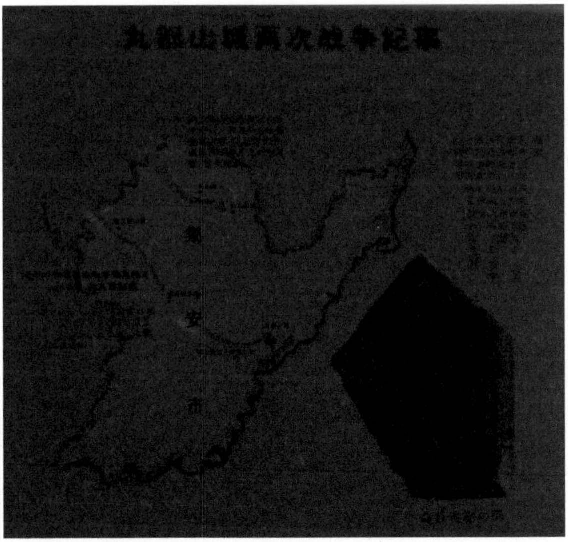

▹ 1906년 집안에서 발견된 관구검기공비는 집안을 고구려의 수도로 조작하기 위해 중국이 고의로 옮겨놓은 것이다.

또한 〈삼국유사〉에 “안시는 곧 환도”라고 하였으며, 〈삼국사기〉에 “안시성은 옛 안촌홀이며 환도성이라고도 한다.”라고 기록되어 있어 고구려의 수도인 환도성은 바로 안시성임을 알 수 있다. 그런데 식민사학계는 이러한 환도성을 길림성 집안(국내성)에 있는 산성자산성이라 하면서 안시성은 요녕성 요하강변에 있다고 한다. 이는 위 두 사서의 기록인 ‘안시 = 환도’와 전혀 맞지 않기 때문에 잘못된 지명비정이라 할 수 있다. 그렇다면 왜 그런 지명비정이 나온 것일까? 그 이유는 중국이 역사왜곡을 위한 지명이동을 했기 때문인데, 그 일환으로 원래 산서성 남부에 있어야 할 관구검기공비와 환도산성이란 지명이 길림성 집안으로 옮겨지게 되는 것이다. 그러한 역사왜곡을 일제와 식민사학계가 그대로 받아들인 결과라 하겠다. 참으로 한심한 일이 아닐 수 없다.

▷ 중국은 현 압록강변 집안시에 환도산성과 국내성이 있다고 조작했다.

요서를 하북성 진황도시에 있는 난하 서쪽으로 주장하는 일부 재야사학에서는 고구려의 환도산성(丸都山城)이 진황도시 청룡현에 있는 도산(都山)이라고 주장하는 학자도 있다. 난하 근처에 비슷한 지명이 있어 그렇게 주장하는 것 같은데, 그 도산에 직접 가보면 교통이 불편하고 너무 협소해 국가의 도읍이 될 수 없는 곳이라는 것을 쉽게 느낄 수 있다. 도산까지 오르는 길조차 없는데 어떻게 국가의 도읍이 될 수 있단 말인가. 앞으로 지도만 보고 임의대로 추측하는 행위는 역사발전을 위해 없어져야 할 것이다.

3. 환도산성은 원래 어디에 있었을까?

원래 환도산성은 산서성 화염산 남단 안시성과 같은 산 속에 있는 현 지명 관왕묘(關王廟)이다. 화염산 남단은 말 모양을 하고 있는데 안시성은 말머리 즉 마수산(馬首山)에 있으며, 환도산성은 말꼬리처럼 생긴 마이산(馬尾山)에 있다. 즉 화염산 남단의 서쪽에 안시성이 있으며 동쪽 정상에 환도산성이 있다. 이 환도산성의 정상에 오르기 위해서는 산 속으로 한참 들어가서 아주 가파른 산을 꼬불꼬불 올라야 한다. 산속 외길을 따라가다 보면 도처에 천연적인 난공불락의 요새가 많이 있어 외곽에 있는 안시성을 점령하지 않고서는 산 위에 있는 환도산성을 공격할 수 없는 특수한 지형으로 되어있다는 것을 느낄 수 있다.

그러나 일단 정상에 올라가면 그 근처에 있는 산 정상들이 모두 평탄한 평지로 연결되어 있고, 산 위에 농사를 지을 수 있는 밭이 많이 있어 외부로부터 장기간 식량공급을 받지 않아도 자체 농지에서 자급자족이 가능한 지형으로 되어있다. 그래서 안시성이 당태종에게 그토록 장기간 포위된 상태에서도 고구려의 10만 병력이 끄떡없이 버틴 것이다.

▷ 안시성과 환도성과 평양성의 위치도. 안시와 환도는 같은 산 속에 있고, 안시와 평양성은 그리 멀지 않다.

환도산성에서 평양성으로 추정되는 임분시는 그다지 멀지 않다. 그래서 당태종의 요동정벌 때 안시성전투에서 이도종이 말하길 "고구려가 국력을 다해 왕사(안시)를 막으니 평양의 수비가 반드시 약할 것입니다. 원컨대 신에게 병졸 오천 명을 주시어 그 근본을 뒤엎으면 수십만의 무리를 싸우지 않고 항복시킬 수 있습니다."라는 기록이 성립되는 것이다. 이러한 기습작전은 안시성과 평양성이 가깝지 않으면 할 수 없는 작전이다. 식민사학계의 이론인 요녕성 요하변에 있는 안시성과 집안에 있는 환도산성과 대동강 평양성 사이에서는 도저히 성립될 수 없는 거리적인 문제가 있다.

환도성은 산 속 정상에 있고, 안시성은 산 바깥쪽의 서쪽에 있다. 따라서 안시성을 점령하지 못하면 환도산성을 공격할 수가 없으며 또 안시성을 그대로 둔 채 평양성으로 진군했다가는 후미를 차단당하고 분지에 갇히는 꼴이 되기 십상인 지형으로 되어있다. 그래서 안시성은 적은 병력으로도 대군의 공격을 막아낼 수 있는 천연적인 난공불락의 요새가 된 것이다. 수양제와 당태종은 산 밑에 진을 쳤고 고구려군은 위에서 내려다보며 작전을 폈다. 수양제는 오열흘(안시성)을 점령하지 못한 채 평양성으로 쳐들어갔기 때문에 살수에서 27만 대군이 전멸을 당한 것이고, 당태종은 수양제의 전철을 안 밟기 위해 안시를 점령한 후에 평양성으로 들어가려고 총공세를 펼치다가 눈에 화살을 맞고 패해 도망간 것이다.

고구려의 환도산성인 현 지명 관왕묘에는 현재 관우의 사당이 없다. 문화혁명 때 사당이 불탔다는 현지주민의 증언으로 미루어보아 고구려의 사당이 그곳에 있었을 가능성이 높다. 문화혁명 때 중국의 역사를 세운다는 기치로 동이족의 역사유적이 많은 수난을 당한 적이 있다. 만약 지금의 지명대로 그곳에 관우의 사당이 있었다면 문화혁명 때 한족인 관우의 사당이 불탈 이유가 없지 않은가!

▹ 산 밑에서 꼭대기에 오르려면 가파른 산을 올라야 한다. 산 위에 새로 쌓은 환도성의 성벽이 보인다.

▷ 정상에 오르면 산들이 모두 평탄하게 이어져 있다. 그래서 적은 병력으로도 대군을 막을 수 있는 난공불락의 천연요새인 것이다.

4. 고구려의 관문인 요동성은 어디인가?

수양제와 당태종이 하남성 낙양의 북(北)에서 요수(遼水)와 요택(遼澤)을 지나 고구려와 처음 전투가 벌어지는 곳이 바로 평지에 있는 요동성으로 고구려로 들어오는 길목에 있는 견고한 성이다. 〈태백일사 고구려국본기〉에서는 태조대왕의 요서 10성의 위치를 설명하면서 요동성의 위치를 창려라 했는데, 고대 창려의 위치는 왕옥산 서남쪽에 있는 원곡(垣曲) 일대이다. 이미 지명이 조작된 중국 지도에는 창려와 항상 같이 따라다녀야 하는 지명인 갈석산, 난하, 노룡이 하북성 진황도시에 그려져 있다. 그러나 〈한서지리지〉의 대갈석산이 있는 우북평은 산서성 최남단 중조산의 남쪽이며, 고대 난하는 지금의 속수하(涑水河)이고, 고대 노룡은 백이·숙제의 묘와 고죽성(포주고성)의 발견으로 산서성 남부 영제시 일대라는 것이 명백하게 밝혀졌다. 그렇다면 고대 창려도 산서성 남부에 있어야 하지 않겠는가?

식민사관으로 얼룩진 우리 역사를 제대로 복원시키려면 역사왜곡을 위해 이동시킨 원래 지명을 정확히 찾아내야 한다. 그러나 대다수 재야와 강단의 사학자들이 중국어를 모르고 또 중국 인터넷을 제대로 못 다루다 보니 중국에서 지명조작한 지도만 보고 우리 역사를 해석하는 우를 범하고 있다. 이는 우리 역사를 죽이는 매우 위험한 행위이며 중국의 동북공정에 조력하는 것임을 알아야 한다. 이동되기 전의 올바른 고대지명이 어디인지를 알아야 조상의 혼과 민족정신이 담긴 우리 역사의 진실을 제대로 해석할 수 있을 것이다.

필자는 산서성 남부를 답사한 후 고구려와 단군조선의 모든 역사지명이 그곳에 있었다는 사실을 알고는 다음과 같이 한탄을 하게 되었다. "아! 단군조선과 고구려의 영토가 산서성 남부까지로 이토록 광활했기 때문에, 일제가 20만권의 사서를 불사르는 역사말살을 시도했고, 중국도 지명 조작을 통해 역사왜곡을 한 것이구나. 그러고도 모자라 현재 중국은 국가차원에서 동북공정까지 진행하고 있는데, 우리는 도대체 지금 무엇을 하고 있단 말인가!"

▷ 외적에 의해 말살되었고, 재야사학에 의해 왜곡된 우리 역사

부록

공통 참고자료

1. 〈한서지리지〉에서 유주(幽州)에 속한 군을 설명한 원문

上谷郡 **상곡군**:

秦置. 莽曰朔调. 属幽州. 户三万六千八, 口十一万七千七百六十二. 县十五: 沮阳, 莽曰沮阴. 泉上, 莽曰塞泉. 潘, 莽曰树武. 军都, 温馀水东至路, 南入沽. 居庸(거용), 有关. 雊瞀, 夷舆, 莽曰朔调亭. 宁, 西部都尉治. 莽曰博康. 昌平(창평), 莽曰长昌. **广宁(광녕)**, 莽曰广康. **涿鹿(탁록)**, 莽曰抪陆. 且居, 阳乐水(양락수)出东, 南入沽. 莽曰久居. 茹, 莽曰穀武. 女祁, 东部都尉治. 莽曰祁. 下落. 莽曰下忠.

(가구 수는 36,008호, 인구는 117,762명, 15개 현이 있다. 거용, 창평, 광녕, 탁록현 등이 있고, 양락수가 차거현 동쪽에서 나와 남쪽으로 고수로 들어간다.)

渔阳郡 **어양군**:

秦置. 莽曰通路. 属幽州. 户六万八千八百二, 口二十六万四千一百一十六. 县十二: **渔阳(어양)**, 沽水出塞外. 东南至泉州入海, 行七百五十里. 有铁官. 莽曰得渔. 狐奴, 莽曰举符. 路, 莽

曰通路亭. 雍奴, **泉州(천주)**, 有盐官. 莽曰泉调. 平谷, 安乐, BA3C奚, 莽曰敦德. 犷平, 莽曰平犷. 要阳, 都尉治. 莽曰要术. 白檀, 洫水出北蛮夷. 滑盐. 莽曰匡德.

(가구 수는 68,702호, 인구는 264,116명, 12개 현이 있다. 어양, 천주현 등이다. 고수가 어양 밖에서 나와 동남으로 천주까지 750리를 흘러 바다로 들어간다.)

右北平郡 **우북평군**:

秦置. 莽曰北顺. 属幽州. 户六万六千六百八十九, 口三十二万七百八十. 县十六: 平刚, 无终, 故无终子国. 浭水西至雍奴入海, 过郡二, 行六百五十里. 石成, 延陵, 莽曰铺武. 俊靡, 㴔水南至无终东入庚. 莽曰俊麻. 薋, 都尉治. 莽曰裒睦. 徐无, 莽曰北顺亭. 字, 榆水出东. 土根, 白狼, 莽曰伏狄. 夕阳, 有铁官. 莽曰夕阴. 昌城, 莽曰淑武. 骊成, **大揭石山(대게석산)在县西南**. 莽曰揭石. 广成, 莽曰平虏. 聚阳, 莽曰笃睦. 平明. 莽曰平阳.

(가구 수는 66,689호이고, 인구는 320,780명, 16개 현이 있다. 경수가 서쪽 옹노현까지 650리를 흘러 2개 군을 지나 바다로 들어간다. 대게석산(대갈석산)이 려성현 서남에 있다.)

辽西郡 **요서군**:

秦置. 有小水四十八, 并行三千四十六里. 属幽州. 户七万二千六百五十四, 口三十五万二千三百二十五. 县十四: 且虑, 有高庙. 莽曰鉏虑. 海阳(해양), 龙鲜水东入封大水. 封大水, 缓虚水皆南入海. 有盐官. 新安平(신안평). 夷水东入塞外. **柳城(유성), 马首山在西南(마수산이 유성현 서남에 있다)**. 参柳水北入海. 西部都尉治. **令支, 有孤竹城(영지에 고죽성 있다)**. 莽

曰令氏亭. **肥如(비여)**, 玄水东入濡水. 濡水(유수)南入海阳. 又有卢水, 南入玄. 莽曰肥而. 宾从, 莽曰勉武. 交黎, 渝水首受塞外, 南入海. 东部都尉治. 莽曰禽虏. 阳乐(양락), 狐苏, **唐就水(당취수)**至徒河入海. 徒河, 莽曰河福. 文成, 莽曰言虏. **临渝(임유)**, 渝水首受白狼, 东入塞外, 又有侯水, 北入渝. 莽曰冯德. CB63. 下官水南入海. 又有揭石水, 宾水, 皆南入官. 莽曰选武.

(작은 하천이 48개가 있는데 총 3,046 리이다. 가구 수는 72,654 호이고, 인구는 352,325명, 14개 현이 있다. 해양, 신안평, 유성, 영지, 비여, 임유현 등이다. 마수산은 유성현 서남에 있고, 영지현에 고죽성이 있다. 현수가 비여 동쪽에서 유수로 들어가고 유수는 남쪽에서 해양현으로 들어간다. 당취수(압록수)는 도하까지 흘러 바다로 들어간다.)

辽东郡 **요동군**:

秦置. 属幽州. 户五万五千九百七十二, 口二十七万二千五百三十九. 县十八: **襄平(양평)**. 有牧师官. 莽曰昌平. 新昌, 无虑, 西部都尉治. 望平, 大辽水出塞外, 南至安市入海. 行千二百五十里. 莽曰长说. 房, 候城, 中部都尉治. 辽队, 莽曰顺睦. 辽阳(요양), 大梁水西南至辽阳入辽. 莽曰辽阴. **险渎(험독)**, 居就, 室伪山, 室伪水所出, 北至襄平入梁也. 高显, **安市(안시)**, 武次, 东部都尉治. 莽曰桓次. 平郭, 有铁官, 盐官. **西安平(서안평)**, 莽曰北安平. 文, 莽曰文亭. 番汗, 沛, 水出塞外, 西南入海. 沓氏.

(가구 수는 55,972호, 인구는 272,539명, 18개 현이 있다. 양평, 신창, 무려, 망평, 방, 후성, 요대, 요양, 험독, 거취, 고습, 안시, 무차, 평곽, 서안평, 문, 번한, 답씨 등이다. 대요수는 망평현 밖

에서 나와 남쪽으로 안시까지 1,250리를 흘러 바다로 들어간다. 대양수는 서남으로 흘러 요양까지 흘러 요로 들어간다. 실위산은 실위수가 나오는 곳으로 북으로 양평까지 흘러 양으로 들어간다.)

玄菟郡 **현토군**:

武帝元封四年开. 高句骊, 莽曰下句骊. 属幽州. 户四万五千六. 口二十二万一千八百四十五. 县三: 高句骊(고구려), 辽山(요산), 辽水(요수)所出, 西南至辽队入大辽水. 又有南苏水, 西北经塞外. 上殷台, 莽曰下殷. 西盖马.

马訾水西北入盐难水, 西南至西安平入海, 过郡二, 行二千一百里. 莽曰玄菟亭.

(한무제 4년에 설치했다. 가구 수는 45,006호, 인구는 221,845명, 3개 현이 있다. 고구려현, 상은대현, 서개마현이다. 마자수(압록수)는 서북으로 염난수에 들어가고 서남으로 흘러 서안평에서 바다로 들어간다. 2개 군을 지나고 2,100리이다.)

乐浪郡 **낙랑군**:

武帝元封三年开. 莽曰乐鲜. 属幽州. 户六万二千八百一十二, 口四十万六千七百四十八. 有云鄣(운장). 县二十五: 朝鲜(조선), 讑邯, **浿水(패수)**, 水西至增地入海. 莽曰乐鲜亭. 含资, 带水西至带方入海. 黏蝉, 遂成(수성), 增地, 莽曰增土. **带方(대방)**, 驷望, 海冥, 莽曰海桓, 列口, 长岑, 屯有, 昭明, 高部都尉治. **镂方(루방)**, 提奚, 浑弥, 吞列, 分黎山, 列水所出. 西至黏蝉入海, 行八百二十里. 东暆, 不而, 东部都尉治. 蚕台, 华丽, 邪头昧, 前莫, 夫租.

(한무제 3년에 설치했다. 가구 수는 62,812호, 인구는 406,748명, 운장이 있으며 25개 현이 있다. 조선, 패수, 수성, 대방, 둔유,

루방현 등이다. 패수현 서쪽으로 증지현까지 흘러 바다로 들어간다. 함자현에서 대수가 서쪽으로 대방현까지 흘러 바다로 들어간다. 분려산에서 열수가 나와 서쪽으로 점선까지 820리를 흘러 바다로 들어간다.)

▷ <한서지리지>에서 유주의 7개 군의 지명은 위 지도와 같다. 이를 뒷받침하는 결정적인 유물적 증거가 고죽국 왕자인 백이·숙제의 묘이다.

필자 주

1. 현토군과 낙랑군은 한 무제 때의 행정구역이고, 나머지는 진나라 때의 행정구역인데 서로 겹치는 지역이 많다.
2. 莽曰XX(망왈XX)는 신나라 왕망 때 지명이 개명(改名)된 이름이다.

3. 여기서의 바다는 황하를 말함이다. 유주를 흐르는 강들이 서쪽과 남쪽에서 바다로 들어간다 했으니, 유주는 중국에서 말하는 북경 근처가 아니라 바로 산서성 남부와 황하북부 하남성 지역을 의미하는 것이다(북경 근처에서는 서쪽으로 바다로 들어갈 수가 없다).
4. 유주에 속한 현의 지명을 <중국고대지명대사전>으로 추적하면, 산서성 남부와 황하북부 하남성 일대임을 알 수 있다.
5. 위 유주에서 가장 눈여겨 볼 행정구역은 바로 요서군(遼西郡)이다. 요서군에 속한 현 중에 영지(令支: 현 영제시)현이 있는데 그곳에 고죽성이 있다 했다. 백이·숙제는 고죽국의 왕자이다. 그 묘가 산서성 황하가 꺾이는 지점에서 발견되었다. 따라서 현 운성시의 서부인 영제시 일대가 고대의 요서군인 것이다.

2. <신당서 열전 145 – 동이>에 나타난 고구려의 기록

원문:

高丽，本扶馀别种也．地东跨海距新罗，南亦跨海距百济，西北度辽水与营州接，北靺鞨．其君居平壤城，亦谓长安城，汉乐浪郡也，去京师五千里 而赢随山屈缭为郛，**南涯浿水**，王筑宫其左．又有国内城，汉城，号别都．

水有大辽，少辽：大辽出靺鞨西南山，**南历安市城**：少辽出辽山西，亦南流，有梁水出塞外，西行与之合．有马訾水出靺鞨之白山，色若鸭头，**号鸭渌水，历国内城西**，与盐难水合，**又西南至安市**，入于海．而**平壤在鸭渌东南**，以巨舻济人，因恃以为堑．

(번역) 고려는 본 부여의 또 다른 이름이다. 땅 동으로 바다를 건

너면 신라가 있고 남으로 바다를 건너면 백제가 있다. 서북으로(에서) 요수를 건너면 영주와 접하고 북쪽은 말갈이 있다. 그 나라 임금은 평양성 또는 장안성이라 일컫는 곳에 기거하며 한나라 낙랑군 땅이었다. 경사(장안)로부터 5,000리를 가면 산을 따라 굴곡지게 휘감으며 성곽을 이루고 **남쪽 끝에는 패수가 있다.** 왕은 북쪽(좌)에 궁궐을 축성하였다. 또한 국내성, 한성이 있는데 또 다른 도읍이라고도 한다(주: 필자는 5,000리를 과장으로 본다).

대요수와 소요수가 있는데 대요수는 말갈의 서쪽 남산에서 시작되고 남으로 **안시성으로 흐른다.** 소요수는 요산 서쪽에서 시작되는데 역시 남쪽으로 흐른다, 량수는 요새 밖에서 시작되어 서쪽으로 흐르다 합쳐진다. 마자수는 말갈의 **백산**에서 시작되고 색이 오리의 머리 색깔과 흡사하여 **압록수**라 부른다. **국내성 서쪽으로 흘러** 염난수와 합해지고, **서남쪽으로 안시에 이르러** 바다(황하)로 흘러 들어간다. **평양성은 압록의 동남쪽에 있어** 커다란 배로 사람을 건네고 믿음직한 참호 역할을 하고 있다.

참고자료 : **<한서지리지>에서 마자수에 대해 설명한 문구**

漢書地理地 : 马訾水西北入盐难水 西南至西安平入海 過郡二行二天一百里

한서지리지 : 마자수는 서북에서 염난수로 들어가고 서남으로 흘러 서안평에서 바다(황하)로 들어간다. 2개 군을 거쳐 길이는 2,100리이다.

▷ 신당서의 기록을 현 산서성 분하에 대입하면 우리역사와 관련된 지명들의 조건이 기가 막히게 한 치의 오차도 없이 딱 들어맞는다.

3. "당태종의 요동정벌의 자초지종과 실패원인"에서의 '경관' 설명

隋朝三次征高丽失败，高丽将隋军阵亡将士的尸骨筑成了一座京观(古代战争中，胜者为了炫耀武功，收集敌人尸首，封土而成的高冢叫"京观") "身既死矣，归葬山阳．山何巍巍，天何苍苍．" 身既死矣，归葬山阳．山何巍巍，天何苍苍．山有木兮国有殇．魂兮归来， 以瞻河山．"寒风吹来， 京观上的薄 山有木兮国有殇．魂兮归来，以瞻河山．" 帘淮等ィ갌15.瘫懵冻鱿旅娴�森森白骨，所谓尸山血海并不仅仅 京观是一个形容词而已． 几十万烈士的忠魂便在此不断地嘶喊，召唤．

수나라는 세 번이나 고구려와의 전쟁에서 실패했다. 고구려는 전쟁에서 죽은 수나라 병사들의 뼈로 경관을 만들었다. 고대 전쟁에서 승자는 자신들의 무공을 자랑하기 위하여 적의 머리를 모아 봉토로 만든 무덤을 경관이라 부른다. 찬바람이 불어오면 위의 얇은 흙이 날리면서 해골이 드러나게 된다. 몇 십만 병사들의 영혼의 고함소리가 이 땅에서 끊이지 않는다.

4. 〈중국고대지명대사전〉에서 곡수(谷水)를 설명한 원문

谷水(**곡수**):

出河南陕县东境东崤山谷阳谷，东流经渑池，合渑水，又东合涧水为涧河，至洛阳西南入洛，按谷水为涧河上游，故涧河下游亦可称谷水，≪水经注≫ 云，涧水北流注谷，即指此，周灵王时，谷洛鬬，毁王宫，即谓涧洛二河漫溢也，谷涧里三水久混，据周书涧东之文，其水应在王城之西，南流入洛，即≪水经注≫ 所谓死谷，涧水既合于谷，不知保时又东合于里，涧水既合于谷，不知保进又东合于里，禹贡锥指谓周景王雍谷入里，亦无确据，≪水经注≫ 自千金渠以东，乃里水经流，非涧谷故道也，今清会典图以陕县流入渑池者为谷水，涧水发源渑池东北白石山，至东南合流，其下通谓之涧水，下流至洛阳西南入洛，不通里水，又一变而与周书合矣.

곡수는 하남성 협현 동쪽 경계에서 나와, 민지(澠池)를 거쳐 민수와 합쳐지고, 간수와 합쳐져 간하(澗河)가 되어, 낙양 서남에서 낙수로 들어가는 강이다. 옛날에 간하 하류를 역시 곡수라 했다.

5. 〈중국고대지명대사전〉에서 판저(板渚)를 설명한 원문

板渚(**판저**) :

在河南汜水县东北二十里，〈水经注〉河水东迳板城北，有津，谓之板城渚口，隋炀帝开通济渠，自板渚引河入汴

판저는 하남 사수현 동북 20리에 있다. 〈수경주〉 황하의 동쪽이 판성의 북쪽을 지나고 나루터가 있다. 수양제가 통제거를 개통했는데, 판저에서 황하를 끌어 변수로 들어간다.

6. 〈중국고대지명대사전〉에서 변수(汴水)를 설명한 원문

即汴河.(변하) 发源于荥阳大周山洛口, 经中牟北五里的官渡, 从"利泽水门"和"大通水门"流入里城, 横贯今之后河街, 州桥街, 袁宅街, 胭脂河街一带, 折而东南经"上善水门"流出外城. 过陈留, 杞县, 与泗水, 淮河汇集.

영양시 대주산에서 발원하여 중모현 북쪽을 지나 밖으로 나가서는 진유, 기현, 사수를 거쳐 회하로 들어간다.

7. 범양군(范陽郡)에 대한 연혁(Baidu 백과사전)

* 秦王政二十一年(前226年)初设范阳县,
  (진시황 때 처음 범양현을 세웠다)
* 西汉元封五年(公元前106年), 全国设13刺史部为监察区, 涿郡属幽州刺史部. 西汉时继续为范阳县. 新朝时更名为顺阴, 东汉又改称范阳侯国.
  (서한 무제 5년 전국을 13개 자사부로 나누어 감찰했는데, 탁군은 유주자사부에 속했다. 서한 때도 계속 범양현으로 했다. 신나라 때 순음으로 개명했다. 동한 때 범양후국으로 개칭했다)
* 三国魏黄初五年(224年)置范阳国, 黄初七年(226年)又将涿郡改名为范阳郡, 治所在涿县
  (삼국 위나라 때 범양국으로 두었고, 황초 7년에 탁군을 범양군으로 개명했고, 치소는 탁현에 있다)
* 西晋泰始元年(265年), 封司马绥为范阳王, 都涿. 范阳郡改称范阳国.

(서진 때 사마원을 범양왕으로 봉했으며, 도읍을 탁이라 했다. 범양군은 범양국으로 개칭했다)

* 后在北魏时期又复称范阳郡.
(후에 북위 시기에 범양군으로 같이 불렸다)
* 隋开皇元年(581年), 析涿县西境原遒县 地置范阳县.
(수나라 때 탁현 서쪽 경계 원주현을 쪼개 그 땅을 범양현으로 했다)
* 唐武德七年(624年), 涿县改称范阳县.
(탁현을 범양현으로 개칭했다)
* 开元二十一年(733年), 范阳县属河北道幽州.
(범양현은 하북도 유주에 속했다.)
* 天宝元年(742年), 幽州改称范阳郡, 更幽州节度使为范阳节度使, 辖范阳县. 安禄山后来在这里发动了安史之乱.
(유주를 범양군으로 바꿔 불렀다. 유주절도사를 범양절도사로 바꿨다. 이후 여러 군으로 쪼갰다. 안록산이 후에 여기에서 난을 일으켰다)
* 宝应元年(762年), 李怀仙投降唐朝, 范阳郡又改称幽州.
(이부선이 당조에 항복했고, 범양군을 유주로 개칭했다)
* 大历四年(769年), 分幽州南部范阳, 归义, 固安三县置涿州, 州治在范阳县, 同时又分固安东 南部置新昌县. 涿州共辖四县.
(유주 남부의 3현을 분할하여 탁주를 두었고, 주를 다스리는 곳은 범양현에 두었다. 탁주는 4개 현으로 나뉘었다)
* 太和六年(832年), 分涿州范阳县古督亢地大部置新城县.
(탁주를 나눠 범양현과 옛 독항지의 큰 부를 신성현으로 하였다)
* 金大定二十九年(1189年), 划范阳, 良乡, 宛平三县边地设万宁县以卫金陵, 属涿州. 范阳县辖境内缩, 但仍为涿州治所.

(범앙 등 3현을 탁주에 속하게 했고, 거듭 탁주에 치소를 두었다)

* 明洪武二年(1369年), 撤销范阳县, 并入涿州.

(범양현을 폐하고 탁주에 넣었다)

* 中华民国二年(1913年), 置范阳道, 属直隶省. 次年, 范阳道改称保定道.

(범양도를 두었고, 직예성에 속하게 했다. 범양도는 보정도로 개칭되었다)

8. 〈신·구당서〉에서의 〈안록산의 난〉 기록 원문

唐朝天宝十四年十一月初九, 身兼范阳, 平卢, 河东三节度使的安禄山趁唐朝内部空虛腐败, 联合同罗, 奚, 契丹, 室韦, 突厥等民族组成共15万士兵, 号称20万, 以"忧国之危", 奉密诏讨伐杨国忠为借口在范阳起兵. … 唐玄宗于同年十一月十五日得知了安禄山反叛的消息, 相当震怒. … 安禄山于同年十二月十二就攻入洛阳. … 天宝十五年正月初一, 安禄山在洛阳称大燕皇帝, 改元圣武. …

唐玄宗于六月十三日凌晨逃离长安, 到了马嵬坡(今陕西兴平市西北23里)途中将士饥疲, 六军不发, 龙武大将军陈玄礼请杀杨国忠父子和杨贵妃.

755年 11월 9일 범양.평로.하동의 삼군절도사를 겸하던 안록산이 범양(탁군)에서 라, 해, 거란, 실위, 돌궐 등 민족을 모아 15~20만 군사를 일으키자, 11월 15일 당 현종이 이 소식을 듣고 진노했다. 안록산은 동년 12월 12일 낙양으로 공격해 들어갔고, 756년 정월 초 낙양에서 대연황제라 칭하며 즉위한다. 당 현종은 6월 13일 장안에서 도망간다.

9. 〈중국고대지명대사전〉에서 하동(河東)을 설명한 원문

河东道(**하동도**):

唐贞观初置，在黄河之东故名，东距常山，西据河，南抵首阳，太行，北边突厥，领并，潞，泽，绛，晋，蒲，汾，慈，隰，石，沁，箕，岚，忻，代，朔，蔚，云等州，今山西省之地，治河中，今山西永济县治，宋改为河东路，≪日知录≫ 河东，山西，一地也，唐之北京在关中，其东则河，故谓之河东，元之北京在蓟门，其西则山，故谓之山西，各自畿甸之所近而方之也.

황하 동쪽의 오래된 지명으로, 동쪽에는 항산 서쪽에는 황하 남쪽에는 수양과 태행 그리고 북쪽에는 돌궐이 있다. 로주 등 여러 주의 지명이 나오는데 산서성 땅으로 치소는 영제현에 있다.

在山西省治西南清平阳，蒲州二府及解，霍，隰，绛 四州地，旧置河东盐法道辖之，民国改置河东道，属山西省，治安邑县之运城，辖安邑，临汾，洪洞，浮山，乡宁，安泽，曲沃，翼城，汾城，襄陵，吉，永济，临晋，虞乡，荣河，万泉，猗氏，解，夏，平陆，芮城，新绛，垣曲，闻喜，绛，稷山，河津，霍，汾西，灵石，赵城，隰，大宁，蒲，永和 三十五县

산서성 서남의 청평양과 포주를 2부로 하고, 해,곽,습,강주의 4주 땅으로 치안읍현은 운성이다. 그리고 여러 지명이 나오는데 모두 산서성의 지명이다.

10. 〈중국고대지명대사전〉에서 영제거(永濟渠)를 설명한 원문

永济渠(**영제거**):

隋炀帝大业四年(公元608年)为便利河北地区军事运输所开的运河. ≪隋书·炀帝纪≫: "诏发河北诸郡男女百余万开永济渠，引

沁水南达于河(黄河)，北通涿郡(治所在蓟县，今北京城西南).” 长二千余里. “南达于河”，即疏浚今沁水下游. “北通涿郡”的故道：自今河南武陟沁水东岸至汲县一段用沁水支流，即今孟姜女河(天雨有水，平时干涸) (이하는 역사왜곡용으로 자연하천인 위수를 설명한 것)

自汲县至天津市一段，用清水下接淇水(即白沟)，屯氏河，清河，略同今卫河(自内黄至武城在卫河西，自武城至德州在卫河东)：自天津至涿郡故城一段，用沽水上接桑干水，即今武清以下的白河与武清以上至北京市西南郊的永定河故道. 涿郡附近一段不久即堙废. 自今天津以南，唐后即专以清，淇二水为源，与沁水隔绝，宋后通称御河，金元以来屡经改道，至明称卫河，经流同今.

영제거는 황하 북쪽지역에 군수물자를 운송하기 위한 길이 2,000여리의 운하이며, 〈수서 양제기〉의 기록인 인심수남달우하(引沁水南達于河)는 '심수의 깊은 곳을 소통해 황하에 도달하게 하기 위한 것'이고, 북통탁군(北通涿郡)의 옛 길은 하남성 무척현의 심수 동안에서 하남성 급현까지로 지금의 맹강녀하(孟姜女河)이다. 맹강녀하의 물길이 들어간 급현에서 위하가 천진까지 흘러 북경 근처의 탁군까지 연결된다.

11. "당태종의 요동정벌의 자초지종과 실패원인"에서의 '요수'

원문:

同年十月十四日，唐太宗乘车驾由长安行幸洛阳 … 十一月初，营州都督张俭等帅唐军进至辽水西岸，正值河水泛滥，久不得渡. 太宗以其畏惧怯懦，召回洛阳 … (생략) … 贞观十八年十一月十四日，诏令刑部尚书张亮为平壤道行军大总管，泸州(今属四川)都督左难当为副，率江淮，岭南及缺中诸州兵及长安，

洛阳 3,000 募兵, 战舰 500艘, 从莱州渡海趋平壤:

정관 18년 10월 14일 당태종은 장안에서 낙양으로 향하였다. 11월 초 영주도독 장건 등은 당군(唐軍)을 거느리고 요수 서안에 이르렀고, 당시 하천이 범람하는 시기여서 오랫동안 강을 건너지 못하였다. 당태종은 실망하고 낙양으로 돌아왔다. 11월 14일 조서를 내려 형부상서 장량을 평양도부군의 총관으로 하고 노주도독 좌난당을 부관으로 하여, 강회, 령남과 결중의 여러 주에서 인솔한 병사와 장안 낙양 등에서 3,000의 병사를 모집하여 군선 500척으로 래주에서 바다(황하)를 건너 평양으로 향하였다.

12. "당태종의 요동정벌의 자초지종과 실패원인"에서의 '요택 통과'

원문 :

五月十日, 唐太宗亲率六军经北平(今河北卢龙), 辽泽(今辽宁北镇与辽中之间泽地)渡过辽水, 此时太宗遇到的难题与隋炀帝是一模一样的, 是时辽泽泥淖二百馀里, 人马不可通, 将作大匠阎立德布土作桥大军才勉强得过, 此时的辽泽上面还浮有很多当年隋军将士的遗骨, 太宗当时就命人将之收斂埋葬. 渡过辽水之后太宗下令毁去桥梁, 以此向士卒表示背水一战的决心. … (생략) … 辽东城对于唐军是有特别的意义的, 炀帝三征, 均止步于辽东城, 因此对于唐军来说辽东城是必须越过的一道坎.

5월 10일 당태종은 친히 6군을 거느리고 요수를 건너고 북평과 요택을 지났다. 당시 당태종이 만난 어려움은 수양제와 같았다. 요택에는 진흙탕이 200여리나 되어 사람과 말이 지날 수 없었기에, 장수 염립덕이 흙다리를 만들어 그나마 건널 수 있었다. 요택 위 수면에 떠다니는 수나라 병사들의 유골을 본 당태종은 그들을 매장하라 했으며, 요택을 지난 후 태종은 흙다리를 없애라고 명했다.

13. 〈중국고대지명대사전〉에서 요택(遼澤)을 설명한 원문

沼泽排水 **소택배수**:

自广宁　以东至辽河有大片低洼沼泽地, 古称辽泽, 遇雨泥泞, 泽内有绕阳河及柳河等多条支流. 隋唐东征辽东都临时大力修筑桥梁道路. 明代沿泽之南路开河名路河, 东起海城县境, 西至广宁, 长200余里, 后缩短到170里, 用以排泽水, 运粮"287;, 防边疆,堤岸作为陆路,至明末淤废. 清代屡次修沈阳至广宁道路百余里

소택배수: 광령 이동에서 요하까지 있는 큰 웅덩이 소택지로 옛날에 요택이라 불렀다. 수와 당의 고구려 정벌 때 임시로 교량도로를 수축했다. 동쪽은 해성현에서 시작하여 서쪽은 광령까지로 200여 리이다.

14. 〈중국고대지명대사전〉에서 광녕군(廣寧郡)을 설명한 원문

广宁郡 **광녕군**:

① 东晋置, 后魏因之, 后废, 故治在今河北琢鹿县西(하북 탁록현 서)

② 东晋时西秦置, 西魏更名广安, 北周废, 故治在今甘肃漳县西南五十里(감숙성 장현 서남 오십리)

③ 南齐置, 今阙, 当在广西境(광서성 경)

④ 东魏置, 北周废, 故城在今河南修武县东南(하남성 수무현 서남)

⑤ 后魏置, 北周废, 故城在今山西寿阳县东(산서성 수양현 동)

⑥ 北齐改新蔡郡置, 隋废, 故治即今河南新蔡县治(하남성 신채현)

15. "당태종의 요동정벌의 자초지종과 실패원인"에서의 '당태종의 행적'

원문 :

十一月十四日， 又令太子詹事， 左卫率李勣为辽东道行军大总管，江夏王李道宗为副，率步骑 6万及兰,河 二州降胡兵趋辽东．然后，两军合势并进．

十一月三十日， 诸路陆军集于幽州． 太宗又遣行军总管姜行本，少府少卿丘行淹督众工匠在安萝山制造云梯， 撞车等攻城器械．这时，天下各处前来应募的勇士及贡献攻城器械者不可胜数，唐太宗均亲加阅视，逐次取舍．不久，下诏布告天下，陈述了这次东征高丽的五条必胜之道："一曰以大击小， 二曰以顺讨逆， 三曰以治乘乱，四曰以逸待劳，五曰以悦当怨"．用以动员民众，增强士兵必胜信念．

十二月二日，下诏水陆诸军及新罗，百济，奚，契丹等分道进击高丽．二月十二日，唐太宗亲统六军从洛阳北上，三月十九日，抵达定州，留太子在此监国，令房玄龄与高士廉，刘洎，马周，张行成，高季辅等共同辅政，得以便宜从事，不复奏请．

三月二十四日，太宗率部从定州北进，向辽东进发，至此，可谓是万事俱备，战争的号角已经开始吹响了．

十二月二日，下诏水陆诸军及新罗，百济，奚，契丹等分道进击高丽．

二月十二日，唐太宗亲统六军从洛阳北上，

三月十九日，抵达定州，留太子在此监国，

高丽在边境上大修长城，如果正面行军，那么唯一可走的道路便是辽东那著名的沼泽区，而高丽对这一地区是严密设防的，李勣的先头部队人数不多，正面硬碰显然不行，所以只能绕道．唐军

渡过辽水的消息传到高丽后，举国震惊，城邑均闭门自守，不敢出击(이하 참고자료 11 참조).

10월 14일 장안을 떠난 당태종은 11월초 요수 서안에 이르렀으나 마침 하천이 범람하는 시기여서 강을 건너지 못해 실망하고 낙양으로 돌아왔다(참고자료 11).

11월 14일 조서를 내려 여러 주에서 선발한 병사와 장안과 낙양 등에서 3천의 병사를 모집하고, 군선 500척으로 래주(莱州)에서 바다(황하)를 건너 평양으로 향하게 하였다. 이적을 요동도행군총감으로, 이도종을 부총감으로 하여 보병과 기병 6만과 란과 하 2개 주에서 호병(胡兵)을 이끌고 요동을 향하게 했다.

11월 30일 여러 길에서 육군이 모였다. 공성(攻城)기구를 만들게 하였다.

12월 2일 조서를 내려 수군과 육군은 여러 갈래로 나누어 고구려로 진군케 했다.

2월 12일 당태종은 6개 군을 친히 거느리고 낙양에서 북행하여 3월 19일 정주(定州)에 도착하였고 태자를 남겨두고 나라를 지키게 하였다

16. "당태종의 요동정벌의 자초지종과 실패원인"에서의 '요동성 전투'

원문 :

辽东城对于唐军是有特别的意义的，炀帝三征，均止步于辽东城，因此对于唐军来说辽东城是必须越过的一道坎．击退了高丽援军以后，李勣当即指挥唐军将士"负土填堑"，
准备向辽东城发起进攻．唐太宗也在马上负土递送，于是，随从官员一起与将士负土致于城下．不几日，城下沟堑俱被填满．接

着，李勣下令先用抛车攻城．该攻城抛车体积庞大，可将重达300余斤的巨石抛出一里之外，所至皆摧，高丽守军十分惧怕．为了防御巨石袭击，守军用巨木在城上建筑遮挡的战楼并用粗大的绳索结网企图拦截飞石，但仍被抛车所发巨石击溃．随后唐军又用撞车清除辽东主城左近的副楼，无不倾倒．就这样，唐军接连攻城 20多天，昼夜不息．李勣与张俭等，率领骁锐与契丹等少数民族兵一起，攻辽东城南．李道宗和张士贵等，攻辽东城西，李宏基等率兵填其濠堑，唐太宗亦率所统六军相助，将辽东城包围数十百重，水泄不通，鼓噪之声，震天动地．

五月十七日，南风劲吹，唐太宗以火弩齐射，点燃了西南城楼，大火燃及城中住宅，火光冲天，接着下令精锐士卒登上冲竿之顶，一举登上城墙．高丽守军举大盾以短兵反冲击，企图夺回城墙，唐军以长矛列阵下击，后面的唐军在城墙上以擂石奋力下砸，高丽军终于抵挡不住，被歼 一 万余人，俘虏高丽军1万余人，俘获城中男女4万余口，获得粮食50万石．唐太宗遂以辽东城置辽州，并举烽火入塞，向太子所居定州通告捷报．

이 요동성은 당군(唐軍)에게 있어 특별한 의의가 있었다. 왜냐하면 수나라가 세 번이나 고구려를 쳤을 때 모두 요동성에서 발목이 잡혀 앞으로 마음 놓고 행군하지 못하였기 때문에 요동성이야말로 기필코 넘어야 할 고비였던 것이다. 당나라 군대는 20일 동안 끊임없이 요동성을 공격했으나 고구려 군사들의 수비가 워낙 굳건해 성이 쉽게 함락되지 않았다.

드디어 5월 17일 남풍이 불자 당나라 군대는 불화살을 쏘아 요동성의 서남쪽에 불을 붙였으며 병사들을 성으로 기어오르게 했다. 고구려 수비군이 반격했으나 끝내 막지 못하여 만여 명이 죽고 만여 명이 포로가 되었다. 또한 성안에 있던 민간인 4만여 명도 포로가 되었으며 당나라는 50만석의 양식을 노획하였다. 당태종은 봉화를 올려 태자에게 승전보를 알렸다.

17. "당태종의 요동정벌의 자초지종과 실패원인"에서 '당태종 퇴각장면'

원문 :

九月十九日 回师前，太宗皇帝十分欣赏安市城城主的顽强，特别赐百匹绸缎以资奖励. 而城主杨万春亦登城拜谢，遥送唐军回国. 安市城之战无论攻方守方均表现出了极高的水准，所谓英雄惜英雄，虽然作为敌对的双方，但是最后都表现出了亚洲式的骑士精神，可谓战争史上的一段佳话.

9월 19일 회군하기 전 당태종은 비단을 100필 하사하며 안시성주의 완강한 방어에 대해 격려했다. 성주 양만춘은 성에 올라 감사를 드리고 당나라 군대가 귀국하는 것을 배웅하였다. 안시성에서 쌍방은 모두 아주 높은 수준의 전투를 보여 주었으며, 전쟁의 끝은 아시아 방식의 기사정신을 보여주었고 역사에서 아름다운 글로 남겨졌다.

18. 〈중국고대지명대사전〉에서 '명조(鳴條)'를 설명한 원문

鳴條(**명조**) :

古地名. 在今山西运城安邑镇北，相传商汤伐夏桀战于此地. 又名 高侯原. 古地名，又名高侯原，其地具体位置，异说甚多，一说在今山西省运城市夏县之西，一说在今河南洛阳附近，还有一说在河南省新乡市封丘东.

명조는 고대 지명으로 지금의 산서성 운성시 안읍진 북에 있다. 은나라 탕왕이 하나라 걸왕을 정벌한 전투지로 고후원이라고도 한다. 일설에는 산서성 운성시 하현의 서쪽, 일설에는 하남성 낙양부근, 또 일설에는 하남성 신향시 봉구 동쪽에 있다고 한다.

19. 한나라 유향이 쓴 〈설원(說苑)〉 권모(權謀)편의 원문

湯欲伐桀 伊尹曰 請阻乏貢職 以觀其動 桀怒起九黎之師以伐之 伊尹曰 未可彼尙猶能起九黎之師 是罪在我也 湯乃謝罪請服 復入貢職 明年又不供貢職 桀怒起九黎之師 九黎之師不起 伊尹曰可矣 湯乃興師伐而殘之 遷桀南巢氏焉

성탕이 걸왕을 치려 하자 이윤이 말하기를 “청컨대 걸왕에게 바치는 공물을 막고 그의 행동을 살펴보십시오.”라고 했다. 그러자 걸왕이 진노하여 구이(九夷)의 군사를 일으켜 쳐들어오자 이윤이 말하길 “아직 때가 아닙니다. 저들이 아직도 능히 구이의 군사를 일으킬 수 있다는 것은 잘못이 우리에게 있기 때문입니다.”고 하였다. 이에 성탕은 사죄하고 다시 공물을 바쳤다. 이듬해에 탕왕이 다시 공물을 끊어버리자 걸왕이 노하여 다시 구이의 군사를 요청했으나 움직이지 않았다. 그러자 이윤이 “됐습니다.”라고 말했고, 탕왕은 마침내 군사를 일으켜 잔당을 징벌하니 걸왕은 남소씨의 땅으로 도망하였다.

20. 〈중국고대지명대사전〉에서 ‘사수(蛇水)’를 설명한 원문

蛇水 **사수** :

今名肥河，见肥河条．唐苏定言征高丽，园平壤，庞孝泰以岭南兵壁蛇水，见 ≪唐忆高丽传≫．山海经海内经有蛇水，在蛇山下(사수는 지금의 비하이다)

肥河 **비하** :

在山东肥城县南，盖即古蛇水也，西流为汇河注于汶，≪水经注≫

蛇水出蛇丘县东北大山， 西南流迳汶阳之田， 又西南迳夏晖城南，又西南注于汶(산동성 비성현 남쪽에 있다)

21. 〈중국고대지명대사전〉에서 '귀방(鬼方)'를 설명한 원문

鬼方(**귀방**):

古远方国，≪易既济≫ "高宗伐鬼方，三年春之，"其说有五，

① 谓即西戎，≪后汉书章帝纪≫ 克伐鬼方，开通西域，≪西羌传≫ 武丁征西戎鬼方，三年乃克，≪文选赵充国颂李善注≫ "鬼方，于汉则先零戎也，"世本注同，案当在今青海境
(서융으로 지금의 청해와의 경계로 은 무정왕이 서융.귀방을 정벌했다)

② 谓即周荆楚之地，〈惠栋九经古义〉汲郡古文云，武丁三十二年，伐鬼方，次于荆，三十四年，王师克鬼方，氐羌来宾，商颂殷武云，挞彼殷武，奋伐荆楚，疑周之荆楚，商时谓之鬼方，古文所谓次于荆者，盖鬼方之地也(주나라 형초의 땅)

③ 谓即今贵州，≪清一统志≫ 贵州，商周为鬼方地(지금의 귀주)

④ ≪丙子学易篇≫ "苍颉篇云，鬼，远也，又云鬼方言其幽昧也，"此不以地实之，惠栋斥为臆说(유매의 땅)

⑤ 近人王国维谓鬼方即狄人， 殷周时据陕西西北一带， 古之玁䥥，汉之匈奴，皆其同种，春秋时狄人隗姓，隗即鬼也
(즉 적인으로 은·주 때 섬서성 서북일대)

22. 〈중국백과사전〉에서의 강태공의 자료

姜太公故里，位于河南省新乡卫辉市西北十二公里处. 公元前1210年农历八月初三，姜太公诞生于卫辉太公泉镇吕村. 据 ≪竹书纪年≫ 上说，姜太公仙逝于"周康王六年"十月二十日. 终年一百三十九岁. 葬于卫辉太公泉. 至今太公泉境内还保留着许多姜太公

的历史遗迹，其中较为著名的有：姜太公墓，姜太公祠，姜太公庙，姜太公吕望表等.

강태공의 고향은 하남성 신향시 위휘현 서북 12Km에 있다. B.C 1210년 음력 8월 초삼일 위휘현 태공천진 여촌에서 태어났다. 〈죽서기년〉에 따르면, 강태공의 서거는 주 강왕 6년 10월 20일로 139세였다. 장례는 위휘현 태공촌에서 치렀다. 지금의 태공촌 경내에는 강태공묘, 강태공 사당, 강태공여망표 등이 있다.

23. 〈중국고대지명대사전〉에서 ‘조양(造陽)“과 ’연장성”을 설명한 원문

造阳(**조양**) :

战国燕邑，≪史记燕世家≫ “燕筑长城，自造阳至襄平，”韦昭云，地在上谷，按汉上谷郡治(한나라 상곡군에 속한다)

燕长城(**연나라 장성**) :

≪史记. 匈奴列传≫ 记载：“燕北亦筑长城，自造阳至襄平，置上谷，渔阳，右北平，辽西，辽东郡，以拒胡

연나라가 북쪽에 장성을 쌓았는데 조양에서부터 양평까지이다. 상곡, 어양, 우북평, 요서, 요동군을 오랑캐로부터 지키기 위함이다.

24. 상당군(上黨郡)과 제수(濟水)에 대한 Baidu 백과사전 설명

上党郡(**상당군**) :

战国韩地，秦并天下，置上党郡，其地有今山西之东南部，以其地极高，与天为党，故名. 汉治长子，在今山西长子县西，后汉末董卓作乱，治壶关城. 在今山西长治县东南，晋治潞. 在今山

西长治县东南，晋治潞．在今山西潞城县东北，燕慕容备移治安民城．在今山西襄垣县东北，后迁壶关城，即汉末旧治也，后魏治安民，复迁壶关，北周于郡置潞州，隋置上党县为郡治，即今山西长治县治，宋时郡废．≪铜熨斗齐随笔≫：汉书地理志，上党郡，秦置，属并州，案上党于战国时，盖在韩魏之间，西周策犀武败于伊关，周君之魏求救，魏王以上党之急辞之，綦毋恢见魏王曰，秦悉塞外之兵与周之众以攻南阳而两上党绝矣，此时上党，盖属魏也．又韩赵易地，樊馀谓楚王曰．韩兼两上党以临赵，即赵羊肠以上危，此时上党盖属韩也．曰两上党，意尔时上党必有两地．如楚之东西不羹者，史记韩也家．桓惠王十年，秦击我于太行，我上党郡守以上党郡降赵．十四年，秦拔赵上党，是上党已属赵矣．又曰二十六年秦拔我上党，可见上党之非一地，故有两上党之称，而上党之置郡，亦非始于秦矣．

전국시대 한의 땅으로 지금의 산서성 동남부에 있는 장치시 장자현 서쪽이다.

濟水(**제수**) :

济水发源于河南省济源市王屋山上的太乙池．源水以地下河向东潜流七十余里，到济渎和龙潭地面涌出，形成珠(济渎)，龙(龙潭)两条河流向东，不出济源市境就交汇成一条河，叫水，至温县西北始名济水．济水流经河南，山东两省入海．

제수는 하남성 제원시 왕옥산 위의 태을지에서 발원한다. 첫 물줄기는 지하수로 동쪽으로 70여리를 흘러가다 두 물줄기가 제원시 외곽에서 합쳐져 하나로 되어 온현 서북까지 흘러 바다로 들어간다.

25. 〈금사(金史)지리지 권5〉의 원문

縣四, 鎮六 :

河內倚. 有太行陘, 太行山, 黃河, 沁水, 浿水(패수). 鎮四武德, 柏鄉, 萬善, 清化. 修武有濁鹿城. 鎮一承恩. 山陽興定四年以修武縣重泉村為山陽縣, 隸輝州. 武陟有太行山, 天門山, 黃河, 沁水. 鎮一宋郭.

4현 6진이 있다. 태행단층이 있고, 태행산, 황하, 심수, 패수가 있다. 무덕, 백향, 만선, 청화 등 네 진을 두다. 수무현에 탁록성이 있다. 승은진이 있다. 흥정 4년 수무현 중천촌을 산양현으로 하여 휘주에 예속시키다. 무척현에 태행산이 있고 천문산, 황하, 심수, 송곽진이 있다.

26.〈명일통지〉, 〈중국고대지명대사전〉, 〈수경주〉에서의 '추수(溴水)' 원문

명일통지 :

溴水在濟源縣 其源有三 一出琮山俗呼白澗水春秋公諸侯于梁此 一出縣西二十里曲陽城西南山　一出陽城南溪俱東南流與瀧水合 又東南至溫縣入于黃河

중국고대지명대사전 :

原山: 在河南济源县西北三十里, 今名琮山, 溴水所出, 相连者为莽山, 沇水出焉.

수경주 :

≪十三州志≫ 曰: 浿水县在乐浪东北, 镂方县在郡东盖出其县南迳镂方也. 谓出浿水迳镂方也. 昔燕人卫满, 自浿水西至朝鲜

〈명일통지〉 추수(溴水)는 제원현에 있다. 물의 근원이 세군데 있는데, 동남류해 롱수(瀧水)와 합해져 동남으로 흘러 온현에서 황하로 흘러 들어가는 강이다.

〈중국고대지명대사전〉 원래 산은 하남 제원현 서북 삼십리에 있다. 지금은 종산이라 부르는데 추수(溴水)가 나오는 곳이다. 망산이라고도 한다. 롱수(瀧水)가 여기서 나온다.

〈수경〉 〈13주지〉에서 말하길 패수현은 낙랑의 동북에 있고, 루방현은 낙랑군의 동쪽에 있다. 대개 그 현 남쪽에서 나와 루방을 지난다. 위수도 패수에서 나와 루방을 지난다. 옛 연나라 사람 위만이 패수 서쪽으로부터 조선까지 갔다.

27. 〈중국고대지명대사전〉에서 '금성군(金城郡)'을 설명한 원문

金城郡 **금성군**:

汉置，今甘肃旧兰州，西宁二府地，治允吾，在今甘肃皋兰县西北黄河北岸， 晋初治榆中， 在今甘肃榆中县西北， 东晋移治金城，在今甘肃皋兰县西南，(后魏金城郡初亦治榆中，后徙金城，)隋废郡，改置兰州，寻复故，移今皋兰县治，唐复曰兰州，改金城郡，复改尘州，宋曰兰州金城郡，金曰兰州.

(한나라 때 설치, 감숙성 황하북안 난주)

南朝宋置，并置县，南齐因之，今陕西南郑县地.

(남조송나라 설치, 섬서성 남쪽 정현 땅)

后魏置隋废，故治在今陕西汉阴县西

(후위때 설치 수나라 폐, 섬서성 한음현 서쪽)

28. 〈중국고대지명대사전〉에서 '평주(平州)'를 설명한 원문

平州(**평주**) :

晋分幽州置, 治昌黎(진 때 유주에서 갈라짐, 창려에 치소)
前燕置, 治襄平(전연 때 양평에 치소)
后燕置, 初治龙城, 后治平郭
(후연 때 초기에 용성, 후기에 평곽에 치소)
前秦置 治和龙, 后魏置 治肥如
(전진 때 화룡에 후위 때 비여에 치소)
隋置, 唐因之, 亦曰北平郡, 元改为兴平府, 治卢龙
(수·당 때 북평군으로 원 때 영평부로 바꾸고, 노룡에 치소)

29. '광개토태왕 비문' 1면 1행 첫머리 원문

惟昔始祖鄒牟王之創基也, 出自北夫餘, 天帝之子, 母河伯女郎. 剖卵降世, 生而有聖□ □□□□. □命駕, 巡幸南下, 路由夫餘奄利大水. 王臨津言曰, 我是 皇天之子, 母河伯女郎, 鄒牟王, 爲我連 浮龜. 應聲卽爲連 浮龜. 然後造渡, 於沸流谷, 忽本西, 城山上而建都焉. 不樂世位, 因遣黃龍來下迎王. 王於忽本東 , 履龍頁昇天.

옛날 시조 추모(주몽)왕이 나라를 창조하시었다. 북부여에서 나오셨는데 천제의 아들(天帝之子)이고, 어머니는 하백(河伯)의 딸이다. 알을 깨고 세상에 나면서부터 성스러운 분이었다. 수레를 타고 남으로 순행하다가 길에서 부여의 엄리대수에 이르렀다. 왕이 나루에 이르러 말하길, "나는 추모왕으로 황천의 아들(皇天之子)이고, 어머니는 하백(河伯)의 딸이다. 나를 위해 갈대를 엮고, 거북은 떠올라라." 하니 그렇게 되었다. 그리하여 물을 건너게 되고 비류곡의 홀본 서쪽의 성 위에 도읍을 정하였다. 세상에서의 권세를 즐기지 않아 하늘에서 황룡을 아래로 보내어 왕을 영접하니, 왕이 홀본 동쪽에서 용의 머리에 올라타고 하늘로 승천하였다.

30. '평요고성(平遙古城)'에 대한 Baidu 백과사전 설명

원문 :

中国北部山西省中部(平遥地处汾河东岸，太原盆地的西南端)的平遥古城是一座具有2,700多年历史的文化名城是保存完整的历史名城，也是中国古代城市的原型.

平遥旧称"古陶"，始建于西周宣王时期(公元前827年～公元前782年)为夯土城垣，为西周大将尹吉甫驻军于此而建. 自公元前221年，秦朝政府实行"郡县制"以来，平遥城一直是县治所在地，延续至今. 春秋时属晋国，战国属赵国. 秦置平陶县，汉置中都县，为宗亲代王的都城. 北魏改名为平遥县.

明代洪武三年(公元1370年)扩建，由原"九里十八步"扩为" 十二里八分四厘"(6.4公里)，变夯土城垣为砖石城墙. 平遥城墙总周长6,163米，墙高约12米，把面积 约2.25平方公里. 还有镇国寺，双林寺和平遥文庙等也都被纳入世界遗产的保护范围. 城隍庙位于城东南的的城隍庙街，由城隍庙，财神庙，灶君庙三组建筑群构成(古城的第三宝是位于城西南的双林寺. 该寺修建于北齐武平二年(公元571年).

平遥城墙周长6162.68米(与明初"周围十二里八分四厘"吻合)，其中东墙1478.48米， 南墙1713.80米， 西墙1494.35米， 北墙1476.05米，东，西，北三面俱直，唯南墙随中都河蜿蜒而顿缩逶移如龟状. 将六道城门分别叫 南曰迎熏，北曰拱极，上东门太和，下东门亲翰，上西门永定，下西门凤仪，似乎受到 早年关于西门外有凤凰来朝的神话影响，“箫韶九成，凤凰来仪”，凤凰来而有容仪，是吉祥的瑞应，令人进而想到德政惠民，国运隆昌.

중국 산서성 중부의 평요고성은 2,700년 역사적 문화로 유명한 성으로 완벽하게 보존되어 있고 중국 고대 도시의 원형이다. 평요의 고대명칭은 고도(古陶)였고, 서주 선왕 때(B.C 827~782년) 대장군 윤길보장군에 의해 토성으로 처음 세워졌고, B.C 221년부터 진나라 때 군현제를 처음 실시한 이래 평요성은 지금까지 현의 치소였다. 춘추 시기에는 진(晋)나라, 전국 시기에는 조(趙)나라, 진나라 때는 평도현, 한나라 때는 중도현으로 종친대왕(宗親代王)의 도성으로 했으며, 북위 때 평요현으로 개명되었다.

명나라 홍무 때 중축되었는데, '9리 18보'에서 '12리 8분 4리'로 중축되면서 토성이 석성으로 바뀌었다. 총 길이 6,163m, 높이 약 12m, 면적 약 2.25km2이다. 진국사 쌍림사와 평요문묘 등이 세계 문화유산의 보호범위에 든다. 성황묘는 성 동남쪽에 있으며, 재신묘, 토군묘와 함께 건축군이 조성되어 있다(평요고성의 세가지 보물인 쌍림사는 성 서남에 있고, 북제 무평 2년(571) 세워졌다).

성벽의 총 길이는 6,163m로 동쪽 성벽이 1,478m, 남쪽 성벽이 1,714m, 서쪽 성벽이 1,494m, 북쪽 성벽이 1,476m으로 거북 모양으로 되어 있다. 북문이 거북이 꼬리에 해당하고 남문이 거북이 머리에 해당한다. 남문은 영훈문, 북문은 공극문, 상동문은 태화문, 하동문은 친한문, 상서문은 영정문, 하서문은 봉의문이라 한다. 서문은 봉황신화의 영향으로 봉황의 모양이다. 길상의 뜻이며 덕정혜민(德政惠民)과 국운융창(國運隆昌)을 위한 것이다.

31. 〈중국고대지명대사전〉에서 '갈석산(碣石山)'를 설명한 원문

≪漢書武帝紀注≫ :

「文穎曰，碣石在遼西壘縣，故城在今河北省昌黎縣東南」，

郭璞注≪水經注≫ :

「謂在臨楡南水中，蓋因壘縣後漢省入驪楡，即文穎之說也，水經漯水注雲 碣石淪於海中」，濡水注又雲，濡水東南至壘縣碣石山

≪史記正義≫ :

「碣石，在幽州薊縣西三十五裡」，薊縣故城在今北京大興縣西．

〈한서무제기주〉에 "갈석은 요서군 루현에 있다"고 문영이 말했다.

곽박의 〈수경주〉에는 "갈석은 임유 남쪽 수중에 있다. 즉 역시 문경의 설처럼 수경의 탑수주에 갈석은 바다 가운데 있다고 했다." 유수는 갈석산이 있는 동남쪽 루현까지 흘러간다.

〈사기정의〉 "갈석은 유주 계현 서쪽 35리에 있다."

참/고/문/헌

1. 주요 인용 문헌 (한국)

〈고구려사 초·략 高句麗史抄.略〉 박창화 찬술, 김성겸 번역

〈삼국사기 三國史記〉 김부식 저, 신호열 역해

〈조선상고사 朝鮮上古史〉 신채호 저

〈한단고기 桓檀古記〉 계연수 합본, 임승국 주해

* 삼성기전 상, 하 (三聖記全 上, 下) 안함로, 원동중
* 단군세기(檀君世紀) 이암
* 북부여기(北夫餘記) 범세동
* 태백일사(太白逸史) 이맥

2. 주요 인용 문헌 및 자료 (중국)

〈당태종의 요동정벌의 자초지종과 실패원인(唐太宗东征高丽始末及其失败原因)〉

〈사기 史記〉 사마천 저, 박일봉 편역

〈신당서 新唐書〉 구양수, 〈구당서 舊唐書〉 장소원 외

〈수경주 水經注〉 역도원

〈수서 隋書〉 위징

〈한서지리지 漢書地理志〉 반고
중국고대지명대사전(中國古代地名大辭典)
대청광여도(大淸廣輿圖)
산서성 지도책(山西省 地圖冊)
하남성 지도책(河南省 地圖冊)
중국백도백과사전(中國百度百科辭典)

3. 참고 문헌 및 자료 (한국)

〈규원사화〉 북애자 저, 고동영 역해
〈기자·위만조선 연구〉 김종서
〈단기고사〉 대야발 저, 고동영 역해
〈단군조선 영토연구〉 김종서
〈당태종이 묻어버린 연개소문의 진실〉 신영란
〈동북공정 알아야 대응한다〉 한국우리민족사연구회
〈부도지〉 박제상
〈삼국유사〉 일연 저, 최호 역해
〈실증 한단고기〉 이일봉
〈열하일기〉 박지원
〈이야기 중국사〉 김희영
〈조선사 35권〉 조선사편수회
〈조선왕조실록〉
〈하늘에 새긴 우리 역사〉 박창범
〈흔 문화의 새 발견〉 중재 하홍진
광개토호태왕 비
네이버/다음 백과사전
반크 (www.prkorea.com)
우리 역사의 비밀 (www.coo2.net)

4. 참고 문헌 및 자료 (중국)

〈거지리지 据地理志〉 와 〈괄지지 括地志〉
〈금사 金史〉 토크토 등
〈논어 論語〉, 〈서경 書經〉 공자
〈독단(獨斷)〉 채옹
〈동이열전(東夷列傳)〉 공빈
〈맹자 孟子〉 범선균 역해
〈명일통지(明一統志)〉 이현
〈북사(北史)〉 이연수
〈산해경 山海經〉곽박, 〈해경신탐(海經新探)〉 하유기
〈삼국지 三國志〉 진수 찬, 김원중 역
〈삼국연의 三國演儀〉 나관중
〈상서대전 尙書大傳〉 복생
〈설문해자 說文解字〉 허신
〈설원 說苑〉 유향 저, 임동석 역주
〈요사 遼史〉 탈탈 외
〈자치통감 資治通鑑〉 사마광
〈중국민족사 中國民族史〉 임해상
〈통전 通典〉 두우
〈후한서 後漢書〉 범엽
대당고김씨부인묘명 (大唐故金氏夫人墓銘)
북경대학 역사교재 (北京大學歷史教材)
중국여행 지도책 (中國旅行地圖冊)

저자: 成 憲植 (**필명: 성훈**)

1956년 경남 밀양 출생
서울 효제초등학교
삼선중학교 졸업
휘문고등학교 졸업
성균관대학교 졸업
R.O.T.C 18기 임관, 수도사단 근무

(사) 우리문화선양회 우리역사교육원 대표 역임
인터넷신문 플러스코리아 (www.pluskorea.net) 역사칼럼리스트 역임
현재 인터넷신문 역사복원신문 (www.historynews.kr) 편집인
현재 인터넷신문 고구리역사저널 (www.greatcorea.kr) 편집인
현재 (사)고구리역사문화보전회 사무국장
현재 강원도 인재개발원 강사
현재 경기도 개발연구원 의정포럼 강사
현재 구리시청 민방위교육 강사
현재 구리고등학교 역사체험활동 강사

천년 만에 밝혀진 안시성과 살수

인쇄 ‖ 2010년 10월 01일
발행 ‖ 2010년 10월 06일
저자 ‖ 성헌식
발행자 ‖ 김종호
발행처 ‖ 도서출판 지샘
서울특별시 성동구 성수2가 3동 279-39
전화: 461-5858~9
팩스: 461-9428
등록번호 ‖ 제 1-339
ISBN ‖ 978-89-94534-00-8, 03910
정가 ‖ 18,000원